Zu diesem Buch

Immer mehr Paare in Deutschland bleiben ungewollt kinderlos; wenn alle Hoffnung auf die reproduktionsmedizinische Technik umsonst war, denken viele von ihnen an die Aufnahme eines fremden Kindes und – angesichts der Schwierigkeiten, ein Baby aus Deutschland zu adoptieren – auch an eine Auslandsadoption.

Doch ist solches Bemühen längst ins Gerede gekommen; der kommerzielle Kinderhandel und eine Vielzahl unverantwortlicher Privataktionen haben die Auslandsadoption um ihren einstmals fraglos guten Ruf gebracht.

Was also hat es mit Adoptionen aus dem Ausland auf sich? Wem helfen sie wirklich? Unter welchen Bedingungen sind sie zu verantworten? An wen können sich Paare wenden, die eine solche Adoption in Erwägung ziehen, und worauf müssen sie sich einstellen?

Das vorliegende Handbuch, an dem Fachleute beinahe aller deutschen Vermittlungsstellen mitgearbeitet haben, gibt über die bisherigen Erfahrungen, die gegenwärtigen Probleme und die Perspektiven der nächsten Jahre umfassend und zuverlässig Auskunft.

Der Herausgeber

Dr. theol. Bernd Wacker, Jahrgang 1951, ist seit 1986 ehrenamtlich in der Arbeitsgruppe «Verlassene Kinder» des Kinderhilfswerks terre des hommes tätig und zur Zeit deren Sprecher; Studienleiter an der katholischen Akademie Rabanus Maurus in Wiesbaden-Naurod; Vater einer koreanischen und einer indischen Adoptivtochter.

Zu den Autorinnen und Autoren vgl. S. 312 ff.

Bernd Wacker (Hg.)

Adoptionen aus dem Ausland

Erfahrungen, Probleme, Perspektiven

Mit Karikaturen von
Gerhard Mester

Rowohlt

10. – 18. Tausend Oktober 1994

Überarbeitete und erweiterte Neuausgabe
Veröffentlicht im Rowohlt Taschenbuch Verlag GmbH,
Reinbek bei Hamburg, Juni 1991
Copyright © 1991, 1994 by
Rowohlt Taschenbuch Verlag GmbH,
Reinbek bei Hamburg
Dieser Band erschien zuerst 1991 unter dem Titel
«Die letzte Chance»
Umschlaggestaltung Susanne Müller
(Foto: MAURITIUS-Grafica)
Gesetzt aus der Sabon und Frutiger (Linotronic 500)
Gesamtherstellung Clausen & Bosse, Leck
Printed in Germany
1690-ISBN 3 499 19646 8

Inhalt

Einführung

Seit Beginn der achtziger Jahre ging wohl kaum ein Monat vorüber, in dem in den Medien nicht über den internationalen Kinderhandel und seine menschenverachtenden Praktiken berichtet wurde. Das «schmutzigste Geschäft der Welt» (H. G. Schmidt) wurde zum Stoff nicht nur für die Nachrichten, sondern bot auch Fernsehkrimis («Tatort»; «Miami Vice» u. a.) Motive genug; der Begriff der «Babyfarm» hielt in die deutsche Sprache Einzug. Und während der redaktionelle Teil vieler Zeitungen über die Tricks und Methoden dieser neuen Form der lukrativen Menschenverachtung kritisch informierte, waren auf den Anzeigenseiten dieser zumeist überregionalen Blätter zugleich jene Inserate zu finden, die ihren potentiellen Kunden versprachen, in Sachen Kind schnell und diskret weiterzuhelfen.

In den achtziger Jahren setzte sich auch die in der Lokal-, vor allem aber in der Boulevardpresse seit langem beliebte Adoptionsberichterstattung fort, die das strahlende Elternpaar als den Retter eines oder, besser noch, mehrerer sonst unweigerlich dem Tod oder einer düsteren Zukunft überlassener Kinder präsentierte. Der «human touch» dieses Journalismus bezog sich dabei in der Regel allein auf die neu zustande gekommene Familie; von den abgebenden Müttern, den persönlichen Hintergründen und/oder gesellschaftlichen Zuständen, die diese Frauen zur Abgabe ihrer Kinder zwangen, war dabei nur selten die Rede. Überlegungen, ob denn für diese Kinder nicht vielleicht Alternativen zur Auslandsadoption hätten gefunden werden können, hatten und haben hier, wie kaum anders zu erwarten, ohnehin keinen Platz.

Dieser Situation entsprechend ist der überwiegende Teil der wissenschaftlichen und Sachbuch-Literatur, die sich mit dem Thema Adoption beschäftigt, bis heute vor allem mit den juristischen, psychologischen und pädagogischen Fragen der Aufnahme, Erziehung und Integration des Pflege- bzw. Adoptivkindes befaßt. Erfahrungsberichte erfreuen sich dabei besonderer Beliebtheit. Ganz so, als sei die Entscheidung zur Adoption eines Kindes aus dem europäischen oder außereuropäischen Ausland einzig und allein im Blick auf die Motivation und Eignung des betreffenden Bewerberpaares und das *nach* der Aufnahme des Kindes entstehende Eltern-Kind-Verhältnis zu bewerten, bleibt eine Reihe von Fragen und Problemen in dieser Literatur außen vor, die jedoch bedacht sein müssen, wenn von einer moralisch bzw. ethisch zu verantwortenden Adoptionsentscheidung die Rede sein soll, d. h. einer Entscheidung, die am Wohl des Kindes in seiner angestammten Umgebung orientiert ist und darum die Adoption ins Ausland nur befürworten kann, wenn feststeht, daß für das in Frage stehende verlassene Kind alle anderen Möglichkeiten, es in angemessener Zeit mit rechten Eltern zu versorgen, erschöpft sind.

Nicht, daß man nicht immer wieder über die millionenfache Verlassenheit von Kindern in den Armutsregionen dieser Welt lesen könnte; nicht, daß nicht auch über Prävention von Verlassenheit inzwischen Wichtiges geschrieben worden und das «Schicksal» lediger bzw. allein gelassener oder verwitweter Mütter zum Gegenstand ernsthaften Nachdenkens geworden wäre; kaum einmal aber wurden diese Themen ausführlich mit der Frage nach der Verantwortbarkeit von Adoptionen aus dem Ausland in Verbindung gebracht und auf das Problem der unfreiwilligen Kinderlosigkeit bezogen, von dem allein in der Bundesrepublik Deutschland mindestens etwa 1,5 Millionen Paare betroffen sein dürften.

Das Leiden an der Kinderlosigkeit, die Verzweiflung angesichts der täglichen Konfrontation mit einem Stück ungelebten Lebens, das anderen wie von selbst in den Schoß zu fallen scheint, ist nun kein erst modernes Phänomen. Doch die Bewältigungsstrategien aus der Vergangenheit, d. h. all jene Möglichkeiten der Enttäuschungsverarbeitung, die religiös geprägten Gesellschaften einst gegeben waren, sind für die Mehrzahl der Menschen heute unvollziehbar geworden. Wo die Erfüllung des Kinderwunsches als *Geschenk* eines Gottes (oder auch als *Schicksal*) interpretiert werden konnte, war seine Versagung, wenn auch in mancher, nicht zuletzt materieller Hinsicht vielleicht katastrophal, so doch im letzten nicht ohne Sinn und eben darum ertragbar. Wenn man/frau Kinder aber nicht mehr «ge-

schenkt» bekommt, sondern «planen» kann und «machen» muß, wird Unfruchtbarkeit nur allzu schnell als sinngefährdend erlebt und die Wahrnehmung jeder sich noch bietenden Chance zum eisernen Zwang. Sexualität gerät zum Mittel der Fruchtbarkeitserzwingung, das, wo es versagt, den Gang zum Reproduktionsmediziner nahelegt, der wiederum, wenn der Erfolg auch jetzt ausbleibt, den Schritt zum Jugendamt empfiehlt, das im Blick auf die geringe Zahl zur Verfügung stehender deutscher Babys ebenso ratlos ist und darum den Gedanken an die Möglichkeit der Auslandsadoption ins Spiel bringt. Das Bemühen um eine Adoption aus Osteuropa oder aus der sog. Dritten Welt, dem heute (anders als noch vor 25 Jahren) längst nichts Ungewöhnliches mehr anhaftet, wird zum verbissenen Kampf um die eigene Lebensperspektive.

Viele Adoptionsbewerber sind dabei überzeugt, hier ginge es nicht um ihre, sondern auch und erst recht um die letzte Chance für jenes Kind, mit dem zusammen sie zur Familie werden wollen. In der Tat ja, so der hier immer wieder begegnende und nur allzu berechtigte Hinweis, ist das Ausmaß des Leids von Millionen Kindern in vielen Ländern der Erde unvorstellbar. Doch ohne genaue Prüfung jedes einzelnen «Falles» liefert er auch denen willkommene Rechtfertigungen, die ihren Kinderwunsch (bzw. den zahlungskräftiger Kunden) auf eigene Faust und um jeden Preis realisieren zu müssen glauben und darum fest entschlossen sind, sich von den autorisierten Vermittlungsstellen und staatlichen Behörden nicht aufhalten zu lassen. Wo sonst schon, so ist man sarkastisch zu fragen versucht, kann man/ frau hier und heute ganz selbstlos so viel für sich selber tun? Doch Vorsicht! Handelt jene um strengste Diskretion und Anonymität bemühte Kundschaft von skrupellosen Kinderhändlern, handeln jene kindsüchtigen Interessenten an alleinstehenden Müttern und finanziell erpreßbaren Heimen in den arm(gehalten)en Ländern denn wirklich zu ihrem eigenen Vorteil? Tun sie wirklich etwas für sich? Geht es hier objektiv um ihre letzte Chance?

Viele Erfahrungen aus der Beratungsarbeit legen den Schluß nahe, daß die Adoption eines Kindes um jeden Preis selber Teil jenes somatischen und/oder psychosozialen Problems ist, für dessen Lösung man es so gerne hält. Die Annahme eines Kindes operiert ja so lange lediglich an Symptomen, als das kinderlose Paar der Frage nach den Ursachen seiner Sterilität bzw. Infertilität ausweicht und, statt die

Sinndimensionen eines Lebens auch ohne leibliche Kinder sorgfältig auszuloten, in der Unbeirrbarkeit der Kinderbeschaffung per Klinik, Jugendamt oder Dritt-Welt-Reise Zuflucht sucht. Die bewußte Auseinandersetzung mit der Unmöglichkeit, ein leibliches Kind zu haben – könnte sie nicht ein Weg sein, der dazu verhilft, den unentdeckten Dimensionen der eigenen (Paar-)Persönlichkeit auf die Spur zu kommen? Die Möglichkeit der Hilfe angesichts des millionenfachen Kinderelends nicht nur in der Dritten Welt wird damit keineswegs beschnitten – ja, oft dürfte geradezu das Gegenteil der Fall sein.

Doch um Mißverständnisse zu vermeiden: Es geht in diesem Buch nicht um ein Plädoyer gegen die – im geprüften Einzelfall immer noch notwendige und sinnvolle – Praxis der Auslandsadoption. Das vorliegende Buch versteht sich vielmehr als Versuch, die oben angesprochenen vielschichtigen Fragen und Probleme des Themas Auslandsadoption in zusammenhängender Form aufzunehmen, sie auf dem Hintergrund der gegenwärtig erreichbaren Sachinformationen zu diskutieren und so interessierten Leserinnen und Lesern – nicht zuletzt (potentiellen) Adoptionsbewerbern und denen, die zu ihrer Beratung da sind – Materialien an die Hand zu geben, die helfen können, sich mit diesem Thema in der heute möglichen und notwendigen Differenziertheit auseinanderzusetzen. Die im Anhang zu findenden Literaturhinweise und Adressenlisten können vielleicht dazu beitragen, die im Prozeß der Auseinandersetzung mit dem eigenen Kinder- bzw. Adoptionswunsch notwendigen Kontakte zu knüpfen.

In der Bundesrepublik Deutschland leben zur Zeit schätzungsweise – eine entsprechende Statistik existiert nicht! – 22 000 Adoptivkinder, insbesondere aus Asien und Lateinamerika, aber auch aus Ost-bzw. Südosteuropa. Daß die Zahl der auf kriminellen Wegen oder per Privatadoption hierher gelangten Kinder in den letzten Jahren und gerade nach dem Fall des Eisernen Vorhangs erheblich gestiegen ist, läßt sich nicht leugnen. Zwar darf diese Tatsache nicht gegen das Institut der Auslandsadoption selbst oder gar gegen die betroffenen Kinder gewendet werden, ganz gleich, auf welche Weise sie hierher gelangt sind; gerade das Wissen um diese Kinder und die – unterschiedlich, ja gegensätzlich gelagerten! – Nöte und Sorgen, Interessen, Wünsche und Hoffnungen ihrer leiblichen wie ihrer sozialen Mütter/Eltern sollten jedoch davor bewahren, jedwedes

Bemühen um die Adoption eines Kindes aus dem Ausland schlicht und einfach für notwendig, hilfreich und für in sich selbst gerechtfertigt zu halten.

Die Idee zu diesem Buch entstand anläßlich einer Fachtagung der Katholischen Akademie Rabanus Maurus zum Thema «Kinderelend – Kinderhandel – Adoption», die vom 19.–21. März 1990 in Wiesbaden-Naurod stattgefunden hat. Im Sommer 1991 ist es unter dem Titel «Die letzte Chance? Adoptionen aus der Dritten Welt» in erster Auflage erschienen. Die seitdem eingetretenen neuen Entwicklungen, insbesondere die rasante Erweiterung des Kindermarktes auf Ost- und Südosteuropa und der gleichsam im Gegenzug stattgefundene Versuch von mehr als 60 sog. Heimat- und Aufnahmestaaten, dem internationalen Kinderhandel mit der Verabschiedung des *Haager Übereinkommens über die internationale Zusammenarbeit und den Schutz von Kindern auf dem Gebiet grenzüberschreitender Adoptionen* vom 29. Mai 1993 einen Riegel vorzuschieben, legten den Gedanken nahe, das Buch in aktualisierend überarbeiteter und erweiterter Form neu vorzulegen.

Allen Beteiligten für ihre – erneute – Mitarbeit herzlichen Dank!

Bernd Wacker   *Hünfelden, im Juni 1994*

I.

Wenn der Kinderwunsch unerfüllt bleibt

Unfreiwillige Kinderlosigkeit –
Zahlen, Daten, Ursachen

von Gisela Bockenheimer-Lucius

Keine medizinische Disziplin hat in den letzten Jahrzehnten eine so tiefgreifende und dramatische Wandlung durchgemacht wie die Geburtshilfe. Die überkommene natürliche Konflikthaftigkeit der Fortpflanzung des Menschen wich einer zunehmend technologisch bestimmten Planbarkeit: Aus der Geburtshilfe, der Hilfe beim Gebären, wurden Pränatalmedizin (die Überwachung und Betreuung von Mutter und Kind vor der Geburt), Perinatalmedizin (die Medizin im Zeitraum unmittelbar vor, während und nach der Geburt) und Reproduktionsmedizin (Fortpflanzungsmedizin).

Damit verbunden ist ein ebenso tiefgreifender Wandel im Verhältnis des Menschen zu seiner Nachkommenschaft. Kinder werden zeitlich planbar und in ihrer Zahl beschränkbar. Mit den wachsenden Möglichkeiten, Schwangerschaft und Geburt, auch die Konfliktschwangerschaft, bereits in der Planungsphase im Pränatalbereich zu kontrollieren, wuchs der Anspruch an die Medizin, möglichst für nur noch wenige, zeitlich planbare und gesunde Kinder zu sorgen. Im gleichen Zusammenhang hat auch die Kinderlosigkeit, d. h. die ungewollte Unfruchtbarkeit, eine neue Dimension in der Beurteilung erfahren: Sie muß nicht mehr schicksalhaft ertragen werden. Seit der Geburt Louise Browns, des ersten «Retortenbabys», im Juli 1978 in England ist die Diskussion um die neuen Befruchtungstechniken und ihre Verfeinerung in vollem Gang.

Die neue Beziehung zum Kinderkriegen

Der Versuch einer Übersicht über die Ursachen der ungewollten Kinderlosigkeit zeigt zunächst, daß generell über den Kinderwunsch und unser Verhältnis zum Kinderkriegen kaum Untersuchungen vorzuliegen scheinen. Offensichtlich ist jedoch, daß Kinder nicht nur erhofft werden, sondern auch geplant, daß ihre Ankunft ebenso verhindert wie zugelassen wird. Diese Planung beinhaltet für einen bestimmten Zeitraum das Zurückstellen anderer Wünsche und ist zunehmend auf reibungslose Erfüllung ausgerichtet.

Nach allen Literaturangaben liegt der Anteil der ungewollt kinderlosen Ehepaare bei 10 bis 15 Prozent. Diese Zahl ist nicht unbedingt verläßlich, da nicht immer erkennbar ist, ob es sich um den Anteil kinderloser Ehepaare in der Gesamtbevölkerung handelt, um kinderlose Paare im fortpflanzungsfähigen Alter oder um Paare, die wegen Kinderlosigkeit bereits um ärztliche Hilfe nachgesucht haben (vgl. Leidenberger 1989, in: Schirren 13). Nach neueren Angaben liegt die Anzahl kinderloser Ehen bei über 42 Prozent, der Anteil ungewollt kinderloser Paare bei 3–5 Prozent (Strobel, Ärzte-Zeitung 10.10.90).

Nimmt man jedoch einmal an, daß es sich um etwa 1–1,5 Mill. Paare handelt, so ist der unerfüllte Wunsch nach einem Kind durchaus ein gesellschaftspolitisch wie medizinisch bedeutsames Problem.

Dennoch ist Kinderlosigkeit nach wie vor ein Tabuthema, das die Betroffenen in ihrem Umfeld isoliert und Vorurteile weiterbestehen läßt. Die Freiheit, den Wunsch nach einem Kind in die Lebensplanung einzubeziehen, die Notwendigkeit, das Wunschbild «eigenes Kind» zu anderen Wunschbildern in Beziehung zu setzen und die bewußte Entscheidung für das Kind haben vielfach zu einer neuen Qualität von Zeugung, Schwangerschaft und Geburt geführt mit einem bewußteren, möglicherweise auch intensiveren Einlassen auf das Geschehen. Das «Wunschkind» ist damit jedoch nicht nur das Kind, das erwünscht ist, sondern zunehmend in hohem Maße auch das Kind, an das bereits mit der geplanten Zeugung starke Wünsche herangetragen und vielfältige Erwartungen geknüpft werden. Kommt nun das ersehnte Kind nicht, so gerät die Lebensplanung durcheinander. Die nächste Zukunftsperspektive wird fraglich, die Offenheit für die Vielfalt des Lebens geht verloren, die dahingehende Lebenszeit wird als

Verlust empfunden. Wie leicht sind Enttäuschung, Wut und Trauer vorstellbar, wenn die Entscheidung für einen Lebensplan undurchführbar wird.

Die Diagnose «Sterilität» – ein Problem von Leib und Seele

Schwierig ist die Verdachtsdiagnose «Sterilität» nicht nur durch die tiefgreifenden seelischen und körperlichen Konsequenzen für das betroffene Paar, sie muß auch äußerst individuell und vielschichtig getroffen werden. Schon die Empfehlungen für den Zeitpunkt der Diagnosestellung gehen auseinander und lassen ahnen, daß ein pauschales, möglicherweise vorschnelles Urteil Schaden stiften kann. Die Expertenkommission der Weltgesundheitsorganisation spricht erst nach Ablauf von zwei Jahren mit unerfülltem Kinderwunsch von Sterilität.

Andere Empfehlungen lassen die Diagnose nach einem Jahr geraten erscheinen. Schließlich weiß man, daß eine Schwangerschaft bei geplantem Kinderwunsch meist nach 6–12 Monaten eintritt, so daß auch nach 6–8 Monaten bereits erste diagnostische Überlegungen erwogen werden können (Leidenberger 1989, in: Schirren 17).

Wie lange zwei Jahre des Wartens sein können, bedarf keines Kommentars; ersichtlich ist, daß eine sorgfältige Erfassung der persönlichen Lebensbedingungen des Paares der erste Schritt sein muß. Dabei ist es wichtig, nicht zu lange mit einem klärenden Gespräch zu warten (Schrage 1990, 11).

Sterilität ist in ganz besonderem Maße ein komplexes, durch viele Einflüsse bedingtes Problem. Man muß davon ausgehen, daß in 70 Prozent der Fälle mehrere Ursachen vorliegen, wobei Alter, Umweltfaktoren, Sexualverhalten, hormonelle Störungen und Streß im Vordergrund stehen (Strobel, Ärzte-Zeitung 10. 10. 90).

Schon unter sog. «normalen» Bedingungen besteht in einem weiblichen Zyklus nur eine Wahrscheinlichkeit von max. 30 Prozent für das Eintreten einer Schwangerschaft. Hinzu kommt, daß unter den Lebensumständen in den westlichen Industrieländern für mögliche Elternschaft die Rahmenbedingungen für die Realisierung des Kinderwunsches keineswegs ideal sind (Leidenberger 1989, in: Schirren 18). Umweltbelastungen durch Schadstoffe am Arbeitsplatz,

Strahlenbelastungen, unfreiwillige Aufnahme von Hormonen durch die Nahrung sind einige mitbestimmende Ursachen, die die Fähigkeit zur Fortpflanzung beeinträchtigen.

Sie sollen ebensowenig übersehen oder bagatellisiert werden wie andere gesellschaftlich wesentliche Tatsachen, etwa Nacht- oder Schichtarbeit. Auch fehlende Kindergartenplätze oder Freiräume für Kinder in einer Gesellschaft, die sich nirgendwo dem kindlichen Rhythmus und Lebensgefühl anpaßt, verringern die Belastbarkeit eines Paares, das sich ein Kind wünscht.

Bei der Frage nach dem Warum der Kinderlosigkeit stehen aber Rahmenbedingungen und Zusammenhänge im Vordergrund, die dem ratsuchenden Paar möglicherweise unbewußt sind und ihm bei entsprechender Aufklärung Einflußmöglichkeiten lassen. Hier sind Streß und Doppelbelastung in Beruf und Haushalt zu nennen, die ebenso eine Rolle spielen wie mangelnde Ruhe und Unfähigkeit zur Entspannung in möglichen Erholungsphasen. Übergewicht kann zu Störungen der Sexualfunktionen führen, aber auch Untergewicht als Folge unsinniger Abmagerungskuren. Rauchen, Alkohol, Medikamente und Drogen beeinträchtigen die Sexualität, die Fortpflanzungsfähigkeit und die Gesundheit der sich entwickelnden Kinder. Schließlich bringt unser Sexualverhalten mit unbesonnenem, gehäuftem Partnerwechsel eine Zunahme von sehr ernst zu nehmenden Erkrankungen im Genitalbereich mit sich, die den Eintritt einer Schwangerschaft stark gefährden.

Organische Störungen

Zum besseren Verständnis der vielfältigen organischen Störungen der Fruchtbarkeit soll an einige wenige anatomische und physiologische Bedingungen erinnert werden.

Zu den inneren weiblichen Geschlechtsorganen gehören die Eierstöcke (Ovarien), die Eileiter (Tuben) und die Gebärmutter (Uterus).

Die Follikel (Eibläschen) im äußeren Rand der Eierstöcke stellen den Nährraum der Eizelle dar. Im weiblichen Zyklus erreicht nur jeweils ein Follikel das Stadium der Sprungreife. Zu diesem Zeitpunkt ist der Follikel kirschgroß und wölbt sich an der Oberfläche des Ovars hervor. Unter dem Druck der im Eibläschen vorhandenen

Flüssigkeit und des Eies platzt der Follikel und gibt die Eizelle frei. Dieser Vorgang wird als Eisprung oder Ovulation bezeichnet. Die Aufgabe der Eileiter ist es, das freigewordene Ei am Eierstock aufzunehmen. Nach der Befruchtung durch die Samenzelle im äußeren Drittel des Eileiters wird der Transport des Eies zur Gebärmutter durch die Muskulatur der Tube und den Strom der Flimmerhärchen der Tubenschleimhaut gefördert. Die Gebärmutter, durch deren Höhle die Spermien zur Befruchtung des Eies in den Eileiter wandern, ist von einer Schleimhaut ausgekleidet und dient dem befruchteten, sich einnistenden Ei als Fruchthöhle.

Das Heranreifen von Follikel und Ei wird ebenso wie der Aufbau der Uterusschleimhaut und die Einnistung des befruchteten Eies von Hormonen gesteuert. Dabei besteht ein Regelkreis zwischen Gehirn (Hypothalamus), Hirnanhangdrüse (Hypophyse) und Eierstöcken mit Wirkung auf Eileiter und Gebärmutter.

Störungen sind in diesem komplizierten Zusammenspiel der Organe leicht vorstellbar. Im Gespräch mit dem Arzt ist es für die Ratsuchenden hilfreich, über die wichtigsten anatomischen und physiologischen Zusammenhänge aufgeklärt zu werden, um mögliche Störungen zu verstehen und einordnen zu können.

Für das Eintreten einer Schwangerschaft ist zunächst die normale Ausbildung der Geschlechtsorgane ohne Fehlbildungen oder Verschlüsse wichtig.

Entzündliche Erkrankungen können in der Scheide, der Gebärmutter, den Eierstöcken und den äußerst empfindlichen Eileitern vorübergehende oder andauernde Unfruchtbarkeit bedingen. Störungen der Transportfähigkeit für das befruchtete Ei verhindern ebenfalls eine Schwangerschaft.

Nach Literaturangaben liegen die Ursachen für eine Sterilität in etwa 45 Prozent der Fälle bei der Frau, ungefähr genauso häufig (40 Prozent) ist der Mann betroffen.

Für ihn gilt in gleicher Weise die Bedeutung der äußeren Lebensumstände, die Funktionsstörungen hervorrufen können. Störungen der männlichen Fruchtbarkeit bestimmen vor allem die Menge und Beschaffenheit der Samen, d. h., entweder sind in der Samenflüssigkeit nicht genug Spermien enthalten, oder die Beweglichkeit der Samenzellen ist gestört.

Die Bedeutung seelischer Vorgänge

Die hier stark vereinfachte Einteilung möglicher Ursachen der Sterilität kann der Vorstellung Vorschub leisten, es gebe klare organische Ursachen und komplizierte, unklare und daher psychische Ursachen. Tatsächlich spricht man bei etwa 15 Prozent der ungewollten Kinderlosigkeit von einer «idiopathischen», d. h. «selbständig, von innen heraus entstandenen» Sterilität. Dabei ist festzuhalten, daß auch bei männlicher Unfruchtbarkeit in 30 Prozent von «unerklärlicher Sterilität» zu sprechen ist (Wiesing 1989, 75).

Es ist jedoch heute unbestritten, daß psychische Faktoren bei der Sterilität immer eine Rolle spielen, auch bei organischem Befund (Frick-Bruder 1989, in: Schirren 187).

Erst die Tatsache, daß der Wunsch nach einem Kind unerfüllt bleibt, Irritationen, Kummer und Schuldgefühle auslöst, führt zur Abklärung eines organischen Befundes, der ohne Kinderwunsch unerkannt geblieben wäre und keinen Krankheitswert hätte. Sterilität ist also keine Krankheit an sich, sondern erhält ihren Krankheitswert erst durch die seelischen Konflikte, die Krise, die sie auslöst. Kränkung, Identitätsprobleme, Zerstörung des Selbstwertgefühles, Schuldgefühle und Schuldzuweisung prägen das psychische Erleben der Unfruchtbarkeit.

Der Erforschung seelisch-körperlicher Wechselwirkungen widmen sich zunehmend mehr Ärzte und Psychologen. Ursächlich psychische Faktoren der Sterilität und psychische Begleiterscheinungen als Auswirkung der Diagnose oder der Therapie sind schwer bestimmbar. Auch der Hinweis, daß manche heute noch ausschließlich mit psychischen Auffälligkeiten erklärte Sterilität bei weiterer Forschung organische Ursachen haben wird (Jürgensen 1990, 58), zeigt, wie schwer es ist, dem Problem gerecht zu werden. Leib und Seele dürfen weder getrennt werden, noch dürfen Ursache und Wirkung beliebig für die Diagnosestellung herangezogen werden.

Eine ursächliche psychische Erklärung für hormonelle Störungen ist bei der Einwirkung des Gehirns auf den Hormonhaushalt leicht zu finden; ähnliches dürfte für Tubenspasmen gelten, die den Transport des befruchteten Eies verhindern.

Eine besondere Schwierigkeit besteht für das kinderlose Paar oftmals in der Ambivalenz des Kinderwunsches. Es fällt ihm schwer, die

Spannung zu ertragen, die mit der Vorstellung verbunden ist, welche Auswirkungen ein Kind auf das eigene Leben und die Partnerschaft haben wird. Diese Ambivalenz eingestehen und aushalten zu können ist Teil einer psychischen Reife. Die Unerträglichkeit dieser Ambivalenz führt bei dem betroffenen Paar zu einer Idealisierung des Kindes und einem Verdrängen aller damit verbundenen Ängste. Der weibliche Körper reagiert darauf mit einem Schutzmechanismus und läßt eine Schwangerschaft nicht zu (Frick-Bruder 1989, in: Schirren 190).

Psychoanalytische Untersuchungen haben gezeigt, daß auch Partnerschaftskonflikte eine ursächliche Rolle spielen. Unbewußte, aus der eigenen Kindheit erklärbare Ängste können die Realisierung des Kinderwunsches verhindern, mangelnde Ablösung von den eigenen Eltern, die Vorstellung, durch ein Kind eine zerbrochene Partnerschaft wiederzubeleben, aber auch der Wunsch nach Selbstbestätigung durch ein Kind können psychische Ursachen der Sterilität sein (Jürgensen 1990, 58 ff; Frick-Bruder 1989, in: Schirren 190 ff).

Partnerschaft als Grundvoraussetzung

Kinderlosigkeit als Problem zu erkennen und zu akzeptieren sollte Konsequenzen für den Sexualunterricht haben. Der Umgang mit der Sexualität, Ausbildung, Familiengründung und Berufstätigkeit müssen ein gemeinsames Ziel für Mann und Frau werden. Kinderwunsch und unsere Beziehung zu Kindern sollten thematisiert werden, wobei die Entscheidung für das Kind gemeinsam getragen werden muß. Männer sollten ihren Frauen keine «Kinder machen», Frauen ihren Männern keine «Kinder schenken». Beides nimmt dem Kind seine Individualität und Würde. Mann und Frau zeugen gemeinsam ein Kind und müssen das Ziel haben, ihm zu jedem Zeitpunkt gemeinsam Leben und Zukunft zu geben.

Dies macht ein Überdenken zukünftiger Formen von Partnerschaft und Familie unvermeidbar. Die zunehmend qualifiziertere Ausbildung der Frau verschiebt zudem die Mutterschaft in eine Altersstufe, in der die Wahrscheinlichkeit einer Schwangerschaft bereits geringer geworden ist und in der Schwangerschaft und Geburt mit erhöhtem Risiko verbunden sind.

Ein Zurück der Frauen in die ausschließliche Mutterrolle ist ebensowenig wünschenswert wie der Versuch, den Lebensplan mit

Hilfe der möglichen Reproduktionstechnologien zu entwerfen. Beides geht gleichermaßen zu Lasten der Frauen und ihrer Kinder. Es gilt also, den Wert, den das eigene Kind offensichtlich für Mann und Frau darstellt, frühzeitig in den gemeinsamen Lebensplan aufzunehmen.

Die Versprechungen der Reproduktionsmedizin

von Gisela Bockenheimer-Lucius

Dieser Titel umfaßt nur einen Teilaspekt neuer technologischer Fortpflanzungsmedizin. Die Versprechungen der Reproduktionsmedizin müssen im Zusammenhang unserer Erwartungen und Ansprüche an eben diese Technologien gesehen werden. Arzt und Patientin können tatsächlich in eine verhängnisvolle Wechselwirkung geraten. Das Übertragen des Kinderwunsches an den Arzt, der selbstverständliche Anspruch an ihn, er möge machen, was machbar ist, bringen ihn häufig in sehr bittere Entscheidungskonflikte. Andererseits verleiten die scheinbar einfachen technischen Lösungen des Problems den Arzt dazu, notwendige Einsichten und Entscheidungen nicht zuzulassen oder immer weiter hinauszuschieben und so den Kreislauf von Hoffnungen und Enttäuschungen aufrechtzuerhalten. Die besondere Verantwortung des Arztes ist also vor allem dadurch gegeben, daß nach allen großen Statistiken auch bei der Ausschöpfung aller verfügbaren Therapieformen etwa die Hälfte aller Frauen, die eine Kinderwunschsprechstunde aufsuchen, kinderlos bleiben. Der Arzt muß daher viel weniger seine technischen Möglichkeiten bedenken als vielmehr das individuelle Leiden der betroffenen Frau erkennen (Wiesing 1993, XXXVIff).

Schließlich kann auch eine unkritische Berichterstattung durch die Medien dazu beitragen, übertriebene Erwartungen zu wecken, wie das Eingeständnis einer Betroffenen zeigt: «Diese Zeitungsartikel mit ihren tollen Meldungen, die haben mich angestachelt. Die Ärzte selbst eigentlich nicht.» (Monika, in: Ulmer-Otto 1989, 63).

Die In-vitro-Fertilisation

Zu den klassischen Behandlungsverfahren der Unfruchtbarkeit gehören die Auslösung des Eisprunges durch verschiedene medikamentöse Therapien, homologe und heterologe Insemination, d. h. die Einbringung des Samens des Ehemannes oder eines fremden Spenders in die Gebärmutter, die In-vitro-Fertilisation, d. h. die Befruchtung eines Eies «im Glas» außerhalb des Mutterleibes mit anschließender Übertragung des Embryos in die Gebärmutter und nach einer vorausgegangenen Eileiterunterbindung die mikrochirurgische Wiederherstellung der Eileiterfunktion.

Vor allem die Fragen, die mit der In-vitro-Fertilisation, der sog. Retortenzeugung, verbunden sind, bedürfen einer intensiven Auseinandersetzung.

Bevor die In-vitro-Befruchtung eines Eies durchgeführt werden kann, muß bei der Patientin das Reifen von Follikeln in den Eierstökken durch Medikamente angeregt werden. Überließe man diesen Schritt dem natürlichen Ablauf, müßte man zu viele Unsicherheiten in Kauf nehmen. Durch Messen der Hormonwerte im Blut und Ultraschalluntersuchungen läßt sich das Follikelwachstum kontrollieren. Um die Chancen für eine Befruchtung zu verbessern, entnimmt man kurz vor dem Termin des Eisprunges durch die Scheide hindurch und unter Ultraschallkontrolle mehrere Eizellen. Jede Eizelle wird in einem Reagenzglas mit Samenzellen zusammengebracht, wobei die befruchtende Samenzelle selbständig ohne medizinischen Eingriff in die Eizelle eindringt. Nach etwa 48 Stunden werden die entstandenen Embryonen in die Gebärmutter übertragen (vgl. Langenbucher 1988, in: Schröder-Kurth 21 ff).

Die medizinische Begründung für die Anwendung der In-vitro-Fertilisation war zunächst die Sterilität aufgrund eines Eileiterverschlusses, d. h. der Tatsache, daß Ei und Samenzelle im Eileiter nicht zusammenkommen können. Inzwischen ist der Rahmen des therapeutischen Eingreifens jedoch erweitert worden. Vielfach wird die Technik auch bei bestimmten Formen männlicher Unfruchtbarkeit angewandt mit dem Ziel, die Qualität der Samen zu verbessern und den Befruchtungsvorgang zu kontrollieren.

Eine Technik für alle?
Das Problem der Auswahlkriterien

Zu den besonderen seelischen Belastungen im Verlauf der Sterilitäts-
therapie gehört für das betroffene Paar das Gefühl der Ohnmacht
und der Diskriminierung bei der Auswahl zur In-vitro-Fertilisation.
Die Wertungen für die Entscheidung sind aber oftmals nicht einseh-
bar, und es entsteht der Eindruck, den Beweis der Befähigung zur
Elternschaft erbringen zu müssen. Zu dem Gefühl der Benachteili-
gung, kein Kind zu haben, tritt die Rechtfertigungsnot hinzu (Michelmann 1990, 18). Dies ist ein Problem, das größte Behutsamkeit des
begleitenden Arztes erfordert. Dem Arzt muß bewußt bleiben, daß
Selektion immer Machtausübung bedeutet, daß Auswahlkriterien
einer ständigen ethischen Überprüfung bedürfen. Für den Prozeß der
Bewältigung des unerfüllten oder gar unerfüllbaren Kinderwunsches
ist es aber unabdingbar, Verständnis zu gewinnen für die positive, aus
der Verantwortung für das Kind begründete Auswahl. Der Kinderwunsch muß nicht nur hinterfragt werden, um mögliche psychische
Ursachen zu erkennen, sondern auch um die Möglichkeiten einer
Therapie und ihre Folgen abschätzen zu können. Hier decken sich
grundlegende Kriterien zur Belastbarkeit eines Paares im Rahmen
einer In-vitro-Fertilisation wie einer Adoption. Diese Problematik
sollten Arzt und Psychotherapeut stärker als bisher berücksichtigen
bei dem oftmals zu gedankenlosen Hinweis auf eine mögliche Adoption.

Die schwierige Bewertung des Erfolges

Sterilität ist ein Leiden, das in besonderer Weise das Gespräch
braucht. Darauf muß die Kinderwunschsprechstunde zu jedem Zeitpunkt Rücksicht nehmen. Das Paar muß miteinander ebenso im
Austausch bleiben wie mit seinem Arzt und dem betreuenden
Psychologen. Viele Diskussionen drehen sich um den Erfolg einer
Reagenzglasbefruchtung; auch heute noch liegt bei einem Thera-
pieversuch die Zahl der geborenen Kinder bei maximal 20 % (Krebs
1993, XXXIV). Es ist strittig, ob nur die Geburt eines Kindes als Erfolg zu werten ist oder ebenso eine eingetretene Schwangerschaft,
die zwar mit einer Fehlgeburt endet, aber doch über körperliche Be-

dingungen Aufschluß gibt (Michelmann 1990, 16; Bettendorf 1989, 122). Diese Frage ist für den Reproduktionsmediziner unter dem Aspekt der Verbesserung der Methode und der Ehrlichkeit seiner Zahlen von Belang. Im Blick auf das kinderlose Paar dürfte «Erfolg» etwas anderes bedeuten. Aufklärung und Einsicht in die Möglichkeiten und Grenzen einer Behandlung, die nur Arzt und Psychologe vermitteln können, sollten es befähigen, selbständig und selbstbestimmt eine Entscheidung zur Kinderlosigkeit, zur In-vitro-Fertilisation oder zur Adoption zu treffen. Daher ist das rechtzeitige Eingeständnis der Aussichtslosigkeit einer Therapie Teil ärztlichen Handelns. Die psychische Betreuung muß über diese Mitteilung hinausgehen. Der Arzt muß Begleiter sein bei der erforderlichen Trauerarbeit und Hilfestellung geben bei der Erarbeitung gemeinsamer neuer Lebensperspektiven (Leidenberger 1989, 46).

Ethische Fragen

Die mit der Technisierung des Fortpflanzungsvorganges verbundenen Probleme betreffen einerseits das zugrundeliegende Menschenbild und das Verständnis von Krankheit und Heilung, andererseits die Folgen dieses Eingriffes.

Die schon geschilderten Erfahrungen aus der Psychosomatik der Sterilität haben zu der Einsicht geführt, daß die Unfruchtbarkeit des Körpers nur im Zusammenhang mit der seelischen Verfassung der Betroffenen gesehen werden darf. Bei der Reagenzglasbefruchtung werden aber Leib und Seele, Zeugung und Sexualität völlig voneinander getrennt. Die Intimität der Beziehung von Mann und Frau, die Spontaneität ihres Zusammenseins und die natürlichen Abläufe im Körper der Frau gehen bei jeder Sterilitätsbehandlung mit der notwendigen Überwachung der Sexualität des Paares verloren. Um vieles mehr greift der Arzt bei der Erreichung einer Schwangerschaft durch In-vitro-Fertilisation aktiv und steuernd in den Zeugungsvorgang ein.

Diese Form der Manipulation muß ethisch begründet sein, um in ihrer Folge keinen Schaden anzurichten. Es gilt, sehr verantwortungsbewußt die Ursachen der Sterilität zu ergründen, um nicht mit Hilfe einer Technik eine seelische Not beheben zu wollen, deren tiefere Wurzeln unerkannt und unbehandelt bleiben. Partnerschaftsstörungen können z. B. nach der Geburt eines ersehnten Kindes verschärft und mit größerem Schaden ausbrechen. Damit aber wird das Zeugen des Kindes zum Herstellen eines Produktes. Ein Menschenbild, das Fruchtbarkeit nur als biologisches Phänomen sieht, Sterilität nur als genau lokalisierbaren, behebbaren körperlichen Schaden begreift und Retortenbefruchtung als die technische Behebung dieses Schadens, mißbraucht die Betroffenen und benutzt das Kind als Mittel zum Zweck (vgl. Nijs 1989, in: Mohr 69 ff; Wehowsky 1988, in: Schröder-Kurth, 50 ff; Wiesing 1989, 73 ff).

Eine der zu selten angesprochenen Gefahren der Sterilitätsbehandlung liegt in der medikamentösen Anregung der Follikelbildung, die die Möglichkeiten einer Mehrlingsschwangerschaft erheblich erhöht. Dies gilt in gleicher Weise bei Übertragung mehrerer befruchteter Eizellen in die Gebärmutter, was aber zur Verbesserung der Schwangerschaftsrate geschieht. Bei einer Mehrlingsschwangerschaft kann es jedoch dazu kommen, daß Kinder gemeinsam keine Überlebenschancen haben oder eine hochgradige Gefährdung der Mutter eintritt und nur das Abtöten von Feten eine Geburt ermöglicht. Auch bei skrupelhafter Handhabung ist dieses Risiko nicht völlig auszuschließen. Damit aber ist eine Grenze überschritten, die bereits die Therapie selbst in Frage stellen muß.

Mit dem Anspruch an die Machbarkeit verbindet sich auch der Anspruch an Qualität: Das Kind soll gesund und fehlerfrei sein. Dieser Anspruch ergeht an den Arzt und ist gleichermaßen Erwartung an das Kind. Er ändert jedoch zunehmend die Bereitschaft unserer Gesellschaft, krankes oder behindertes Leben anzunehmen (Seidler 1985, in: Petersen 113–123).

Die Handlungsmöglichkeiten, die sich aus der Anwendung der Retortenbefruchtung in Verbindung mit dem Einfrieren von Ei- und Samenzelle, mit der Samen- und Eispende durch eine dritte Person und dem Auftrag zum Austragen des Kindes an eine Leihmutter ergeben, führen zu schwerwiegenden psychischen und sozialen Folgen und können nicht – scheinbar wertfrei – als Hilfsangebote an ein kinderloses Paar betrachtet werden. Je größer die Einflußmöglichkeiten sind, desto schwerer wiegt auch die Verantwortung (Wehowsky 1988, in: Schröder-Kurth 51). Das im Oktober 1990 in Deutschland verabschiedete Embryonenschutzgesetz verbietet Eispende, Leihmutterschaft und Forschung an Embryonen, um möglichem Mißbrauch vorzubeugen. Im europäischen Raum hat u. a. England 1991 zu einer strengeren Überwachung der Reproduktionsmedizin eine Kontroll-kommission eingesetzt, die alleine die Lizenz zur künstlichen Be-fruchtung oder Embryonenforschung erteilen darf und die nicht zu-letzt hinsichtlich der möglichen Zeugung mittels Eizellen abgetriebe-ner Föten oder der Schwangerschaft von Frauen jenseits der Meno-pause Grenzen diskutiert (DIE ZEIT, 28. 1. 1994). Ebenso liegt in Frankreich dem Senat nun nach fünfjähriger Vorbereitung der Ent-wurf eines Rahmengesetzes zur Bioethik vor, der auch ethische Pro-bleme der Reproduktionsmedizin regeln soll (FAZ, 19. 1. 1994; DIE ZEIT, 4. 2. 1994). Das Europaparlament schließlich hat das Klonen menschlicher Embryonen als «menschenverachtend, moralisch ver-werflich und ethisch unannehmbar» bewertet und ein EG-weites Ver-bot gefordert (Deutsches Ärzteblatt, 1993).

Die Gefahr und auch die Verführung der Reproduktionsmedizin liegen in der Möglichkeit, menschliches Leben zunehmend verfügba-rer zu machen. Der aus der Machbarkeit begründete Anspruch droht aus der Reproduktionsmedizin einen Dienstleistungsbetrieb zu ma-chen. Es kann jedoch keinen einklagbaren Anspruch auf ein Kind geben (Wehowsky 1988, 62 f), sowenig wie es einen einklagbaren An-spruch auf Abtreibung geben kann. Die Herausforderungen an den Arzt wie an die Gesellschaft sind die Not der ungewollten Schwanger-schaft und des unerfüllten Kinderwunsches. Diese Spannung muß er-tragen werden, der Einzelfall ist Aufgabe ärztlichen Helfens.

Die Not der Kinderlosigkeit

von Ute Winkler

«Schaffe mir Kinder! Wenn nicht, so sterbe ich!» (Genesis 30,1) Die-ser verzweifelte Ruf einer Frau in Alt-Israel, die keine Kinder bekom-men konnte, ist Ausdruck dafür, wie groß, intensiv und tief das Lei-den an ungewollter Kinderlosigkeit ist (Fischer 1988). Es zeigt gleich-zeitig die spezifische Betroffenheit von Frauen. Die Not der Kinderlo-sigkeit scheint zuallererst die Not von kinderlosen Frauen zu sein. Es ist ein Frauenthema. Deshalb sollen deren Erleben, deren Erfahrungen und Umgangsweisen, aber auch eine Analyse der Situation ungewollt kinderloser Frauen im Vordergrund des Beitrages stehen.

Ungewollte Kinderlosigkeit soll verstanden werden als eine momentane Unfähigkeit, schwanger zu werden, eine Schwangerschaft auszutragen oder zu zeugen. Die vorliegenden Überlegungen sind ein Versuch, die Lebenskrise «Unfruchtbarkeit» aus ihrem individuellen wie gesellschaftlichen Zusammenhang heraus zu erklären und zu verstehen. Sie sind entstanden im Rahmen meiner Arbeit im Feministischen Frauengesundheitszentrum in Frankfurt, wo wir in der politischen Auseinandersetzung mit den neuen Reproduktionstechnologien festgestellt haben, wie wenig betroffene Frauen ernst genommen und überhaupt gehört werden. Um dem entgegenzuwirken, bieten wir eine Beratung für ungewollt kinderlose Frauen an, in der Frauen Raum und Zeit gegeben wird, sich mit ihrer Situation auseinanderzusetzen (Winkler u. a. 1988; Winkler/Schönenberg 1989).

Der Kinderwunsch als «Auslöser»

Zeugung, Schwangerschaft und Geburt sind notwendige Bedingungen jeder Gesellschaft. Für ihre Existenz und ihr Fortbestehen ist die kontinuierliche Reproduktion bzw. Fortpflanzung eine unabdingbare Voraussetzung. Aus diesem Grund unterliegt die generative Reproduktion mannigfaltigen ökonomischen, sozialen, politischen und religiösen Kontrollen. Elternschaft wird zur moralischen Verpflichtung und gilt als Segen. In der jüdischen, christlichen und islamischen Religion sind Kinder die Erfüllung einer Ehe. Kinderlosigkeit dagegen wurde lange oder wird noch als Zeichen göttlichen Mißfallens oder Strafe angesehen. Unfruchtbarkeit galt oftmals als der einzig anerkannte Scheidungsgrund bzw. Grund zur Auflösung der Ehe. Durch die Geburt eines Kindes steigt der soziale Status von Männern und Frauen auch heute noch. Kinderlosigkeit hat entsprechend eine soziale Abwertung zur Folge.

Das Problem der ungewollten Kinderlosigkeit wirkt zunächst wie ein gleichsam ahistorisches Phänomen, «... ist so alt wie die Welt. Seit jeher gilt es in allen Ländern als großes Unglück, keine Kinder zu bekommen. Über Jahrhunderte hinweg waren es vor allem die Frauen, denen die Unfruchtbarkeit angelastet wurde. Sie unternahmen Wallfahrten und Bittgänge, unterzogen sich magischen Fruchtbarkeitsriten, machten Badekuren und Moorbäder und tranken Tee, zubereitet aus fruchtbarkeitsfördernden Kräutern» (Erb 1988, 21).

Der hohen Bewertung der Fortpflanzung und der damit verbundenen Stigmatisierung der Unfruchtbarkeit aber stand die gesellschaftlich akzeptierte Kindestötung und das rituelle Kindesopfer als Mittel der Kontrolle des Bevölkerungswachstums gegenüber, ebenso die Beseitigung von mißgebildeten und / oder illegitimen Kindern sowie der weitgehende Verzicht auf Kinder bei ökonomischen Krisen, Naturkatastrophen, Kriegen etc. Mit anderen Worten: Die menschliche Fortpflanzung ist immer gesellschaftlichen Prozessen, Bedürfnissen, Notwendigkeiten unterworfen, die wegen der sich wandelnden gesellschaftlichen Entwicklungen und Bedingungen widersprüchliche Tendenzen aufweisen.

Fortpflanzung ist – nicht nur historisch und kulturell – durch viele Ambivalenzen gekennzeichnet, die sich auf den Kinderwunsch übertragen lassen. Der Kinderwunsch ist wie die Mutterliebe ein Phänomen des 19. Jahrhunderts (Beck-Gernsheim 1988). Er ist eng verbunden mit der Industrialisierung, d. h. der Verlegung des Erwerbsarbeitsplatzes in die Fabrik. Produktion und Reproduktion wurden damit räumlich getrennt, und Reproduktion geschah in der entstandenen privaten Sphäre des Hauses. Die Familie verlor weitgehend ihren Charakter als Arbeits- und Wirtschaftsgemeinschaft. Die Zuständigkeit der Frau für das Familiäre und Private wurde zentraler Bestandteil der bürgerlichen Familie (Dermutz 1990). Der Mann, in seiner Entfaltung auf die öffentliche Sphäre gerichtet, repräsentiert die Rationalität und Aktivität. Emotionalität / Passivität wird den Frauen zugeschrieben, sie beziehen sich in ihrer Orientierung mehr nach innen auf die private Sphäre, sprich Mann und Kinder. Mit dieser Polarisierung der Geschlechtercharaktere ging die Idealisierung der Mutter-Kind-Beziehung und dessen, was wir als Kindheit bezeichnen, Hand in Hand.

In der modernen Industriegesellschaft mit mehrheitlicher Existenzsicherung durch Lohnarbeit und staatlich organisierter sozialer Absicherung sind Kinder kaum noch aus ökonomischen Gründen notwendig. Die Motive für den Kinderwunsch beziehen sich mehr auf die eigene Person. 90 Prozent der Frauen geben an, daß Kinder einfach zur Ehe gehören. Auffallend ist bei dieser Befragung, daß der Wunsch nach einem Kind bei Männern und Frauen fast gleich vorhanden ist, von Frauen jedoch altruistische Motive als häufigste Beweggründe genannt werden, während bei den Männern die Erhaltung der eigenen Art im Vordergrund steht (Lukesch 1986).

Eine Erklärung für die geschlechtsspezifisch unterschiedlichen Motive ist in der Verteilung von Betreuung und Erziehung der Kinder zu sehen, die primär von Frauen übernommen wird und damit Auswirkungen auf ihre Lebensplanung hat. Mutterschaft und Berufsarbeit ist bei vielen Frauen Teil ihrer Lebensplanung und wird von ihnen angestrebt und gewünscht. Die Berufsarbeit muß dann aber sehr oft hinter der Kinderbetreuung zurückstehen. Eine Vereinbarkeit scheint damit nur zeitlich verlagert möglich bzw. zur ökonomischen Absicherung unumgänglich. Das Kinderkriegen bzw. der Kinderwunsch wird zunehmend Bestandteil dieser Lebensplanung und zum Gegenstand bewußter, individueller Entscheidungen – es kristallisiert sich ein persönlicher Kinderwunsch heraus (Beck-Gernsheim 1988).

Die Erfüllung des Kinderwunsches ist für ungewollt kinderlose Frauen und Männer zuerst einmal nicht möglich, der Wunsch mit seinen vielfältigen Motiven und Erwartungen läßt sich nicht realisieren. Doch gerade er stellt aufgrund seiner eigenen Vielgestaltigkeit ein Sammelbecken für eine Vielzahl unterschiedlicher Wünsche dar: Zeugung, Schwangerschaft, Geburt, Stillen, Leben mit Kindern, Einnahme des elterlichen Platzes, eigene Unvergänglichkeit etc.

Zur Auseinandersetzung mit dem eigenen bzw. dem Kinderwunsch des Partners kommt es in den meisten Fällen jedoch erst bei dem Versuch seiner Realisierung, d. h., wenn das Paar feststellt, daß entweder der Mann oder die Frau – eventuell auch beide – unfruchtbar bzw. eingeschränkt fruchtbar sind. Der nicht erfüllbare Kinderwunsch kann dann zum Auslöser für eine tiefgehende Krise werden.

Erleben und Leiden an ungewollter Kinderlosigkeit

Unfruchtbarkeit bedeutet eine Störung der Gebär- und Zeugungsfähigkeit, deren Ursachen vielschichtig sind. Sie liegen einerseits im körperlichen Bereich, sind aber eingebettet in einen psychischen und sozialen Kontext, d. h. lebensgeschichtliche und partnerschaftliche Momente kommen zum Tragen. Dadurch ist die Unfruchtbarkeit in den seltensten Fällen etwas Statisches, sondern unterliegt einer Dynamik und ist somit auch selten endgültig.

Unfruchtbarkeit ist meist nicht sofort diagnostizierbar, sondern bedarf eines bestimmten Zeitraumes und eines eigenen Prozesses, der als «Coming out» bezeichnet werden kann (Winkler u. a. 1988). «Jedes Paar hat seine individuelle Zeit, wenn entweder der Frau oder dem Mann oder beiden bewußt wird, daß die gewünschte Schwangerschaft nicht eintritt und daß nach Ursachen hierfür gesucht wird» (Bettendorf 1989, 497). Ungeachtet der individuellen zeitlichen Spanne des Eingestehens kann schon der erste Monat des Nichtschwangerwerdens als Enttäuschung und Kränkung erlebt werden.

Das Eingestehen der und Wissen über die Unfruchtbarkeit und die damit verbundene ungewollte Kinderlosigkeit bedeuten den Verlust einer Lebensperspektive und sind durch eine tiefgreifende Lebenskrise charakterisiert (Hölzle 1987; Mahlstedt 1985; Menning 1980). Die eigene Lebensplanung sowie die des Partners werden dadurch vorerst zunichte gemacht. Planbarkeit und Gestaltung sind jedoch wesentliche Momente des modernen Daseins und sind insbesondere für den beruflichen Werdegang unabdingbar. Entscheidungen und Zielstrebigkeit werden bei der Karriere verlangt, aber auch bei der Partnerwahl und im Blick auf den Lebensstil. Durch die ‹modernen› Verhütungsmittel sind Kinder zeitlich kalkulierbar geworden. Ausgerechnet bei etwas so Persönlichem versagen nun die Steuerung und die Kontrollierbarkeit. Dies scheint ein wesentliches Moment des Leidens auszumachen und soll im folgenden aus der Frauenperspektive beschrieben werden.

Das Erleben von Unfruchtbarkeit verändert die Beziehung zu sich selbst, zum eigenen Körper, zum Partner und der sozialen Umwelt. Der Prozeß der Entdeckung dieser Tatsache ist ein ständiger Wechsel zwischen Hoffnung und Enttäuschungen, er bestimmt den ganzen Tag, ständig wird daran gedacht, er ist allgegenwärtig. Andere Lebensinhalte, der Alltag, der bisher ganz befriedigend gewesen sein kann, werden unwesentlich und gehen teilweise verloren. Fast alles konzentriert sich auf die Realisierung des Kinderwunsches. «... und vor lauter Gucken Kind woher, warum ich nicht, schon wieder

Schwangere, schneidet man sich ein Stück der eigenen Lebensfreude ab» (Interview)[1].

Menning (1980) beschreibt diese Lebenskrise anhand von sechs Phasen, die sich als Thema in der Beratung für ungewollt kinderlose Frauen wiederfinden. Den Phasen muß idealtypischer Charakter zugebilligt werden, da sowohl der zeitliche Ablauf wie auch das Erleben nicht in jedem Einzelfall zwingend gegeben sein müssen, aber trotzdem verallgemeinert werden können (Hölzle 1987). Nicht jede Frau und jeder Mann, die ungewollt kinderlos sind, werden sich darin wiederfinden. «The crisis of infertility evokes many feelings in the couple. Some feelings are rational, based upon very real and correctly perceived insults which society or the infertility investigation and treatment have thrust upon them. Other feelings may be more irrational, based in part on myths and superstitions, or on childlike, magical thinking. Feelings vary in order and intensity, but it is my experience that most people face a similar syndrome of feelings as they attempt to work through the infertility crisis» (Menning 1980, 314).

Schock ist häufig die erste Antwort auf die Feststellung von Unfruchtbarkeit, verbunden mit einer Reaktion des Nicht-wahrhaben-Wollens. «Es war bei mir immer so, daß ich gedacht habe, es wird ja irgendwann. Das Nicht-eingestehen-Wollen, daß es nicht klappt.» Damit wird die Auseinandersetzung hinausgeschoben, und ärztliche Vertröstungen, Diagnose- und Therapievorschläge fallen auf einen fruchtbaren Boden. In gemeinsamer Verleugnung der notwendigen Verarbeitung des Schocks verbünden sich Ärzte und Frauen zur Überlistung der Natur, um die eigenen – oft wirklich nur vorübergehenden – Grenzen nicht eingestehen und erleben zu müssen. Andere Frauen wechseln die Ärzte mit der Vorstellung, daß sie etwas nicht kriegen, was ihnen zusteht und was es prinzipiell gibt. Dies ist oft der

1 Die Interviews mit betroffenen Frauen wurden von der Autorin 1987 im Zusammenhang mit der Erstellung der «Broschüre für ungewollt kinderlose Frauen» (Winkler u. a. 1988; Winkler/Schönenberg 1989) sowie 1990 im Rahmen des Forschungsprojektes «Soziale und psychische Inmplikationen humanmedizinischer Reproduktionstechnologien» (Interuniversitäres Forschungsinstitut für Fernstudien, Arbeitsbereich Technik- und Wissenschaftsforschung, Klagenfurt) geführt. Aus ihnen wird im folgenden ohne weitere Quellenangabe zitiert.

Beginn einer Unfruchtbarkeitskarriere, die Jahre in Anspruch nehmen kann. Diese *Verleugnung* kann als Schutzmechanismus verstanden werden, mit dessen Hilfe die Diagnose nicht eingestanden
bzw. wahrgenommen wird.

Wut ist als Antwort auf die erlebte Kränkung, auf das Gefühl der
Ohnmacht und des Kontrollverlustes über den eigenen Körper und
die weitere Lebensperspektive verständlich. Sie schützt vor tiefster
Verzweiflung und ist gleichzeitig auch ein Motor zum konstruktiven
Handeln und innerer Verarbeitung. Ein Objekt für diese Wut ist
aber schwer zu finden, da es einen wirklichen Schuldigen nicht gibt.
Solche Wut ist zudem eine Reaktion auf die teilweise unsensiblen
Reaktionen von Verwandten, Freunden, die medizinischen Untersu-
chungen sowie auf Personen, die scheinbar keine Schwierigkeiten
bei der Realisierung ihres Kinderwunsches haben. Besonders kompliziert gestalten sich Beziehungen zu schwangeren Frauen sowie
Frauen mit Kindern. Neid und Gefühle des Ausgeschlossenseins vertiefen das eigene Leid und sind schwer zu ertragen. «Der ganze
Freundes- und Bekanntenkreis war wieder schwanger. Das war ein
Drama. Ich habe die Leute gemieden, bin nicht mehr hingegangen
oder war auf dem Weg dorthin und habe es nicht gepackt und bin
wieder nach Hause.»

Schuldgefühle beinhalten die Suche nach Gründen für die Unfruchtbarkeit in der Vergangenheit. Frühere Begebenheiten, angeb-
liche Nachlässigkeiten und Versäumnisse oder sogar der gesamte
Lebenswandel werden als Ursachen der jetzigen Situation herangezogen. Jahrelange Verhütung, das Aufschieben des Kinderwunsches,
evtl. frühere Abtreibungen, Partnerwechsel können hierbei genannt
werden. Gerade auch frühere Lust und «Ausschweifungen» werden
von Schuldgefühlen erfaßt, die jetzige Unfruchtbarkeit als gerechte
Strafe empfunden.

Isolation als ein Rückzug aus dem sozialen Umfeld ist häufig zu
beobachten. Dies ist auf die Scham zurückzuführen, die Unfruchtbarkeit als eine Schande erleben läßt, die es zu verheimlichen gilt,
sowie auf die Angst vor – neuen – Kränkungen, Unverständnis und
Unsensibilität. «Da gibt es erst einmal die, die quasi achselzuckend
eben ein Kind haben. Was ist schon dabei, das klappt eben. ‹Du
weißt wohl nicht, wie das geht›, hat mich eine solche Freundin einmal einfühlsam gefragt. Danke, ich weiß es wohl wirklich nicht. …

die Mütter unter meinen Freundinnen sehen das natürlich nicht so. Sie kennen das Problem nicht, wollen auch nichts darüber hören. ‹Guck mal, wie der Kleine guckt›, liegt mir meine Freundin in den Ohren. Nein, ich will nicht gucken, ich habe keinen Kleinen, und wenn sie mit mir diese Trauer nicht teilen will, will ich ihre Sorgen mit dem Kleinen auch nicht wissen» (Belk-Schmehle 1989, 37). Ungewollt kinderlose Frauen und Männer finden wenig Möglichkeiten, sich in adäquater Form mitzuteilen und Verständnis zu schaffen. Darin kommt eine Hilflosigkeit zum Ausdruck, die die Themen ungewollte Kinderlosigkeit und Unfruchtbarkeit im Tabubereich beläßt und Betroffene in ein gesellschaftliches Abseits stellt. «Wenn wir sagen, daß wir es schon soundso lange probieren und es klappt nicht, dann folgt halt schon betretenes Schweigen…» Das Thema läßt sich offensichtlich nicht besprechen, was das Gefühl des Andersseins noch verstärkt. «Den Eltern haben wir es erzählt…, die waren total betroffen, die haben nicht gewußt, was sie sagen sollen. Wir haben dann darüber nicht mehr geredet. Es war denen peinlich, noch peinlicher als uns.»

Trauer ist beobachtbar sowohl nach der Diagnose als auch nach erfolglosen Sterilitätsbehandlungen. Das Betrauern gestaltet sich insofern kompliziert, als es sich nicht um eine konkrete Person handelt, sondern um «den Verlust eines Potentials, um den Verlust eines phantasierten geliebten Menschen bzw. einer phantasierten, intensiven und kontinuierlichen Beziehung» (Hölzle 1987, 23–24). Der Verlust ist schwer zu benennen und verständlich zu machen, da er sich mehr auf eine Fähigkeit und die damit verbundene Lebensperspektive bezieht als auf etwas ‹Konkretes›. In unserer Gesellschaft gibt es für diese Trauerarbeit keinen Ort, keine Rituale und Anteilnahme – ein Grund, warum sich Betroffene wiederum sehr oft allein gelassen fühlen und Verständnis vermissen.

Dieser Verlust scheint um so schmerzhafter zu sein, als ein zunehmender Zerfall von Bindungen in den modernen Industriegesellschaften festzustellen ist und Ehen sowie Lebensgemeinschaften auf Abruf eingegangen werden. Auch machen die beruflichen Mobilitätserfordernisse ein Leben in einem stabilen und dauerhaften Kontext immer schwieriger. Damit wird das Kind auf einer Projektionsebene zur «letzten verbliebenen, unaufkündbaren, unaustauschbaren Primärbeziehung» (Beck 1986, 193), die von ungewollt kinderlosen Paaren untereinander momentan nicht eingegangen bzw. aufgebaut werden kann – eine sicherlich äußerst problematische Entwicklung und Überforderung des Eltern-Kind-Verhältnisses.

Verbunden mit dem Erleben und Empfinden der Unfruchtbarkeit ist oftmals auch eine Stigmatisierung, die sich aus der gesellschaftlichen Bewertung von Kindern ergibt. «In a society that values fertility, childlessness becomes an attribute of the individual which can be discrediting or stigmatizing» (Miall 1985, 384).

Die unterschiedliche Not von Frauen und Männern

Ungewollte Kinderlosigkeit betrifft Frauen und Männer als Paar. Schwangerschaft und Geburt sind jedoch an die weibliche Körperlichkeit gebunden, und die Frauen tragen primär die sozialen Konsequenzen im Sinne der Verantwortlichkeit für die Fortpflanzung. Elternschaft bedeutet bezogen auf den Arbeits- und Zeitaufwand primär Mutterschaft. Fruchtbarkeit sowie Mutterschaft besitzen einen zentralen Stellenwert im Leben von Frauen, der ungleich weniger auf die biologische Fähigkeit als auf die gesellschaftliche Zuschreibung zurückzuführen ist. Frauen werden – immer noch – stark über ihre Fortpflanzungsfähigkeit definiert, und Mutterschaft ist ein «ideologischer Prestigezuwachs seitens der erwarteten Weiblichkeitsrolle» (Nadig 1987, 90). Ihre gesellschaftliche Wertigkeit ist an die Existenz von Kindern gebunden, ja stellt sich darüber her. Die biologische Fähigkeit wird zum sozialen Tatbestand. «Es ist letztendlich die ureigenste Aufgabe einer Frau, ein Kind zu kriegen. Deswegen lebt sie eigentlich, um die Rasse, die Art... zu bewahren. Wenn eine Frau dazu nicht fähig ist, dann ist eigentlich ihr ganzer Lebenszweck – vom Biologischen her gesehen – unerfüllt. Demzufolge ist also das Ureigenste bei der Frau die Erzeugung eines Kindes, damit dann die Männer, die ja praktisch bei uns arbeiten sollen, weiter fortbestehen können... Demzufolge ist diese Nichtreproduktion des Weibes pathologisch, und was pathologisch ist, ist gleichzeitig krankhaft...» (Prof. K. Semm, in: Die Zeit, 30.3.1984)[1].

---

1 Prof. Dr. Kurt Semm ist Gynäkologe und Veterinärmediziner und leitet die Kieler Frauenklinik, eines der führenden reproduktionsmedizinischen Zentren in der BRD.

Unfruchtbarkeit wird damit zur Abweichung von der gesellschaftlich erwarteten Normalität von Frauen und deren Körpern deklariert, Mutterschaft wird zum biologischen Zwang. Unfruchtbarkeit wird darüber hinaus zur spezifisch weiblichen Krankheit, der unfruchtbare weibliche Körper als reparaturbedürftig definiert. Ungewollte Kinderlosigkeit eines Paares wird entsprechend voreilig an der Frau festgemacht, sie ist die Alleinverantwortliche. «Wenn ein Paar kein Kind kriegt, dann liegt es an der Frau. Und wenn man ihnen sagt, daß der Mann unfruchtbar ist, dann reagieren sie nicht. So habe ich es erlebt. Durchgehend.» Dahinter steht die bekannte Kategorisierung des Mannes als des fraglos Potenten und Gesunden und der Frau als der Kranken und zu Behandelnden.

Die Realität der medizinisch feststellbaren Sterilität widerspricht dieser allein auf die Frau orientierten Zuschreibung: Statistisch gesehen liegt die Ursache bei ungewollter Kinderlosigkeit in 40 Prozent der Fälle bei den Frauen und zu ebenfalls 40 Prozent bei den Männern. Bei den verbleibenden 20 Prozent sind es beide bzw. läßt sich keine Ursache feststellen.[1] Diese gleichmäßige Verteilung wird bei den Sterilitätstherapien oft genug ignoriert, da sie zum überwiegenden Teil Behandlung der Frau bedeuten.[2] Die vermeintliche Zuständigkeit und Verantwortlichkeit der Frau beginnt aber schon viel früher, da sie bei einer befürchteten Unfruchtbarkeit die erste ist, die sich untersuchen läßt, und dies oft über Jahre hinweg.[3] Eine Erklärung liegt sicherlich darin, daß Frauen wegen Verhütungen, Vorsorgeprogrammen etc. regelmäßig zum Gynäkologen/zur Gynäkologin gehen. Demgegenüber fehlt bei Männern nicht nur das Äquivalent des Andrologen/der Andrologin (des «Männerarztes», der «Männerärztin»), sondern auch die Selbstverständlichkeit, Gewöhnung und

1 Es handelt sich hierbei um Grobschätzungen, da in der Fachliteratur die Angaben zur Sterilitätsverteilung divergieren.
2 Inzwischen werden teilweise mehr als 20 Prozent andrologische Probleme als Indikation für ein In-vitro-Fertilisations-Programm angegeben. Auch die Mikroinjektion, ein neues Verfahren der In-vitro-Fertilisation, wo ein einziges Sperma direkt in die Eizelle injiziert wird, hat die männliche Subfertilität zur Grundlage.
3 So waren bei einer Studie von 774 Paaren mit einem durchschnittlichen Kinderwunsch von 4,3 Jahren 80,7 Prozent der Männer noch nicht untersucht (Die Neue Ärztliche, 14.9.1990).

Regelmäßigkeit sowie die Bereitschaft, die eigene Zeugungsfähigkeit und Potenz in Frage zu stellen.

Nicht nur bei ungewollter Kinderlosigkeit, sondern auch bei den Themen Kinderwunsch, Zeugung, Schwangerschaft, Geburt, Leben mit Kindern führen Männer ein selbstgewähltes Schattendasein. Sie entziehen sich weitgehend der Auseinandersetzung, stellen sehr wohl aber ihre Ansprüche, indem sie das Kind einklagen. Für Frauen bedeutet dies, daß sie es sind, die sich mit dem Problem beschäftigen und letztendlich auch die Lösung finden müssen. So kommt es nicht nur zur Individualisierung, sondern auch zur Feminisierung von Unfruchtbarkeit. Sie wird zum Frauenthema: Frauen sind zunehmend bereit, sich außerhalb medizinisch-technischer Angebote von Sterilitätstherapien auf einer psychosozialen Ebene mit der Thematik auseinanderzusetzen und nach einer Lösung außerhalb der Medizin zu suchen. Dies zeigt die steigende Anzahl von Selbsthilfegruppen und Beratungsangeboten, die primär von Frauen initiiert und von ihnen in Anspruch genommen werden. Männer sind hier kaum anzutreffen. In den wissenschaftlichen Publikationen zum Thema werden die Situation, das Erleben und die Erfahrungen von ungewollt kinderlosen Frauen sehr wohl thematisiert, die Erfahrungen der Männer dagegen tauchen meist nur unter der Begrifflichkeit «Paar» auf. Ein weiteres Indiz ist die fehlende Auseinandersetzung mit dem männlichen Kinderwunsch (Fleischer 1990; Roth 1988).

Für Männer stellt sich die Frage des Kinderwollens und -zeugens in einer längerfristigen zeitlichen Perspektive. Die weibliche Gebärfähigkeit ist biologisch begrenzt, wohingegen Männer – vielleicht mit sinkendem Erfolg – bis ins hohe Alter Kinder zeugen können. «Ich habe vielleicht noch 10, 12 Jahre, wo ich Kinder kriegen kann. Wenn es sich mein Mann mit 70 überlegt, geht es auch noch. Ich habe immer wieder versucht, ihm die zeitliche Dimension zu erklären.» Eine Auseinandersetzung, Entscheidung und Bereitschaft ist damit für Männer nicht so zwingend notwendig, ein Hinausschieben, manchmal auch Vertrösten, ist möglich. Die männliche Identität muß sich nicht über Kinder herstellen, ihre gesellschaftliche Wertschätzung hängt nicht davon ab. Deshalb ist der männliche Lebensplan nicht so stark an Kindern orientiert wie bei Frauen. Für sie existiert weder das «Nur-Hausfrauen-Modell» noch das «Drei-Phasen-Modell», sondern das «Nur-Berufstätigen-Modell» als lineare Entwicklung ohne Kinderpause.

Damit konzentriert sich die ganze Problematik sowohl auf der gesellschaftlichen wie individuellen Ebene überwiegend auf die Frau; ihre ganze Person steht unter der Spannung des zu erbringenden Nachweises ihres «Frauseins», d. h. ihrer Fruchtbarkeit. Ein Zwang, der manchmal so weit verinnerlicht wird, daß Frauen selber ihre Partner «entlasten». «Eine andere Frau sagte immer nur, daß *sie* keine Kinder kriegen kann, und nach Monaten des Fragens kam dann raus, daß es ihr Mann ist. Aber die Schuld liegt prinzipiell bei der Frau.»

Dieses Beispiel verdeutlicht einmal mehr, in welchen gesellschaftlichen und individuellen Verstrickungen sich Frauen bewegen und wie dies zu einem schwer zu entwirrenden Knäuel wird.

Kinderlos, nicht unfruchtbar

Bis hierher wurde von «Unfruchtbarkeit» und «ungewollter Kinderlosigkeit» gesprochen, ohne eine genaue Differenzierung dieser Begriffe vorzunehmen. Unterscheidet man jedoch, so stößt man auf einen Umstand, der bei den leidvollen und schmerzhaften Erfahrungen oft übersehen wird: «Unfruchtbarkeit und Kinderlosigkeit sind zwei verschiedene Dinge. Das Leiden an Unfruchtbarkeit ist nicht zwangsläufig das Missen eines Kindes.»

Dies ist ein Tatbestand, der dann nicht mehr gesehen werden kann, wenn das Gefühl der Ohnmacht und Hilflosigkeit übermächtig wird. Unfruchtbarkeit wird quasi zu einem allgemeinen negativen Lebensgefühl generalisiert. Das Selbstwertgefühl wird unsäglich klein, gerade auch in anderen – fruchtbaren – Lebensbereichen. Eine körperliche Grenze, die Unfruchtbarkeit, wird dabei schnell zu einer Lebensgrenze. Deshalb ist es für Betroffene äußerst wichtig, die Rede von Fruchtbarkeit und Unfruchtbarkeit nicht auf die körperliche Sichtweise, auf das Kinderkriegen bzw. Nicht-Kinderkriegen-Können, zu beschränken. «Die Ärzte sagen nicht, ‹Sie sind biologisch gesehen unfruchtbar› oder ‹Ihre Fortpflanzungsfähigkeit ist eingeschränkt›, sondern ‹Sie sind unfruchtbar!› Sie generalisieren es, und man nimmt es auch leicht so generalisiert auf. Wenn man in einer schlechten Phase steckt, dann ist man eben unfruchtbar – total und ganz und gar... Ich denke, jeder Mensch ist in irgendeiner Form un-

fruchtbar und in anderer Form fruchtbar. Es ist immer beides da. Ich
wehre mich dagegen, daß diese eingeschränkte Fortpflanzungsfähigkeit so deutlich hervorgehoben wird, so sehr ins Extreme gehoben
wird als das wichtigste Merkmal. Es ist ein Teil von mir, aber ein Teil
von mir kann genausogut auch fruchtbar sein, nur den sehe ich dann
nicht mehr.»

Schewe verwendet den Begriff der geistigen Fruchtbarkeit. «Viele
Menschen, die bewußt auf leibliche Nachkommenschaft verzichten,
verwirklichen sie. Unter geistiger Fruchtbarkeit verstehe ich die Weitergabe der individuellen personalen Werte an andere Menschen. Der
Bereich der geistigen Fruchtbarkeit ist weit gespannt» (Schewe 1989,
87).

Dies bedeutet auch, ein Kind und den Wunsch nach einem Kind
wieder auf seine Ursprünglichkeit zu begrenzen und nicht als einzigen
Lebenssinn zu sehen. Offenheit und Gehenlassen ist angesagt, wo der
Wunsch übermächtig und hemmend geworden ist. «... ich kann mir
ein Leben ohne Kinder vorstellen... Das bedeutet für mich, daß ich
meinen Lebenszweck nicht mit Kindern habe. Ich glaube nicht, daß
ich von Kindern an und für sich abhängig bin, um einen Lebenssinn
zu suchen.» Vielleicht steht dahinter das Eingeständnis, daß es für das
Thema Unfruchtbarkeit und ungewollte Kinderlosigkeit keine Lösung gibt. «Es gibt eben keine Lösung. Das ist der Schluß, zu dem wir
kamen. Zu dieser Kinderlosigkeit gibt es keine Lösung, nicht für die
Unfruchtbarkeit.» Dies müssen gerade betroffene Frauen und Männer wieder lernen zu akzeptieren, daß es eine Lösung als Auflösung
des komplexen Problems nicht gibt. Vielmehr kann «Lösung» nur
verstanden werden im Sinne einer Integration von Unfruchtbarkeit in
das Leben, ohne daß dies Thema das Leben weiterhin übermächtig
bestimmt. Die Auseinandersetzung mit Unfruchtbarkeit/ungewoll-
ter Kinderlosigkeit darf nicht zu einer Strategie der Kindesbeschaffung verkommen, die sich an der Mentalität des Machbaren und
Kaufbaren orientiert und einen Zwang zur Auflösung des Problems
beinhaltet. Seien dies nun Verfahren der Reproduktionstechnologien, Inlandsadoptionen oder Auslandsadoptionen mit teils fragwür-
digen Praktiken. Selbst eine Schwangerschaft ist nie eine generelle
Lösung. «Ich habe Schwierigkeiten mit mir selbst gehabt, weil ich oft
nicht gewußt habe, liegt es daran, daß ich jetzt keine Kinder kriegen
kann oder daß ich keine haben werde. Dann gibt es zwar die Adop-

tion, aber das Problem wäre nie gelöst... Es geht mir nur darum, daß ich Kinder kriegen kann. Da nützt mir auch eine Adoption nichts.»

Solange der gesellschaftliche Wert von Frauen an ihrer Fähigkeit, Kinder gebären zu können, gemessen wird, ja diese Fähigkeit einzig erlaubter Ausdruck eines Stärkegefühls sein darf, wird körperliche Unfruchtbarkeit gesellschaftlich immer mit Leid, Stigmatisierung und Mangel verbunden sein. Aber auch individuell ist es schwierig, das Leid zu benennen, Trauerarbeit zu leisten, sich der Auseinandersetzung mit sich selbst, dem Partner und den eigenen Wünschen, Lebensvorstellungen, gesellschaftlichen Erwartungen zu stellen und zu einer Offenheit zu gelangen, die beides zuläßt – ein Leben mit und ohne Kind. Der Not der Kinderlosigkeit schöpferisch zu begegnen – kein leichtes Unterfangen.

II

Beinahe aussichtslos:
Das Bemühen um ein Adoptivkind
aus Deutschland

Warum so wenige deutsche Säuglinge zur Adoption freigegeben werden

von Volker Büch

Es ist meist ein langwieriger und schmerzhafter Prozeß, wenn Paare, die vergeblich auf ein leibliches Kind hoffen, sich zu einer Adoption durchringen. Oft nehmen sie dann bewußter wahr, wie häufig in ihrem sozialen Umfeld Adoptionsschicksale vorkommen. Diese Entdeckung wirkt beruhigend, rückt sie doch das geplante Vorhaben in den Bereich des Normalen, des Selbstverständlichen. Darüber hinaus wird die Erwartung gefördert, daß etwas so Häufiges, beinahe Alltägliches, sich ohne ernste Hindernisse realisieren läßt. Andererseits gibt es zuweilen vage Ahnungen, manchmal konkrete Informationen, daß es doch nicht so einfach sein könne, zu einem Adoptivkind zu kommen, weil es angeblich zu wenige solcher Kinder gebe. Sich daraus entwickelnde Befürchtungen bestätigen sich dann schnell bei der ersten Vorsprache bei der Adoptionsvermittlungsstelle des zuständigen Jugendamtes: Die Zahl der gesunden deutschen Säuglinge, die für eine Adoption in Frage kommen, ist sehr klein, die Zahl der Adoptionsbewerber beträgt ein Vielfaches, und damit wird das Adoptionsvorhaben zum schier aussichtslosen Unterfangen. Spontan stellt sich vielleicht Empörung ein, es wird als ungerecht empfunden, daß auch dieser Kinderwunsch scheitern soll. Da sind Gedanken naheliegend an die vielen Kinder, die nicht gewollt sind, die schon vor ihrer Geburt als unerwünscht abgetrieben werden oder, wenn sie zur Welt kommen, dann später doch in ein Heim abgeschoben werden, oft nach einer Leidensgeschichte mit Mißhandlungen oder Verwahrlosung. Zweifel kommen auf, die Frage wird gestellt, warum der Staat nicht dafür sorgt, daß solche Kinder gerettet werden und gleich, von Geburt an, die Chance haben, als Wunschkinder zu Wunscheltern zu kommen.

Solche Phantasien und Gefühle wie Kränkung, Frustration und

Zermürbung sind verständliche Reaktionen auf diese Situation. Vor allem aber fällt es den Betroffenen schwer, herauszufinden, wie diese Realität zu verstehen ist.

Die Adoptionsstatistik: Der Trend geht abwärts!

Der Blick in die Bevölkerungsstatistik bestätigt die schlechten Aussichten, gibt aber keine Auskunft über die Hintergründe.

Wie ein Blick in die Jugendhilfestatistik zeigt, schwankt die Zahl der Adoptionsbewerber seit Jahren um 20 000. Demgegenüber hat die Zahl der abgeschlossenen Adoptionen von Minderjährigen in den alten Bundesländern in den Jahren 1984 bis 1991 von rund 8500 auf etwa 6800 pro Jahr abgenommen. Dabei verringerte sich allein die Zahl der abgeschlossenen Adoptionen von Kindern im Alter von unter einem Jahr von 1093 in 1984 auf 794 in 1988. 1991 schließlich wurden für diese Altersgruppe nur noch 207 Adoptionen in Deutschland insgesamt gezählt.

Die Daten haben jedoch für die Fragestellungen der Bewerber, die einen Säugling adoptieren möchten, nur einen sehr eingeschränkten Aussagewert.

Zunächst muß man sich verdeutlichen, daß nur rund 12 Prozent der abgeschlossenen Adoptionen Kinder unter einem Jahr betreffen. Wenn man die Adoptionen der Kinder bis unter drei Jahren betrachtet, so sind dies insgesamt etwa knapp 40 Prozent. Diese Zahlen sagen jedoch nichts darüber aus, wann die rechtskräftig adoptierten Kinder in die Adoptionsfamilie aufgenommen wurden. So ist erfahrungsgemäß auch unter den restlichen 60 Prozent der adoptierten Minderjährigen (also derjenigen im Alter von drei bis 18 Jahren) ein erheblicher Anteil von bereits im Säuglingsalter in Adoptionspflege vermittelten Kindern; denn oft kommt es lange Zeit nicht zur Adoption, wenn die rechtlichen Voraussetzungen (noch) nicht gegeben sind oder aber trotz vorliegender Voraussetzungen von den Pflegeeltern (zunächst) kein Adoptionsantrag gestellt wird.

Andererseits lebt eine große Zahl der Kinder, die ebenfalls bereits als Säugling von einer Pflegefamilie aufgenommen wurden, in festen Vollzeitpflegeverhältnissen. Die Kinder tauchen in der Statistik an dieser Stelle nicht auf, obwohl hier in vielen Fällen eine spätere Adoption möglich ist und oft auch durchgeführt wird.

Die dazu wichtige Rubrik ‹Zur Adoption vorgemerkte Minderjährige› weist leider keine Altersdifferenzierung auf. Hier verringerte
sich die Fallzahl in den alten Bundesländern im Zeitraum 1984 bis
1989 von 822 auf 595, steigt seither aber wieder an (1990: 711, 1991:
943). Hinzu kommen z. B. 1991 noch 342 Fälle in den neuen Bundesländern. Dieser Wiederanstieg der Gesamtzahl der Adoptionsvor-
merkungen (bei stetig weniger werdenden Säuglingsadoptionen) bedeutet, daß zunehmend bei ‹älteren› Kindern die Perspektive der
Adoption erkannt wird. Diese Entwicklung hat wohl teilweise ihre
Ursache in einem tatsächlichen Anstieg der Fallzahlen, die in Zusammenhang mit dem aktuellen Anwachsen sozialer Verelendung stehen.

Weiterhin könnte aber auch die Reform des Jugendhilferechtes
dazu beigetragen haben. Im neuen Kinder- und Jugendhilfegesetz
wird zwar die «Verbesserung der Erziehungsbedingungen in der Herkunftsfamilie» als wichtigste Priorität genannt. Ist dies aber innerhalb eines vertretbaren Zeitraums nicht möglich, so verlangt das Gesetz statt dessen eine ‹dem Wohle des Kindes förderliche und auf
Dauer angelegte Lebensperspektive›. Dies wird in vielen Fällen die
Aufnahme in eine Ersatzfamilie sein, wobei oft die Adoption (Adoptionspflege) als Ziel denkbar ist.

Die moderne Gesellschaft: Kinder werden selten

Ein entscheidender Faktor bei dieser Entwicklung ist der allgemeine
Geburtenrückgang. Um die Situation richtig zu verstehen, muß man
sich zunächst verdeutlichen, wie sich die Struktur der Familien verändert hat. Nach der ‹Auswanderung der Großeltern› wurden in der
modernen deutschen Zwei-Generationen-Kleinfamilie des 20. Jahrhunderts zunächst die Geschwister immer weniger. 47 Prozent der
Ehen im Deutschen Reich, die zu Beginn des Jahrhunderts geschlossen wurden, hatten wenigstens vier Kinder, in den siebziger Jahren
waren es in der Bundesrepublik Deutschland nur noch fünf von hundert Ehen. Hingegen hat sich im gleichen Zeitraum der Anteil der
Ehen, die nur ein oder zwei Kinder haben, ungefähr verdoppelt.
Ebenso gab es um 1900 nur 9 Prozent kinderlose Ehen, während es in
den siebziger Jahren ungefähr 18 Prozent waren. 1991 standen in
Deutschland elf Millionen Ehepaaren mit Kindern acht Millionen
kinderlose Ehepaare gegenüber. Der Trend zur Ein-Kind-Familie hält

weiter an, auch der Prozentsatz der kinderlosen Ehepaare vergrößert sich. Beachtet werden muß noch, daß die Zahl unverheiratet zusammenlebender Paare ebenfalls ansteigt und hier ein noch größerer Anteil kinderloser Lebensgemeinschaften zu finden ist. So hatten 1991 nur etwa 18 Prozent der nichtehelichen Lebensgemeinschaften Kinder.

Dafür ist heute der Anteil der Kinder in sogenannten ‹Ein-Eltern-Familien› – also der Kinder mit einem ledigen, getrennt lebenden, geschiedenen oder verwitweten Elternteil – sehr hoch. Durch vermehrte und wirkungsvollere Praktiken der Empfängnisverhütung verringert sich auch die Zahl der ‹ungeplanten› Kinder. Nach dem ‹Pillenknick› vor zwei Jahrzehnten könnte heute durch das angesichts der AIDS-Gefahr vorsichtigere Sexualverhalten zum zweitenmal die Geburtenrate drastisch zurückgehen.

Es wäre jedoch unangemessen, das generative Verhalten allgemein und insbesondere den Geburtenrückgang auf einen solchen oder einen anderen Faktor allein zurückzuführen. Würde man z. B. unterstellen, daß die Liberalisierung der Abtreibungsgesetze eine Zunahme der Schwangerschaftsabbrüche bewirkt hätte (was wahrscheinlich nicht zutrifft), so wäre auch zu beachten, daß die heute größere Toleranz gegenüber ledigen Müttern bzw. nichtehelichen Kindern genau umgekehrt wirken müßte: werdende ledige Mütter wären demnach heute eher bereit, ihr Kind auszutragen, als etwa vor dreißig Jahren. Angemessener ist, von einer Wechselwirkung verschiedener Ursachen auszugehen.

Mit sinkender Geburtenrate wird sich auch die Zahl der zur Adoptionsvermittlung in Frage kommenden Kleinkinder weiter verringern, wobei noch nicht genau vorhergesagt werden kann, ob der relative Anteil gleich bleibt oder sich auch verkleinert.

Mütter, die ihr Kind freigeben:
Wunsch und Wirklichkeit

Den Gedanken an Schwangerschaftsabbrüche, verwahrloste, mißhandelte und abgeschobene Kinder wird manchmal eine verständliche Wunschphantasie entgegengesetzt, die ein versöhnlicheres Schicksal beschreibt:

Eine werdende Mutter, die massive Probleme hat, ihre Mutterschaft und ihr Kind zu akzeptieren, entschließt sich in Respekt vor dem werdenden Leben, das Kind auszutragen und, in Verantwortung dem Kind gegenüber, es zur Adoption freizugeben. In Konsequenz ihres reifen Entschlusses durchlebt sie die Schwangerschaft bewußt, meidet gesundheitliche Risiken, läßt sich frühzeitig in einer Adoptionsvermittlungsstelle beraten, vereinbart nach der Beratung ein Arrangement zur Abwicklung der Adoption, sucht rechtzeitig vor der Niederkunft die vereinbarte Klinik auf, mit der schon die notwendigen Absprachen getroffen wurden, verzichtet nach der Geburt darauf, ihr Kind zu sehen, entfernt sich nach wenigen Tagen geräuschlos aus der Klinik und erscheint schließlich absprachegemäß nach acht Wochen zum Notartermin, wo sie ihre Einwilligung in die Inkognito-Adoption erklärt.

Solche aus der Perspektive von Adoptionswilligen ‹idealtypischen› Fälle kommen zwar vor (zumindest was den äußeren Ablauf angeht), sind aber außerordentlich selten. Der Normalfall der Säuglingsadoption sieht ganz anders aus, und das ist fast zwangsläufig so.

Die Trennung von ihrem Kind ist der Versuch der Mutter, einen massiven Konflikt zu lösen. Der Weg wird von diesem Konflikt geprägt, was sich an vielen Stationen in Form von ständigen Irritationen wie Zaudern, Zurückweisen oder Panikreaktionen, hervorgerufen durch Unsicherheit, Zweifel und Schuldgefühle, immer wieder zeigt. Grundsätzlich kann jede Schwangerschaft in unterschiedlichem Ausmaß in verschiedenen Phasen konflikthaft sein. Dies gilt auch für die werdende Mutter, die in einer völlig unproblematischen Lebenssituation eine gewollte und geplante Schwangerschaft erlebt. Verstimmungen, Depressionen und Ängste in verschiedenen Phasen der Schwangerschaft und nach der Geburt sind Hinweise darauf.

Weit konflikthafter sind natürlich jene Schwangerschaften, die bereits unter ungünstigeren Vorzeichen beginnen. Schlechte materielle und soziale Bedingungen, Überforderungsgefühle, Forderung nach Abtreibung durch nahestehende Personen, gesundheitliche Probleme, Suchtabhängigkeiten, Partnerkonflikte, Beziehungsstörungen oder völlig fehlende Beziehung zum Kindesvater sind Beispiele hierfür. Solche ungewollten Schwangerschaften enden dann häufig mit einer Abtreibung. Auch in günstigeren Konstellationen kommt es zu ungeplanten Schwangerschaften – aber meist wird daraus eine gewollte Schwangerschaft. Deshalb kann man nicht geplante mit gewollter und ungeplante mit ungewollter Schwangerschaft gleichsetzen. Die Begriffe ‹gewollt› und ‹ungewollt› beschreiben eher eine mehr oder weniger deutliche Bilanz widerstrebender Gefühle und bewußter oder unbewußter Motive, die sehr instabil sein kann. Hinzu kommt noch der besondere Streß, daß eine Entscheidung innerhalb kurzer Zeit getroffen werden muß und kein Ausweichen in eine ‹schmerzfreie› Lösung möglich ist. Typisch ist, daß häufig Entscheidungsprozesse abgebrochen und neu initiiert werden. In vielen Fällen ist dann die Entscheidung zum Austragen des Kindes ein Resultat des nicht rechtzeitig abgeschlossenen Entscheidungsprozesses. Manchmal wird anfangs sogar die Schwangerschaft selbst oder der Konflikt geleugnet, so daß die Entscheidung für einen Abbruch nicht mehr möglich ist.

Die Mütter, für die schließlich nach der Niederkunft die Trennung von ihrem Kind ein Thema sein könnte, haben also hinsichtlich ihrer Auseinandersetzung mit ihrer Schwangerschaft die unterschiedlichsten Vorgeschichten. Sie reichen von vorherrschender Ablehnung über Verdrängung des Themas bis hin zu überwiegender Akzeptanz. Die Phase der Geburt und die unmittelbar darauffolgende Zeit kommen einer Umbruchssituation gleich, nach der sich die Einstellung ganz erheblich verändern kann. In der Praxis bedeutet dies, daß einige Mütter, die sich vor der Geburt für die Inpflegegabe ihres Kindes entschieden haben, dann auch daran festhalten, andere verunsichert die Entscheidung wieder in Frage stellen und wieder andere jetzt um so entschlossener ihr Kind behalten wollen. Umgekehrt werden die Kliniken mit Müttern konfrontiert, die plötzlich, ohne es vorher je angedeutet zu haben, von der Weggabe ihres Kindes sprechen oder gar heimlich der Klinik entfliehen und dabei ihr Kind zurücklassen. Sehr selten, aber dafür um so spektakulärer in der Boulevardpresse aufgebauscht sind die Fälle, in denen Mütter ihre neugeborenen Kinder aussetzen.

Die Situation ähnelt der des Schwangerschaftskonfliktes, ähnliche Motive und Empfindungen spielen eine Rolle; neue bedeutsame Erfahrungen sind jetzt hinzugekommen, insbesondere die Konfrontation mit dem Neugeborenen. Inzwischen können auch wichtige Veränderungen in der Partnerschaft und im sonstigen sozialen Umfeld eingetreten sein. Vieles spricht dafür, daß gerade die Beziehungsaspekte zum Kind und alle Überlegungen, die sich damit beschäftigen, jetzt eine besondere Rolle spielen.

Wurde der Schwangerschaftskonflikt so gelöst, daß das Kind ausgetragen wurde, so sind auch nach der Geburt die dafür maßgeblichen Motive und Empfindungen noch wichtig. Die (bewußte oder unbewußte) Entscheidung für das Kind bedeutet meist auch, daß zumindest anfänglich eine starke Tendenz besteht, sich auf das Kind einzulassen und das zukünftige Leben mit ihm zu arrangieren. Die Zahl der Mütter, die nach der Geburt bei der Freigabe zur Adoption bleiben oder sich erst jetzt dazu durchringen, ihr Kind nicht zu behalten, ist deshalb relativ klein. Noch seltener kommt es zu der in Aussicht stehenden Adoptionsfreigabe vor dem Notar, die per Gesetz frühestens acht Wochen nach der Geburt möglich ist. Manchmal wird sogar statt dessen die Entscheidung früher oder später revidiert und die Herausgabe des Säuglings aus der Adoptionspflegefamilie verlangt.

Hier zeigt sich noch einmal, daß auch die scheinbar so klaren Entscheidungen für die Weggabe des Kindes im Grunde äußerst konflikthaft sind und von vielen Zweifeln, Ängsten und Schuldgefühlen, aber auch Wünschen und Hoffnungen begleitet werden. Was diesen letzten Schritt erschwert, sind gerade die Aspekte, die manchmal auch im Sinne einer Klärung förderlich sind: die Endgültigkeit, die Nicht-Revidierbarkeit und die Absolutheit des Schrittes; so auch die Unmöglichkeit der späteren Kontaktaufnahme zum Kind bei Inkognito-Adoptionen.

Das Dilemma der Adoptionsvermittlungsstellen

Was den Adoptionsvermittlungsstellen somit bleibt, ist eine relativ kleine Zahl zur Adoptionsvermittlung in Frage kommender Säuglinge. Ein Großteil dieser Vermittlungsfälle ist dabei noch mit dem geschilderten ‹Risiko› behaftet, daß die leibliche Mutter (oder in manchen Fällen auch der Kindesvater) ihr Kind innerhalb oder nach der Achtwochenfrist doch noch zu sich nehmen möchte oder zumindest die Adoptionsfreigabe verweigert. Hinzu kommen noch die eindeutige gesundheitliche Schädigung einiger Säuglinge oder entsprechende (bekannte oder vermutete) Risikofaktoren.

Der sehr großen Zahl kinderloser Paare steht also nur eine sehr kleine Zahl der gewünschten gesunden Säuglinge mit keinem oder nur geringem rechtlichem Risiko gegenüber. Alle Bewerber zu berücksichtigen würde zu unzumutbaren Wartezeiten (und damit auch zu überalterten Eltern) führen. Die Vermittlungsstellen behelfen sich, indem sie Auswahlkriterien einführen: die Beschränkung auf Bewerber aus der näheren Umgebung oder dem eigenen Zuständigkeitsbereich, auf kinderlose Bewerber, enge Altersgrenzen, eine strenge Auslese nach Eignung usw. Bedauerlich ist, daß manche Vermittlungsstellen den ausgesonderten Bewerbern gegenüber die ehrliche Auskunft scheuen und sie auf vermeintlichen Wartelisten ‹verhungern› lassen. Damit wird andererseits ein Mißverständnis dieser Listen begünstigt, so daß manches Paar, das tatsächlich auf einer Warteliste geführt wird, die Hoffnung verliert und abspringt. Diese Paare und einige andere (die plötzlich ein leibliches Kind bekommen, ein Kind von einer anderen Vermittlungsstelle erhalten, deren Partnerschaft inzwischen scheitert oder die ihr Vorhaben als Selbstmißverständnis erkennen) sorgen dann für eine kleinere Besserung der statistischen Chancen der übrigen. Ein schwacher Trost!

Heimunterbringung in Deutschland

von Volker Büch

Wenn sich die öffentliche Aufmerksamkeit auf Heimkinder richtet, häufen sich bei Kinderheimen Anfragen: solch ein ‹armes Waisenkind› aufzunehmen, ihm wenigstens Wochenendkontakte oder doch immerhin einen Weihnachtsabend im Kreise einer Familie zu bieten, so lauten die gutgemeinten Angebote. Dieses vielversprechende Interesse schwindet schnell, wenn die Betreffenden eine ernüchternde Zurückweisung ihrer spontanen Hilfsbereitschaft erfahren, auf den fehlenden Bedarf für Kontakteltern, auf langwierige Überprüfungsverfahren und anspruchsvolle Auswahlkriterien für Pflegeeltern hingewiesen werden.

Über 60 000 Kinder und Jugendliche waren 1991 in Deutschland als Maßnahme der Jugendhilfe in Heimen untergebracht. Aber die Situation von Heimkindern scheint ein Thema zu sein, das von Verdrängung und Abwehr gekennzeichnet ist. Auch das Image der Kinderheime ist zwiespältig: Neben Phantasien wie ‹Geborgenheit›, ‹Aufgehoben-Sein›, ‹Versorgung› und ‹Nestwärme› werden meist

auch Vorstellungen wie ‹Erziehungsanstalt›, ‹Kasernierung›, ‹Einge-
sperrt-Sein› und ‹Strafanstalt› mit Kinderheimen in Verbindung gebracht. Das Wissen über Heime ist dürftig und verschwommen. Zu
den negativen Assoziationen gehören Bilder von Schlafsälen und end-
losen Fluren in einem ‹Kasten› mit Kasernencharakter. Solche Einrichtungen sind jedoch heute zumindest in der Bundesrepublik
Deutschland die Ausnahme.

Kinderheime heute: eine Vielfalt moderner Konzepte

Die Konzeptionen moderner Einrichtungen haben auch die bauliche
Gestaltung beeinflußt: durchgesetzt haben sich Kleingruppenmo-
delle, in denen bis zu zehn Kinder mit mehreren Erzieherinnen (und
zunehmend auch männlichen Erziehern) in eigenen kleineren Häusern familienähnlich leben. Ältere Einrichtungen sind meist entsprechend umgebaut, so daß Gruppen eine eigene abgeschlossene Etage
bewohnen können.

Die Kinder leben alleine, zu zweit oder seltener zu dritt in eigenen
Zimmern. Die tägliche Versorgung, die Essenszubereitung und sonstige Hausarbeiten werden von den Gruppen – meist mit der Unterstützung einer Hauswirtschaftskraft – selbst erledigt; manchmal erfolgt die Zubereitung warmer Mahlzeiten durch eine Zentralküche,
die dann die Gruppen beliefert.

Wohnlage, bauliche Gestaltung, Ausstattung und Möblierung
neuerer Einrichtungen haben oft einen sehr hohen Standard erreicht,
während in vielen alten Häusern die Anpassung der baulichen Gegebenheiten an eine Kleingruppenstruktur nur ein Kompromiß ist, der
durch die eigene Atmosphäre solcher wuchtigen Bauten weiterhin beeinträchtigt bleibt.

Schon aufgrund der baulichen Unterschiede wird deutlich, daß
Heim nicht gleich Heim ist. Die Palette der sogenannten ‹stationären
Erziehungshilfen› ist heute sehr differenziert. Neben der unterschiedlichen Größe der Einrichtungen ist vor allem die Orientierung an der
jeweiligen Zielgruppe zu nennen, die zu Verschiedenheiten in der
Konzeption und damit zu sehr wichtigen Unterschieden im Alltag der
Kinder und Jugendlichen führen, die in den Heimen leben. Das Zusammenleben von Kindern und Jugendlichen unterschiedlichen Alters oder die Beschränkung auf bestimmte Altersstufen, Angebote an

Elternarbeit, heilpädagogische Spezialisierung sowie Berufsausbildungsmöglichkeiten sind Beispiele für Unterscheidungsmerkmale. Die Ausdifferenzierung der Heimlandschaft ist Folge einer immerwährenden Diskussion über Vor- und Nachteile von Heimerziehung im Vergleich zur Ersatz- oder Ergänzungsfamilie (also der Adoptions- oder Pflegefamilie) und der Auseinandersetzung darüber, wie die erkannten Nachteile möglichst verringert oder abgebaut werden können.

Heimunterbringungen:
Maßnahmen mit offener Perspektive

Heimunterbringungen geht in der Regel ein Scheitern familiärer Beziehungen (also meist der Eltern-Kind-Beziehung) oder der Ausfall sonstiger wichtiger familiärer Funktionen voraus, z.B. drohende Verwahrlosung infolge Suchtabhängigkeit der Mutter. Dabei ist das Ausmaß der Beeinträchtigung der Familie sehr unterschiedlich.

Das neue Kinder- und Jugendhilfegesetz (KJHG) von 1990 nennt in § 34 als Ziele der Heimerziehung die drei Alternativen «(...) eine Rückkehr des Kindes oder des Jugendlichen in die Familie zu erreichen versuchen (...)», «(...) die Erziehung in einer anderen Familie oder familienähnlichen Lebensform vorbereiten (...)» und «(...) die Verselbständigung des Jugendlichen fördern und begleiten (...)». Genau diese Perspektiven bestimmen dann mehr oder weniger klar die Konzeption und die Ausgestaltung des Heimaufenthaltes der untergebrachten Kinder und Jugendlichen.

Welche Zielsetzung allgemein bevorzugt wird, darüber lassen sich keine Regeln aufstellen. Vielmehr spielt im Einzelfall eine sehr große Zahl von Faktoren eine Rolle. Neben objektiven Merkmalen wie Alter und Persönlichkeit des Kindes oder der aktuellen Situation und den Zukunftsperspektiven der Herkunftsfamilie sind auch subjektive Faktoren wichtig, also beispielsweise, wie die an einer Unterbringung Beteiligten die Umstände wahrnehmen und beurteilen und wie sie generell die Rückkehr von Heimkindern, den Verbleib im Heim oder die Vermittlung in eine neue Familie als Alternativen bewerten. Betreuende Sozialarbeiter haben verschiedene Einstellungen und Erfahrungen, unterschiedliche Maßstäbe und Kompetenzen. Geht es beispielsweise darum, ein Kind während einer Familienkrise oder in einer instabilen Phase seiner Familie so lange unterzubringen, bis die Familie sich regeneriert hat, so wäre eine Einrichtung auszuwählen, die dieses Ziel kooperativ unterstützen kann: Solche Heime sollen Besuchskontakte der Eltern fördern, in Elterngesprächen Hilfestellungen zur Gestaltung der Besuche geben und möglicherweise auch ‹Elternarbeit› anbieten können, bei der systematisch die Erziehungsfähigkeit der Eltern gefördert wird. In ihrer Beziehung zu den Kindern müssen sich hier Erzieher zurückhalten, um nicht zu stark Konkurrenten der Eltern zu werden. Die gleiche Zurückhaltung ist gefordert, wenn die Unterbringung mit dem Ziel der Vermittlung in eine Ersatzfamilie erfolgt. Hier sind darüber hinaus große Anforderungen zu stellen an die Fähigkeit, die Kinder in ihrer Trauerarbeit zu unterstützen und die Kontaktanbahnung zu der neuen Familie zu begleiten.

Wäre das Ziel die dauernde Unterbringung bis zur Entlassung in die Volljährigkeit, so käme es darauf an, so weit wie möglich auch in der emotionalen Zuwendung Eltern zu ersetzen bzw. zu ergänzen und schließlich die Jugendlichen so zu verselbständigen, daß sie möglichst ohne größere Probleme den Weg in eine Selbständigkeit ohne Anbindung an eine Familie beginnen können.

Die Schwierigkeit besteht nun aber sehr oft darin, daß zum Zeitpunkt der Heimunterbringung die Perspektive noch nicht klar ist, nach der das in Frage kommende Heim ausgewählt werden soll. Der Anlaß der Unterbringung von Kindern kann unterschiedlich sein. Daß plötzlich eine Mutter ihre Kinder sich selbst überläßt und an einen unbekannten Aufenthaltsort flüchtet, kommt ebenso vor wie die dramatische Familienkrise mit schweren Mißhandlungen oder die monatelange Vernachlässigung, der mit der Herausnahme des Kindes ein vorläufiges Ende gesetzt wird. Die Bandbreite der Möglichkeiten reicht von der Familie, die bisher dem Jugendamt nicht bekannt war, bis hin zu Familien, um die sich schon seit vielen Jahren ambulante Helfer wie Familienhelferinnen oder Erziehungsbeistände bemühen. Gelingt es nicht, die Familie dauerhaft zu stabilisieren, und wird dies zu spät erkannt, so droht ein Heimaufenthalt bis zur Volljährigkeit. Werden Kinder dennoch in diese Familie zurückgebracht, kommt es leicht zu dem gefürchteten ‹Drehtüreffekt›, d. h., daß Kinder von Krise zu Krise zwischen Heim und Familie hin- und hergeschoben werden.

Das Heim ist nur ausnahmsweise die bevorzugte Alternative

Daß trotz der vielen Reformen im Heimbereich, moderner Konzeptionen und einem differenzierten Angebot stationärer Einrichtungen die Heimunterbringung nur als ‹Durchgangsstadium› akzeptiert wird und ansonsten höchstens als zweitbeste Lösung gilt, dafür gibt es eine Reihe nicht immer unumstrittener Argumente.

Trotz aller positiven Entwicklungen im Bereich der Heimerziehung bleibt doch eine Reihe von Nachteilen, die im Einzelfall mehr oder weniger stark beeinträchtigend sind. Erzieherteams sind professionelle Gruppen, die in wichtigen Punkten nicht mit familiären Beziehungssystemen vergleichbar sind. Erzieher haben ihren Lebensmittelpunkt üblicherweise außerhalb der Heimgruppe, d. h., ihre privaten emotionalen Bindungen sind überwiegend oder ausschließlich auf Personen außerhalb der Heimgruppe gerichtet. Untereinander haben sie kollegiale, nicht familiäre Beziehungen. Die emotionale Zuwendung zu den Kindern soll durch eine ‹professionelle Distanz› begrenzt werden. Für die Kinder schwer nachvollziehbar ist, daß das ‹Dasein› von Erziehern nicht in erster Linie durch eine gewachsene emotionale Bindung begründet ist, sondern durch ein auf materielle Vergütung abgestimmtes Arbeitsverhältnis. Arbeitszeitregelungen, Schichtdienst, Urlaubszeiten, Krankheitsausfall, Fortbildungszeiten, Mutterschutz und Fluktuation wegen Kündigung der Arbeitsstelle oder Berufsaufgabe beeinträchtigen Kontinuität und Verläßlichkeit der Betreuung und damit auch der Beziehungsangebote zusätzlich. Schließlich können Heime nicht wie Familien zumindest als ‹Stützpunkt› zur Verfügung stehen, wenn Jugendliche in die Selbständigkeit entlassen werden. Wenn auch die Kinder durch die Einbeziehung in die Hausarbeit der Gruppen oft selbständiger sind als etwa ‹verwöhnte› Kinder in natürlichen Familien, so sind doch stärkere Defizite in anderen Bereichen nicht vermeidbar; vor allem im Vergleich mit Kindern, die in Adoptivfamilien aufwachsen, sind Heimkinder benachteiligt. Ihre Möglichkeiten des sozialen Lernens außerhalb der Heime, ihre Kontakt- und Erfahrungsmöglichkeiten, z. B. durch die soziale Einbettung im Bekannten-, Verwandten- oder Freundeskreis, in Nachbarschaft, Vereinen, Gruppen oder Gemeinde, sind deutlich eingeschränkt. Familien bieten Kindern umfangreichere und intensivere Erfahrungen und Zugänge zu Berufsalltag, Urlaubsreisen, Freizeit, Hobby, Kultur, Medien, Warenkonsum, Straßenverkehr; allein die Möglichkeit, sich zeitlich mehr mit Kindern beschäftigen zu können, ihnen auch mehr Verständnis-, Verarbeitungs- und Lernhilfen geben zu können und mehr Angebote zum persönlichen Gespräch, mehr Zuwendung, Anregung und Förderung, Trost und Mitleid, ist in ihrer positiven Bedeutung für die Entwicklung des Kindes kaum zu überschätzen.

Die familiäre Alternative zur Heimerziehung ist jedoch nur dann zum Wohle des Kindes vorzuziehen, wenn es wirklich gelingt, eine gedeihliche, positive Beziehung zwischen Kind und neuen Eltern und ggf. auch neuen Geschwistern zu stiften. Dieser positive Beziehungshintergrund ist Voraussetzung, daß die sonstigen Potentiale einer Familie überhaupt fruchtbringend genutzt werden können.

Die Heimerziehung ist also in Einzelfällen die günstigere Unterbringung bzw. praktisch der einzig mögliche Ausweg. Dies gilt z. B. für Kinder mit Formen starker Behinderung, die einer ganz speziellen Förderung und Betreuung bedürfen, die im privaten Rahmen nicht zu leisten ist bzw. die eine Vermittlung zu Ersatzeltern aussichtslos erscheinen läßt; für Jugendliche oder für Kinder in der Pubertät, die bereits eher an einer Ablösung von Elternbeziehungen orientiert sind, statt sich auf neue einzulassen; für ältere Kinder, die bereits mehrfach gescheiterte Eltern-Kind-Beziehungen hinter sich haben; für Kinder, die in einem Ausmaß Verhaltensstörungen zeigen, das potentielle Eltern wahrscheinlich nicht aushalten können.

Vermittlung von Heimkindern: eine Chance für Eltern und Kinder

Hier ist dann in der Tat noch ein Bereich, in dem es zu einer höheren Zahl von Vermittlungen kommen könnte, wenn bestimmte Voraussetzungen erfüllt sind. Überwiegend gute Erfahrungen sollten eigentlich ermutigen, mehr Bewerber auf diesen Weg hinzuweisen, um sich ihren Kinderwunsch in etwas veränderter – aber sicher nicht unbefriedigenderer Form – zu erfüllen. Zunächst bedarf dieser Entschluß einer Reifung, die auf einer tiefergehenden inneren Auseinandersetzung beruhen sollte. Dazu einige Hinweise:

Ein älteres Kind aufzunehmen heißt zunächst einmal, einen weiteren Verzicht zu akzeptieren. Es ist nicht mehr nur die biologisch-kör perliche Verwandtschaft, die dem angenommenen Kind fehlt, das die Rolle des eigenen Kindes füllen soll; verloren geht auch das gemeinsame Erleben der wichtigen und intensiven Phasen seiner frühen Kindheit. Aus Erfahrungen von Eltern, die ältere Kinder aufgenommen haben, ist bekannt, daß bei vielen gerade dieses gemeinsame Erleben der frühen Phasen (und vor allem bestimmte Informationen darüber) vermißt wird. Andererseits berichten diese Eltern übereinstimmend, daß die Tiefe ihrer Beziehung, der Gewinn aus ihrer Elternrolle, kurzum die Erfüllung ihres Kinderwunsches dadurch nicht beeinträchtigt wurde. Die später bei der Ablösung der Kinder vorgetragenen Klagen, daß das Elterndasein zu schnell vorüber sei, unterscheiden sich nicht von denen sonstiger Eltern, die mit ihren Kindern von deren Geburt an zusammengelebt haben.

Auch das Zueinander-Kontakt-Finden und Miteinander-vertraut-Werden läuft meist unproblematischer, als sich das viele Bewerber bei ‹älteren› Kindern vorstellen können. Oft wird vergessen, daß ja die eigene Partnerbeziehung ebenfalls mit einem solchen noch viel schwierigeren Annäherungsprozeß begonnen hat, daß man also beweglicher ist, als man sich das vielleicht zutraut. Gerade die Bewußtheit auch auf seiten des Kindes bei diesem Kennenlernen wird meist als wichtiger Punkt in der gemeinsamen Geschichte und als zentrales Element der späteren Eltern-Kind-Beziehung geschildert.

Zudem bietet die Aufnahme eines älteren Kindes einen zentralen Vorteil: Sie schützt vor der Versuchung, aus der Herkunft und aus der nicht-leiblichen Elternschaft ein Geheimnis zu machen (an dem viele Adoptivfamilien scheitern). Was die Verhaltensstörungen eines Kindes betrifft, so ist eine sehr bewußte und ehrliche Selbstüberprüfung notwendig. Nicht die naive und großsprecherische Selbstüberschätzung ist gefragt, nicht das von Torschlußpanik diktierte Nicht-genau-Hinsehen, aber auch nicht eine Verzagtheit, die ständig auf den möglichen Mißerfolg fixiert ist; auch keine Bequemlichkeit, die jeder anstrengenden Herausforderung aus dem Wege geht: Gefragt ist eine Selbstermutigung und Mobilisierung eigener Kräfte und Stärken.

Was die Verhaltensstörungen von ‹älteren› Kindern angeht, so können einige allgemeine Aussagen getroffen werden, vorausgesetzt, es bleibt dabei bewußt, daß jeder Einzelfall seine eigenen Themen, seine eigenen Schwerpunkte, sein eigenes Tempo, seine eigenen Variationen hat. Können Eltern ein Kind gerade mit seinen Störungen

akzeptieren und mit ihm eine positive emotionale Beziehung eingehen, so ist die Wahrscheinlichkeit groß, daß das Kind mit wachsen-
dem Vertrauen seine Störungen ‹loslassen› kann und lediglich noch in
Phasen der Verunsicherung oder in Krisen wieder darauf (oder auf
andere) zurückgreift. Umgekehrt: Können Eltern ein Kind in seiner
Störung nicht akzeptieren und ist ihr Bemühen um das Kind in erster
Linie vom Kampf gegen das Symptom bestimmt, so wird es ihnen mit
hoher Wahrscheinlichkeit nicht oder nur sehr schwer gelingen, eine
positive Beziehung herzustellen, in der das Kind seine Störungen
überwinden kann; diese Familie droht zu scheitern.

Diese Vereinfachung der Problematik macht deutlich, was zukünftige Eltern in Eigenverantwortlichkeit klären müssen: sie brauchen –
vielleicht mit psychologischer Hilfestellung – ein realistisches Bild
ihrer selbst, das ihnen zeigt, welche Art von Störungen sie ertragen
können und welche nicht. Hinzu kommen weitere Aspekte, die hier
ebenfalls nur beispielhaft angedeutet werden können: So ist z. B. die
Vermittlung von Geschwistern immer problematisch; meist gerät das
ältere Kind in eine sehr schwierige Position; ähnliches gilt, wenn ein
älteres Kind in der Geschwisterreihe einer Familie vor ein jüngeres
plaziert wird. Pädagogische Anforderungen steigen in etwa mit dem
Alter der Kinder; familiär oder beruflich im Umgang mit Kindern
Unerfahrene sollten deshalb im Alter nicht zu hoch greifen. In manchen Fällen ist klar, daß eine Vermittlung nur in Frage kommt, wenn
die Besuchsrechte der leiblichen Mutter (oder beider Eltern) respek-
tiert werden; hier ist dann eine gebührende Toleranz gegen diese Personen notwendig, die Kränkungen und Kämpfe vermeidet und so
auch dem Kind einen Loyalitätskonflikt erspart. Die gefragte Verantwortung zukünftiger Eltern ‹älterer› Kinder schließt auch ein, daß
diese insofern selbst für sich sorgen, als sie die Mitwirkungsangebote
anderer Beteiligter nutzen bzw. solche fordern. Hierzu zählt: Eine
Vermittlungsstelle (in der Regel ein Jugendamt) muß bereit sein, ‹ältere› bezugslose Heimkinder zu vermitteln, die dazu notwendigen
Voraussetzungen garantieren und die erforderlichen Schritte begleiten. Dazu gehört ein gründliches Kennenlernen der Bewerber, damit
sachkundige personenbezogene Vorentscheidungen möglich sind;
die Entscheidung darüber, für welches Kind die Bewerber in Frage
kommen (keine ‹Auswahl› eines Kindes durch Bewerber!); eine
gründliche Abklärung der psychischen, physischen, familiären, so-

zialen und rechtlichen Situation eines Kindes und die vollständige Information der Bewerber hierüber; fairer und ehrlicher Umgang mit den Personen der Herkunftsfamilie, also je nach Fall klare Absprachen oder eindeutige Informationen über die geplanten Schritte (die ja in einigen Fällen zum Wohle des Kindes durchaus gegen den Elternwillen erfolgen müssen); eine hinreichende Sicherheit, daß ein Kind offen ist für neue Beziehungen und familiale Bindungen sucht; eine Diskretion dem Kind gegenüber, die ein schrittweises, unvorbelastetes Kennenlernen ermöglicht und auf die Eigendynamik solcher Prozesse setzt (und nicht ein Kind unter Druck bringt, völlig fremde Personen als die zukünftigen Eltern zu prüfen); praktische Unterstützung bei einer langsamen, schrittweisen Kontaktanbahnung; Hilfestellung bei pädagogischen, psychologischen und rechtlichen Problemen oder die Vermittlung geeigneter Hilfen. Hierzu gehört auch, daß ein Jugendamt die neu gewachsene Beziehung schützt, indem es eine Herausnahme des Kindes aus äußeren Gründen weder betreibt noch zuläßt.

«Abgeben statt abtreiben» – eine Diskussion um keine Alternative

von Christine Swientek

«Austragen und abgeben» oder «abgeben statt abtreiben» sind Forderungen, die längst nicht so alt wie die Forderung sind, daß Schwangerschaften um jeden Preis ausgetragen werden müssen – gleichgültig, welches Schicksal anschließend Mutter und Kind erwartet.

Herkunft eines Slogans

«Austragen und abgeben» ist der deutlichste Aspekt des marktwirtschaftlichen Prinzips, das den Adoptionsmarkt kennzeichnet. Er wurde kreiert und wird getragen von Paaren, die sich als zukurzgekommen empfinden, während sie beobachten und lesen müssen, daß

Frauen und Männer (!) gezeugte Kinder nicht wollen und die Schwangerschaft deshalb abbrechen. Sie erleben, wie ein von ihnen so begehrtes Produkt «weggeworfen», «zunichte gemacht», «ermordet» wird, das sie selber doch so gerne hätten.

Diese Koppelung von unverarbeiteter Kinderlosigkeit und Neid auf einen Besitz und eine Fähigkeit, die sie selber nicht (mehr) haben, läßt sie zu Maßnahmen greifen, die erst das ganze Ausmaß ihrer Hilflosigkeit zeigen: Öffentliche Appelle, Eingaben an Politiker, die sich dadurch unter Handlungszwang gesetzt sehen, und Diskriminierungskampagnen sollen Kinder beschaffen helfen – nicht selten getarnt durch die Liebe und Besorgnis um das ungeborene Leben.

Die Forderung, Kinder nur deswegen auszutragen, weil eventuell jemand an ihnen Interesse haben könnte, führt die Diskussion um die «Leihmutterschaft» auf einer verschobenen Ebene fort. Der Unterschied ist denkbar geringfügig: Eine reguläre «Leihmutter» wird bezahlt, der ungewollt Schwangeren wird ihr Kind «kostenlos» zur Adoption abgenommen. Ihr «Lohn» ist die Absolution von jeder Schuld und die versprochene scheinbare Garantie, dem Kind ein chancenreiches Leben zu bereiten.

Wenn Kinder für bestimmte Bewerber extra ausgetragen und geboren werden sollen, sind sie nichts anderes als eine Ware, ein Handelsobjekt, ein Produkt. Die Vermittlungspraxis zeigt den Produktcharakter nur zu deutlich: Kranke, behinderte, geschädigte Kinder sind nicht gewollt, werden als Mängelexemplare abgelehnt, bleiben übrig und stehen allenfalls den Bewerbern zur Verfügung, die wirklich einem Kind die Chance des Familienlebens einräumen wollen und dafür kein vorzeigbares Prestigeobjekt benötigen.

Würde es nicht die hohe und steigende Nachfrage nach Kindern geben, gäbe es weder den Slogan «Abgeben statt abtreiben» noch das Interesse mancher Kreise an einer unbedingten Beendigung der Schwangerschaft durch Geburt.

Der Hintergrund:
Die Fama der «ungewollten» Kinderlosigkeit

Ungewollte Kinderlosigkeit bei potentiellen Adoptivbewerbern ist nicht selten eine *temporäre* Kinderlosigkeit, eine erst sehr spät eingetretene (bzw. bemerkte) und selbst zu verantwortende. Eine Frau, die vom 16.–34. Lebensjahr hormonell oder mechanisch (Spirale) verhütet hat, kann sehr wohl durch diese Maßnahmen mit Mitte Dreißig empfängnisunfähig geworden sein, wenn sie sich entschließt, doch noch ein Kind zu bekommen, bevor es zu spät ist. Auch unsachgemäß durchgeführte Schwangerschaftsabbrüche können Kinderlosigkeit verursachen. Vielen Adoptivvermittlern ist die Diskussion durchaus bekannt, ob man Paaren, die früher abgetrieben haben, überhaupt ein Kind vermitteln solle. Die Chance, schwanger zu werden, liegt bei Frauen von Mitte Dreißig ohnehin nur noch bei unter 20 Prozent.

Gynäkologen und Psychosomatiker schätzen den Anteil einer *psychisch* bedingten Blockierung/Zeugungsunfähigkeit auf bis zu 45 Prozent! Auf eine derartige Problematik ein Adoptivkind als Heilmittel aufzupfropfen, entspricht einer Behandlung auf Symptomebene: Die Kinderlosigkeit ist das Stigma, die Adoption das Stigma-Management, nicht jedoch seine Bewältigung! Das Leiden an der *Unfähigkeit* zu empfangen, zu zeugen bleibt bestehen und prägt die Identität stärker als das «Haben» oder «Nichthaben» eines Kindes.

Unter diesen Voraussetzungen andere Frauen zum Austragen und Abgeben zu veranlassen, ist scheinheilig, äußerst fragwürdig und zeugt von einer Mentalität, für die die billige Arbeit dienstbarer Geister auf allen Lebensgebieten selbstverständlich ist.

Bevor Staat und Kirchen «helfen», mittels Adoption Bevölkerung von unten nach oben umzuschichten (nie umgekehrt), sollten sie ihre pädagogischen Fachkräfte eher dafür einsetzen, Menschen der Konsumgesellschaft zum Aushalten von Leid zu erziehen und klarzustellen, daß Machbarkeit, Käuflichkeit und Besitz spätestens beim Menschen aufhören. Die ungewollte Kinderlosigkeit werden Menschen zu ertragen lernen – die schicksalhafte ebenso wie die selbst herbeigeführte; sie können sich nicht auf die «Leistungen» anderer berufen, wenn diese sie nicht freiwillig erbringen können oder wollen.

Freigabe oder Schwangerschaftsabbruch – die betroffenen Frauen

Die Forderung «Abgeben statt abtreiben» geht von der Auffassung aus, daß ungewollt schwangere Frauen nur eines nicht wollen: ein Kind. Würde diese Auffassung zutreffen, dann wäre die Freigabe zur Adoption tatsächlich eine für alle befriedigende Konfliktlösung.

Frauen, die ungewollt schwanger werden oder aber eine gewollte Schwangerschaft begannen, dann jedoch von dem Kindesvater verlassen wurden, wollen jedoch nicht nur kein Kind, sondern auch keine (sichtbare!) Schwangerschaft! Sie haben berechtigte Angst davor, der Diskriminierung der ledigen Mutter («Schlampe») anheimzufallen oder als «asoziale» Mutter eines dritten oder vierten Kindes bei gleichzeitiger Arbeitslosigkeit des Mannes zu gelten. Sie wissen oder ahnen sehr genau, daß ihre personale Umwelt noch schärfer urteilen wird, wenn sie sich dieses Kindes per Adoptionsfreigabe «entledigen». «Rabenmutter», «Kind verschenken», «Kind wegwerfen», «nicht würdig sein, überhaupt Mutter werden zu dürfen» ... sind die gängigen Vorwürfe, die sie für den Rest ihres Lebens begleiten werden – es sei denn, sie ziehen das Schweigen und ein Leben in Angst vor Entdeckung vor. Spätere Partnerschaften gehen auseinander, weil man(n) «mit so einer Frau nicht sicher sein kann, was sie mal später mit den gemeinsamen Kindern anstellt», und Ehen zerbrechen an der psychogenen Sterilität der Frauen (ca. 10 Prozent), deren Ursachen in den Schuldgefühlen liegen, in der Identitätsproblematik als Frau und den Selbstvorwürfen, die «schlechteste aller Mütter» zu sein. «Mit dem Mann früher konntest du doch auch ein Kind haben, warum dann nicht mit mir?» ist die gekränkte Frage mancher Ehemänner, die über diesen Aspekt der Vergangenheit ihrer Frau wie über einen aktuellen Ehebruch urteilen, den sie nicht verwinden können.

Schwangere, die sich mit der Frage nach einer möglichen Freigabe zur Adoption auseinandersetzen, können sich nicht vorstellen, ein Kind neun Monate lang auszutragen, in dieser Zeit (durch Auseinandersetzung, Gespräche, Vorbereitungen, Untersuchungen, das Bild im Ultraschall, Kindsbewegungen usw.) eine Beziehung zu dem Kind zu bekommen, sich aktiv auf die Geburt vorzubereiten, um es dann wildfremden Menschen inkognito und für alle Zeiten zu überlassen – und unter Umständen nie wieder etwas über das Kind zu erfahren.

Frauen, die ihre Kinder zur Adoption freigegeben haben, leben fast immer mit schwersten Schuld- und Versagensgefühlen. Sie fürchten – nicht immer zu Unrecht –, daß es ihr Kind auf Dauer in der neuen Familie doch nicht so gut haben wird wie erhofft. Sie nehmen gedanklich den Tod des Kindes voraus, weil man um ein totes Kind trauern kann, die Trauer um ein lebendes, aber verlorengegangenes nie abgeschlossen ist. Sie entwickeln vielfältige psychosomatische Symptome, und viele Schwangere ahnen (oder wissen aus Diskussionen), daß ihnen dieses Leben bevorstehen wird, wenn sie sich gegen ihre Überzeugung zu einem Austragen des Kindes entscheiden oder sich überreden lassen.

Frauen, die sich für einen Schwangerschaftsabbruch entscheiden, haben in den wenigsten Fällen eine Beziehung zu dem Embryo. Sie empfinden die erst kürzlich diagnostizierte Schwangerschaft nicht im Sinne einer entstehenden Person. Eine Beziehung ist nicht vorhanden – sie kann so schnell, wie die Entscheidung zwischen Diagnose und dem einzuleitenden Abbruchverfahren fallen muß, auch gar nicht entstehen. Für Frauen, bei denen gerade die Schwangerschaft festgestellt wurde, bedeutet diese Diagnose in der Regel einen erheblichen Einschnitt in ihr Leben. Selbst bei gewollter und geplanter Schwangerschaft entstehen oft ambivalente Gefühle, Angst, Unsicherheit, ob diese Aufgabe überhaupt geschafft werden kann.

Bei einer Schwangerschaft, die von vornherein ungewollt war, bricht bei den meisten Frauen mit der Feststellung der Gravidität Panik aus. In dieser Situation ist dann ausschlaggebend, wie die Umwelt reagiert: Kündigt der Vermieter, oder bietet er ein weiteres Zimmer an? Freuen sich die potentiellen Großeltern, oder schließen sie ihre Tochter aus der Familie aus? Bekennt sich der Kindesvater zu Frau und Kind, oder verläßt er sie, weil er andere Vorstellungen von seiner Zukunft hat? Bietet der Staat Garantien zur späteren Kinderbetreuung, für eine nahtlose Wiederaufnahme der Berufstätigkeit, für ein Leben, das ohne Einbrüche weitergehen kann und in dem ein Kind allzeit willkommen ist – oder deklariert er es als Privatinteresse und nagelt die Mutter für die nächsten achtzehn Jahre unausweichlich auf «Mutterpflichten», Verzicht und grenzenlose Einengung fest?

Frauen entscheiden sehr wohl nach diesen genannten Kriterien, und viele wären durchaus bereit, ihre Kinder *auszutragen und selber aufzuziehen*, wenn die familiären, partnerschaftlichen und sozialpolitischen Bedingungen einer Kinderaufzucht zuträglich wären. Solange sie es nicht sind, muß allein der betroffenen einzelnen Frau die Entscheidung zustehen, eine Entscheidung, die sie dann auch allein zu verantworten hat – und die sie verantworten kann, wenn ihr zuvor wirkliche (und nicht Schein-)Alternativen zur Verfügung gestanden haben.

«Abgeben statt abtreiben» ist der Slogan einer frauenfeindlichen

Gesellschaft, die beanstandungsfreie, makellose Kinder produziert und geliefert bekommen möchte – in einer Welt, die an ihren mit «Makeln» behafteten «Waren» auf lange Sicht zu scheitern droht, weil sich für diese niemand interessiert!

Exkurs:
Als deutsche Kinder ins Ausland adoptiert wurden

von Ingrid Baer

Es wird leicht vergessen, daß es noch gar nicht so lange her ist, daß viele deutsche Kinder ins Ausland zur Adoption gegeben wurden. Dies war der Fall in der Zeit nach dem Zweiten Weltkrieg bis weit in die siebziger Jahre hinein.

Die materiellen Bedingungen im Nachkriegsdeutschland waren zunächst denkbar schlecht, viele Menschen waren ausgebombt oder aus ihrer Heimat vertrieben. Sie wurden auf engstem Raum bei anderen Familien untergebracht oder mußten im Lager leben. Die Sorge für die eigenen Kinder war schon schwierig genug, und so gab es nur wenig Möglichkeiten, ein fremdes, elternloses Kind noch mit aufzunehmen, obwohl dies in Form von inoffiziellen Pflegeverhältnissen doch gelegentlich geschah.

Die betroffenen Gruppen

Im wesentlichen gab es drei Gruppen von Kindern, für die die Vermittlung zur Adoption die wichtigste und wohl beste Möglichkeit war, einigermaßen gesund aufzuwachsen:

Zahlreiche kleine Kinder waren während der Flucht aus den Ostgebieten von ihren Müttern getrennt worden. Vergegenwärtigt man sich, unter welchen Bedingungen diese Flucht erfolgte, wird man sich nicht wundern, wie groß die Zahl der hierbei «verlorengegangenen» Kinder war. Teilweise waren die Mütter auch während der Flucht umgekommen.

Die nächste Gruppe waren Kinder von sogenannten «displaced persons». Dies waren zum großen Teil Zwangsarbeiterinnen, die während des Krieges auf dem Land und in der Industrie zur Arbeit eingesetzt waren. Sie stammten meistens aus osteuropäischen Ländern. Wenn sie ein Kind bekamen, so konnte dies aufgrund der äußeren Bedingungen nicht immer bei ihnen bleiben. Manchmal waren die Kinder auch gegen den Willen der Mütter von diesen getrennt worden. Es befanden sich auch jüdische Kinder darunter, deren Eltern aus Deutschland geflüchtet oder die von ihnen versteckt worden waren.

Die dritte Gruppe waren nichteheliche Kinder deutscher Mütter und in Deutschland stationierter Besatzungssoldaten. Wenn junge Frauen, die mit diesen Soldaten befreundet waren, schwanger wurden, war die Familie nicht immer bereit, die Mutter mit dem Kind bei sich zu behalten. Die nichteheliche Geburt war damals noch ein schwerer Makel, auch gab es viele Vorbehalte gegenüber Frauen, die mit Angehörigen der Besatzungstruppen diese Form von Freundschaft pflegten; ganz besonders problematisch war die Situation, wenn der Vater des Kindes ein Farbiger war.

Adoption in die USA und nach Skandinavien

Die Kinder, die von ihren Eltern durch Kriegsereignisse und das Fluchtgeschehen getrennt wurden, wurden natürlich von ihren Eltern verzweifelt gesucht. Diese wendeten sich an das Internationale Rote Kreuz, und es gab große Anstrengungen, die Kinder den Eltern wieder zuzuführen. Viele Kinder aber waren zu klein, um die Namen der Eltern zu wissen, und sie veränderten sich auch äußerlich so schnell, daß ein vorhandenes älteres Bild kaum noch hilfreich war, um das Kind in einem Kinderheim aufzuspüren.

Diese sogenannten unbegleiteten Minderjährigen in Kinderheimen oder Lagern versuchte man zur Adoption zu vermitteln. Es gab auch ein außerordentlich starkes Interesse insbesondere amerikanischer Familien, solche Kinder bei sich aufzunehmen. Man sah dies als einen Akt humanitärer Hilfe an und freute sich gleichzeitig, ein Kind in die Familie dazuzubekommen. Strukturen für eine qualifizierte Adoptionsvermittlung mußten jedoch in Deutschland erst entwickelt werden. Traditionell hatte man damit ja noch nicht sehr viel Erfahrung.

Das frühere deutsche Adoptionsrecht sah vor, daß die Adoptiveltern mindestens 50 Jahre alt sein sollten. Schon daraus ist ersichtlich, daß es sich damals eher darum handelte, kinderlosen Ehepaaren zu einem Erben zu verhelfen.

Anders war dies in den Vereinigten Staaten. Dort hatten sich soziale Dienste schon in recht differenzierter Form entwickelt, und man hatte dort bereits ein gut entwickeltes Adoptionsverfahren. Die Adoptionsbewerber mußten sich einer sorgfältigen Überprüfung unterziehen (sog. home study). Die Integration des Kindes in die neue Familie wurde beobachtet, und man bemühte sich darum, die Familie zu beraten.

Die Amerikaner, die in Deutschland als Besatzungstruppen und später als Nato-Truppenangehörige stationiert waren, unterlagen jedoch zunächst nicht diesen strengen Prüfungskriterien. Die deutschen Jugendbehörden sahen sich dem Problem gegenüber, eine sehr große Zahl von Kindern in Familien unterbringen zu müssen, und zunächst zählte vor allen Dingen der verhältnismäßig hohe materielle Wohlstand der amerikanischen Truppenangehörigen. Diese konnten sich in den Kinderheimen die unbegleiteten Kinder aussuchen.

Es ist hier besonders zu bemerken, daß die Amerikaner bei der Aufnahme eines fremden Kindes in ihre Familie eine sehr viel offenere Einstellung zeigten, als dies in Europa damals üblich war: Auch Kinder mit leichten Behinderungen konnten eine Familie finden, ebenso z. B. Kinder von Prostituierten. Insgesamt wurde viel weniger nach Abstammung, Herkunftsmilieu etc. gefragt, sondern das Kind als Einzelpersönlichkeit gesehen. Durch diese offene Einstellung der amerikanischen Familien wurde es allmählich überhaupt erst möglich, daß zu einem späteren Zeitpunkt auch deutsche Familien sich ähnlich offen zeigten und bereit waren, sogenannte «Problemkinder» in ihre Familien aufzunehmen.

Für die zweite Gruppe der unbegleiteten Kinder, deren Mütter sogenannte «displaced persons» waren, bestanden besondere Probleme. Auch bezüglich dieser Kinder gab es intensive Bemühungen, Familienangehörige wiederzufinden, und zwar insbesondere seitens der International Refugee Organization (IRO). Zum Teil gelang es hier, die Mütter wiederzufinden; oft verlief diese Suche aber auch erfolglos. Manche der Mütter etwa waren bereits ausgewandert; es gab damals ja Programme zur Auswanderung der «displaced persons», insbesondere in die USA. Doch auch für diese Kinder war es meistens nicht schwierig, amerikanische Adoptiveltern zu finden. Zu beachten waren hierbei allerdings die Einwanderungskriterien: Die Kinder durften keine größeren gesundheitlichen Probleme mit sich bringen, durften insbesondere nicht unter TBC leiden. Außerdem mußte außer den Adoptiveltern ein weiterer Bürger in den USA die Unterhaltsverpflichtung für das Kind übernehmen. Hiermit sollte verhindert werden, daß im Fall des Scheiterns der Adoption die öffentliche Hand durch Kosten für die Versorgung der Kinder belastet werden könnte.

Nebenbei sei bemerkt, daß eine recht große Zahl dieser Kinder schon während des Krieges in deutsche Familien integriert worden war, insbesondere in ländlichen Bereichen. Als die Herkunftsländer der Mütter nach dem Krieg die Herausgabe dieser Kinder forderten, auch wenn die Eltern nicht auffindbar waren, kam es diesbezüglich zu Verfahren, die von amerikanischen Gerichten (der Alliierten Hohen Kommission für Deutschland) entschieden wurden, wobei der Aspekt des Kindeswohls durchaus Beachtung fand. Die Kinder durften meistens bei ihren deutschen Ersatzfamilien bleiben. Beratend war ein beim Bundesinnenministerium angesiedelter Ausschuß aus unabhängigen Gutachtern tätig, dessen Vorsitz der Internationale Sozialdienst (ISD) innehatte (vgl. Mende 1985, 106).

Bei den ins Ausland adoptierten Kindern von «displaced persons» gab es Fälle, in denen nachträglich die leiblichen Eltern auftauchten. Der ISD wurde eingeschaltet, um grenzüberschreitende Lösungen zu finden. In der Mehrzahl der Fälle konnte ein Einvernehmen zwischen Pflege-/Adoptiv- und Herkunftsfamilie über den Verbleib des Kindes und seine Kontakte mit beiden Familien hergestellt werden.

Die dritte Gruppe von Kindern, für die eine Adoption notwendig war, war eine besondere Personengruppe: die nichtehelichen Kinder von Besatzungssoldaten und deutschen Müttern.

Wenn die Mutter das Kind zur Adoption freigeben wollte, war die Vermittlung von Kindern mit weißer Hautfarbe kein Problem. Sehr schwierig aber war die Adoptionsvermittlung von Mischlingskindern; für sie waren nur sehr selten amerikanische Adoptionsbewerber zu finden. Weiße Amerikaner hatten große Vorbehalte, auch dunkelhäutige Amerikaner lehnten Mischlingskinder häufig ab und waren im übrigen auch zur Adoption seltener bereit. Wirtschaftliche

Gründe mögen hierbei eine Rolle gespielt haben (niedrigerer Dienstgrad und schlechtere Bezahlung der farbigen US-Soldaten).

In einigen Bundesstaaten der USA wurden als Anreiz finanzielle Unterstützungszahlungen an die wenigen amerikanischen Adoptiveltern geleistet, die bereit waren, solche Kinder aufzunehmen. Man sah darin einen Beitrag, Rassenvorurteilen zu begegnen. Auch rückte man – um die Vermittlung zu erleichtern – von dem zunächst sehr streng durchgeführten Grundsatz ab, daß das Kind zu Adoptiveltern kommen müsse, die der gleichen Religion angehörten.

Diese Mischlingskinder wurden später überwiegend nach Dänemark zur Adoption vermittelt. Mehrere dänische Hilfsorganisationen, die sich zunächst aus privaten Initiativen entwickelten, setzten sich für die Adoptionsvermittlung ein: «Mothers Aid», «Glemte Boern», «Forgotten Children» z. B. bemühten sich damals besonders, geeignete Familien zu finden. Auch nach Schweden wurden einige dieser Kinder vermittelt. Eine spätere Studie (Pruzan 1977) ergab, daß die Mischlingskinder sich in Dänemark gut eingelebt haben und dort problemlos in die Gesellschaft hineingewachsen sind. Einige Kinder wurden auch nach Norwegen vermittelt. Sie wurden dort sehr viel eher akzeptiert als die «eigenen», d. h. die nichtehelichen Kinder von norwegischen Müttern und deutschen Besatzungssoldaten, die erheblicher Diskriminierung unterlagen.

Ein kleiner Hinweis zu den Zahlen über Auslandsadoptionen in die USA, die noch in den 60er Jahren beträchtlich waren: 1963 wurden 1567 Kinder in die USA vermittelt; 1964 1380 Kinder; 1965 1037 Kinder; 1966 1035 Kinder. Dies sind die statistisch festgehaltenen Zahlen; die realen Zahlen liegen höher.

Noch bis spät in die siebziger Jahre hinein wurden Kinder, die besondere Probleme hatten, an Amerikaner vermittelt, weil es in Deutschland wesentlich schwieriger war, geeignete Adoptivfamilien zu finden.

Zum Adoptionsverfahren damals

Soweit sich die Adoptionsbewerber selbst in Deutschland befanden (Besatzungssoldaten, später Nato-Angehörige), war die Zusammenarbeit mit diesen einfach, und die deutschen Adoptionsvermittlungsstellen (schon damals Jugendämter und freie Träger) bemühten sich nach einer gewissen Anlaufphase darum, aus der Zahl der Bewerber die geeignetsten herauszufinden. Im Zuge allmählicher Entwicklung des Verfahrens begnügte man sich nicht mehr nur mit der Klärung der Verhältnisse der Familien in Deutschland, sondern man versuchte auch, einiges über das Herkunftsmilieu zu erfahren, denn es handelte sich ja um Armeeangehörige, die nur vorübergehend in Deutschland stationiert waren. Es entwickelte sich das sog. «checking-system», wobei mögliche spätere Bezugspersonen oder sonstige Vertrauenspersonen im Heimatland über die Familie und ihre Einstellung zur Adoption befragt wurden. Zum Zwecke der Zusammenarbeit mit ausländischen Stellen schaltete man den *Internationalen Sozialdienst* (ISD) ein, der seit 1952 seine Arbeit wiederaufgenommen hatte.

Weiterhin gab es jedoch auch die sogenannten «long distance»-Adoptionen: Auch dabei ging es ganz überwiegend um amerikanische Familien, die sich schriftlich in Deutschland um die Adoption eines Kindes bewarben. In der größten Zahl dieser Fälle war der ISD eingeschaltet. Eine «home study» über die Adoptivfamilie wurde in den USA erstellt, und nach Plazierung wurde die Familie weiter beraten und die Integration des Kindes beobachtet. In Zusammenarbeit zwischen der amerikanischen und der deutschen Zweigstelle des ISD wurde sichergestellt, daß die Adoption dann auch juristisch vollzogen wurde. Insbesondere bemühte man sich auch um die Beischreibung der Adoption in Deutschland, um eine Geburtsurkunde, die den neuen Namen des Kindes enthielt, ausstellen zu können und der Adoption auch im Herkunftsland des Kindes zur Wirksamkeit zu verhelfen.

Die Einwilligung der Kindesmutter (bei ehelichen Kindern beider Elternteile) war stets erforderlich, auch dann, wenn die Eltern das Sorgerecht für das Kind nicht mehr hatten. Waren die Eltern nicht mehr auffindbar, so gab es die Möglichkeit, auf ihre Einwilligung zu verzichten. Eine Ersetzung der Einwilligung in Fällen, in denen sich die Eltern jahrelang nicht um das Kind gekümmert hatten, es aber nicht zur Adoption freigeben wollten, gab es in den 50er Jahren im deutschen Recht noch nicht, sie wurde erst später ins BGB aufgenommen.

Auch der Vormund – nichteheliche Kinder hatten nach damaligem Recht immer einen Vormund – mußte der Adoption zustimmen. Wurden die Kinder ins Ausland vermittelt, so war es die Verpflichtung des Vormundes, sich davon zu überzeugen, daß sich das Kind in die Adoptivfamilie integrierte. Zu diesem Zweck wurden über den ISD Entwicklungsberichte eingeholt. Es bleibt übrigens zu bemerken, daß in den USA sowohl die «home study» als auch die nachgehende Beratung von der Familie bezahlt werden mußten. Weiterhin ist von Interesse, daß es Fälle gab, in denen bei nicht gelungener Integration des Kindes in die amerikanische Familie das Kind ins Herkunftsland zurückgeführt wurde. Die deutschen Jugendbehörden bemühten sich dann sehr um Unterstützung der leiblichen Mutter, damit sie das Kind selbst erziehen konnte.

Es gab auch die sogenannten Proxy-Adoptionen, die als fachlich unbefriedigend angesehen wurden: Deutsche Anwälte, meistens Notare, stellten Kontakte zu Kindesmüttern her und suchten Kinder für in den USA lebende Amerikaner aus. Die Adresse des Notars wurde dann als Wohnsitz der Adoptiveltern angegeben und durch Stellvertreter der Adoptionsvertrag geschlossen. Dies war darum möglich, weil die Adoption noch nicht, wie erst durch die spätere Adoptionsrechtsreform von 1977 eingeführt, durch einen Beschluß des Vormundschaftsgerichts erfolgte, sondern durch einen notariellen Vertrag zwischen Adoptiveltern und Adoptivkind. Dieses Verfahren wurde auch angewendet für Amerikaner, die kurz vor der Rückversetzung in die Heimat waren. In diesen Fällen war der ISD nicht eingeschaltet, und es kam vor, daß die Adoption in den USA nicht wiederholt wurde. Wenn die Adoptiveltern sich dann nicht um Anerkennung der Adoption in den USA bemühten, hatten die Kinder in diesen Fällen keine rechtliche Absicherung.

Diese und ähnliche Probleme führten dazu, daß man auf internationaler Ebene Verfahrensgrundsätze entwickelte, um die internationale Adoption im Interesse der Kinder besser zu kontrollieren und verfahrensrechtlich abzusichern. Der ISD, zusammen mit der International Union for Child Welfare, veranstaltete 1960 ein Seminar in Leysin/Schweiz. Die dort entwickelten Grundsätze und Leitlinien (vgl. United Nations 1960) haben noch heute fast uneingeschränkt Gültigkeit und hatten Vorbildfunktion für spätere Entwicklungen. Es folgte das vom Europarat entwickelte *europäische Übereinkommen über die Adoption von Kindern* vom 24.4.1967. Später wurden Grundprinzipien über die internationale Adoption von den Vereinten Nationen verabschiedet (vgl. NDV 1987, 409), als neuestes wurde das

Haager Übereinkommen über internationale Adoptionen 1993 entwickelt.

Betrachtet man die Entwicklung der Adoption von deutschen oder in Deutschland geborenen Kindern ins Ausland, so findet sich eine Fülle von Parallelen zu den Problemen, die sich heute bei der Adoption von Kindern aus Armutsländern zu Adoptivfamilien in den reichen Ländern zeigen. Festzuhalten aber bleibt, daß die Auslandsadoption erst die Grundlage für die Entwicklung einer qualifizierten Inlandsadoption bildete und daß sie zum damaligen Zeitpunkt für die Kinder die wohl wichtigste Hilfsmaßnahme für ihre weitere Entwicklung war.

III.

Verlassenheit von Kindern in der Dritten Welt

Verläßliche Daten sind Mangelware

von Peter Eisenblätter

Es gehört zu den Kennzeichen unseres Reichtums in den Industrie-staaten, daß wir Informationen zur Verfügung haben. Ohne Zahlen und Statistiken wäre unser Wohlstand nicht denkbar; wir sind es ge-wohnt, unser Leben mit Hilfe präziser Daten zu organisieren.

Fragen wir auf diesem Hintergrund nach dem tatsächlichen Aus-maß der Verlassenheit von Kindern in der sogenannten Dritten Welt, so geraten wir allerdings bald in Schwierigkeiten. Denn in vielen Ent-wicklungsländern fehlen die exakten Daten. Die meisten Kinder wer-den in den Elendsvierteln der Großstädte verlassen. Dort aber herrscht eine hohe Fluktuation. Zudem gibt es kein zuverlässiges Paß- und Meldewesen, weswegen es kaum möglich ist, die Einwoh-nerzahlen genau zu erfassen – von exakten Statistiken über die An-zahl verelendeter oder zerstörter Familien ganz zu schweigen.

Wenn wir trotzdem einigermaßen sichere Aussagen über das Pro-blem der Verlassenheit machen wollen, sind wir in erster Linie auf Erfahrungen und Einschätzungen internationaler Organisationen angewiesen, deren Informationen bzw. Daten schon deshalb der Wahrheit nahekommen dürften, weil sie in sehr vielen Ländern über Studien und Einsichten aus langfristigen Projekterfahrungen verfü-gen. UNICEF z. B. hat bereits vor Jahren die Zahl weltweit verlassener oder von Verlassenheit bedrohter Kinder auf über 70 Millionen ge-schätzt (mit zunehmender Tendenz) und detaillierte Untersuchungen über das wachsende Heer der Straßenkinder in der Dritten Welt vor-gelegt.

Auch bei *terre des hommes* (tdh) haben wir fast 25 Jahre lang Er-fahrungen zum Problem der Verlassenheit gesammelt. Unsere Infor-mationen stammen nicht zuletzt von unseren Projektpartnern vor

Ort. Sie haben täglich mit dem Problem der Verlassenheit zu tun und deshalb noch den tiefsten Einblick.

Die nachfolgenden Ausführungen beruhen sowohl auf den Langzeit-Erfahrungen von tdh als auch auf den Informationen anderer renommierter internationaler Organisationen.

Auch verelendete Kinder haben Mütter, Väter oder Verwandte

von Peter Eisenblätter

Daß zahllose Kinder in der Dritten Welt im Elend leben, ist eine mittlerweile fast banale Feststellung. Nicht nur die Medien bringen uns laufend entsprechende Bilder ins Haus; auch der Tourismus hat sich längst weiterentwickelt und zu einem wahren Boom billiger Urlaubsreisen in die Länder der Dritten Welt geführt. Und wer sich dann am Urlaubsziel einmal ein kleines Stück aus dem Bereich seines mit europäischem Komfort eingerichteten Hotels hinausbegibt, hat das Elend von Kindern in den Straßen und in den Elendsvierteln gleich drastisch vor Augen.

Natürlich muß es jedem Europäer sofort ans Herz greifen, wenn er mit den Massen verarmter und scheinbar verlassener Kinder zum erstenmal konfrontiert wird. Manchem drängt sich dann unwillkürlich die Frage auf, was man gegen dieses Elend tun könnte. Und eine der möglichen Antworten lautet: Warum nicht zum Beispiel eines dieser Kinder nach Deutschland holen und es adoptieren? Damit könnte man doch wenigstens ein einzelnes Schicksal wenden.

Seit vielen Jahren haben wir bei tdh fast täglich Anfragen erhalten, die von derartigen Vorstellungen ausgingen. Die allermeisten Interessenten waren unfreiwillig kinderlos. Denn nicht nur in den USA oder Australien, sondern auch in den Industriestaaten Europas hat sich in den letzten 15 bis 20 Jahren die gleiche Entwicklung abgespielt: Die Zahl unfreiwillig kinderloser Ehepaare ist drastisch angestiegen, und für sehr viele von ihnen ist die Auslandsadoption zu einem letzten Rettungsanker geworden, weil alle anderen Lösungsversuche gescheitert waren. Sie lassen sich dabei häufig von der Auffassung leiten, einen geradezu idealen Weg zu beschreiten, weil es nach ihrer Meinung ja sowieso viel zu viele verlassene Kinder gibt, für die eine solche Adoption die einzige Lösung wäre.

Aus dieser Verbindung des eigenen tiefsitzenden Kinderwunsches mit der Vorstellung, die Erfüllung eben dieses Wunsches sei in jedem Fall ein humanitäres Ideal, wird in der Regel ein sehr starkes Motiv. Es bringt die Mehrheit der kinderlosen Paare dazu, ihr Ziel konsequent – und notfalls mit allen Mitteln – weiterzuverfolgen.

Auf diese Weise entstand eine regelrechte Massenbewegung. Die Nachfrage von kinderlosen Ehepaaren in den reichen Industrieländern nach Adoptivkindern aus den ärmeren Ländern der Welt (einschließlich der Staaten des ehemaligen Ostblocks) ist weltweit mittlerweile größer geworden, als verlassene Kinder, für die eine Auslandsadoption wirklich die beste Lösung wäre, in den armen Ländern überhaupt zur Verfügung stehen. Da aber gleichzeitig die Motivation der Adoptionsinteressenten so stark ist, wurde aus der Nachfrage geradezu ein *Markt*. Private Adoptionspraktiken und direkter Kinderhandel haben solche Ausmaße angenommen, daß die Auslandsadoption in Verruf gekommen ist. Die Medien haben das Thema aufgegriffen, und in einschlägigen Kreisen wird seit langer Zeit heftig über das Pro und Contra zur Frage der Auslandsadoption diskutiert: Ist sie denn nun eine gute Lösung oder nicht?

Um auf diese Frage eine angemessene Antwort zu finden, gibt es nur einen Weg: Wir müssen versuchen, uns in die Lage der verlassenen oder von Verlassenheit bedrohten Kinder selbst zu versetzen, um ihre Lebenssituation und die ihrer Mütter (und Väter) so gut wie möglich verstehen zu lernen. Wir müssen uns klarmachen, wie es zur Verelendung von Familien und schließlich zur Verlassenheit kommt, und welches die konkreten Auswirkungen sind.

In fast allen Ländern der Dritten Welt ist es der gleiche Prozeß, durch den Familien in Not geraten. Man kann ihn – wenn auch etwas vereinfacht und schematisch – folgendermaßen skizzieren:

- Die zunehmende Armut treibt immer mehr Menschen aus den ländlichen Gebieten – die am stärksten betroffen sind – in die Ballungszentren der Großstädte. Die auf dem Land vielfach noch herrschenden Strukturen der Großfamilie werden dadurch zerstört.

- Die «Landflüchtlinge» siedeln sich meistens in den Elendsvierteln am Rande der Großstädte an und bilden dort neue Klein- oder Teilfamilien. Dort ist ihre Existenz aber sehr schnell in *doppelter* Weise bedroht: Erstens finden sie auch in den Großstädten keine Existenzgrundlage, zweitens verfügen sie jetzt nicht mehr über das soziale Sicherungsnetz, welches ihnen früher die Großfamilie wenigstens ansatzweise noch bieten konnte, nämlich die Betreuung der schwächsten Familienmitglieder, und besonders die Versorgung der Kinder, durch die erweiterte Familiengemeinschaft.
- Die Verelendung vollzieht sich relativ rasch. Dabei sind die Hauptleidtragenden oftmals die Frauen: Während die Männer sich eher zurückziehen und leichter «abhauen» können, bleiben die Frauen an die Kinder gebunden und werden hauptverantwortlich für deren Unterhalt und Schicksal, ohne jedoch gleichzeitig über das notwendige Mindesteinkommen zu verfügen. In ungezählten Fällen muß dies zur Vernachlässigung der Kinder führen.
- Allerdings darf uns das nicht zu dem voreiligen Schluß verleiten, die Kinder würden jetzt immer und einfachhin von ihren Eltern/ Müttern aufgegeben. Sie sind meistens auch da akzeptiert und irgendwie «geliebt», wo ihre Erziehung *nicht* in unsere (westlichen) Vorstellungen paßt. Und sie tragen außerdem vielfach zum Überleben der Familie bei, indem sie in den Straßen der Großstädte als Händler oder mit Gelegenheitsarbeiten etwas Geld verdienen. Ein großer Teil der Kinder, die wir aus unserem Blickwinkel als vernachlässigt oder verlassen bezeichnen würden, sind *Straßenkinder*. Die Mehrheit von ihnen bleibt noch in Kontakt mit ihrer Familie. Und vor allem: Für eine Adoption kämen sie sowieso nicht in Frage. Nicht nur wegen ihres Alters, sondern auch, weil sie durch ihren täglichen Existenzkampf auf der Straße ein für uns kaum vorstellbares Maß an Selbständigkeit haben. Die Integration in eine kinderlose und wohlbehütende deutsche Familie müßte scheitern.

Natürlich nimmt die Zahl solcher Fälle zu, in denen Eltern ihre Kinder *direkt* verlassen, d. h. aussetzen oder zur Adoption freigeben, weil sie nicht mehr in der Lage sind, sie durchzubringen. Das geschieht häufig in der Hoffnung, daß die Kinder auf diese Weise besser überleben können. – Nur sollte man sich auch da nicht täuschen: Die Zahl derjenigen Kinder, die *endgültig* verlassen werden und die damit für eine Auslandsadoption in Frage kämen, ist weitaus geringer, als von Adoptionsinteressenten hierzulande oft angenommen wird. Bei den meisten «vernachlässigten» Kindern existieren noch starke soziale Bindungen an ihre Familie und zu ihrer Umgebung, die man keinesfalls willkürlich zerreißen darf.

Es wäre ein verhängnisvolles Vorurteil, wollte man glauben, in Not geratene Mütter (und Väter) in der Dritten Welt gäben ihre Kinder einfach leichtfertig oder aus Lieblosigkeit auf. Immer, wenn ein Kind *endgültig* verlassen wird, stehen dahinter tiefe menschliche Tragödien. Natürlich führen solche Tragödien oft auch dazu, daß Eltern nicht mehr in der Lage sind, ihre Kinder emotional anzunehmen, und sie deshalb vernachlässigen, mißhandeln oder endgültig verlassen.

Genau an dieser Stelle jedoch sollte jedes Ehepaar, das sich mit dem Gedanken an eine Adoption trägt, sehr darauf achten, daß seine eigene Sehnsucht nach einem Kind nicht zum Vater des Gedankens wird. Der oberflächliche Schein, in den Heimen der Dritten Welt warteten viel zu viele adoptierbare Kleinkinder nur auf Adoptiveltern, trügt. Denn die Flut von Nachfragen aus den Industrieländern nach solchen Kindern ist so ungeheuer angewachsen, daß es eben *kein* Überangebot an Babys mehr gibt, sondern ganz im Gegenteil viel zu viele kinderlose Ehepaare, deren Interesse an einer Auslandsadoption von derartigen pauschalen Urteilen genährt wird. Von daher besteht die Gefahr, daß wir – wenn auch ungewollt und mit den besten Absichten – die Länder der Dritten Welt gewissermaßen zu einer Art Selbstbedienungsladen machen und *deren* Not zur Erfüllung *unserer* Wünsche ausnutzen.

Was statt dessen dringend notwendig wäre, sind Anstrengungen, mit denen der Verelendung von Familien entgegengewirkt werden kann, sind entsprechende Projekte zur Vorbeugung der Verlassenheit und (wenn die Verlassenheit bereits eingetreten ist) zu Lösungen in den Herkunftsländern der Kinder selbst: Maßnahmen zur sozialen Abstützung von Familien, zur Reintegration verlassener Kinder bei ihren leiblichen Eltern und Programme zur Förderung der *inländischen* Adoption verlassener Kinder.

Alternative Hilfestellungen vor Ort aber wären in ganz besonderem Maße erforderlich für die unübersehbare Zahl von Müttern, die sich allein, ohne Unterstützung des Mannes bzw. Vaters, mit ihren

Kindern durchschlagen müssen. Von ihnen wird noch die Rede sein (vgl. Kap. V).

Verlassenheit von Kindern – das Beispiel Kolumbien

von Agnes Bieling

Wenn hier die Verlassenheit von Kindern in Kolumbien zum Thema wird, dann nicht deshalb, weil in Kolumbien besonders viele Kinder dieses Schicksal haben. Kolumbien soll als Beispiel dienen, welche Gründe dazu führen können, daß Kinder verlassen werden – und damit erst für eine potentielle Adoption zur Verfügung stehen.

Die konkreten Formen der Verlassenheit mögen von Land zu Land verschieden sein, die strukturellen Ursachen sind jedoch in den Ländern der «Dritten Welt» weitgehend die gleichen.

Allgemeines zur Situation im Land

Kolumbien ist ein Land großer gesellschaftlicher Komplexität und Gegensätze: ein Land mit vielfältigen ökologischen Landschaften und natürlichen Reichtümern; ein Land mit unterschiedlichen, reichen Kulturen und Werten als Ergebnis einer Geschichte der Bevölkerungsvermischung von indianischen Völkern, Schwarz-Afrikanern und Weiß-Spaniern, die bis heute noch nicht zu einer nationalen Homogenität gefunden haben. Kolumbien befindet sich in einer ernsten geschichtlichen Umbruchssituation: Institutionelle Stabilität und eine vergleichsweise günstige makroökonomische Lage koexistieren mit gesellschaftlicher Zersetzung und wachsender Gewalt. Das Grundrecht auf Leben ist bedroht.

Die Ursachen dafür sind zu komplex, um hier genauer analysiert werden zu können. Ganz sicher sind es nicht zuerst der durch unsere Medien am meisten bekannte Drogenhandel und Terror. Eine der wesentlichen Ursachen ist vielmehr die extrem ungleiche Verteilung der Güter und des Landes.

Die Vielfalt von Familienformen entspricht der Vielfalt von Kulturen und sozial-wirtschaftlichen Systemen. Ihre Veränderung ist Teil des sozialen Wandels. Das gleiche gilt für die Gestaltung einzelner Lebensphasen. Kindheit und Jugend als eigenständige Lebensformen sind auch bei uns noch nicht sehr alt. Trotz aller Unterschiede gilt, daß Kinder in fast allen Kulturen in den ersten Lebensjahren bei ihren Familien aufwachsen. Wenn Kinder sich frühzeitig verselbständigen oder auch verlassen werden müssen, dann nicht aus Verantwortungslosigkeit oder mangelnder emotionaler Beziehung. Die Ursachen sind vielmehr das Ungleichgewicht zwischen Kinderzahl und den sozialen und wirtschaftlichen Möglichkeiten der Familien, angemessen für sie zu sorgen. Dazu einige erläuternde Daten aus Kolumbien:

Im 19. Jahrhundert hatte Kolumbien ein Bevölkerungswachstum von 1,6 Prozent, 1964 das höchste Wachstum mit 3,4 Prozent und 1985 beim letzten Bevölkerungszensus 1,8 Prozent. Diese Form der «Problemlösung» hat die Bevölkerung selbst in nur 21 Jahren gefunden. Der Anteil der Kinder von 0 bis 5 Jahren ist im genannten Zeitraum (1964–1985) von 47 Prozent auf 36 Prozent zurückgegangen. 1985 hatte Kolumbien 28 500 000 Einwohner auf einer Fläche von 1 141 748 km. Es war und ist immer noch ein Land mit extrem *ungleicher Verteilung des Einkommens und des Landes*, die sich auch in den gesellschaftlichen und politischen Machtverhältnissen manifestiert. Gleichzeitig ist das wirtschaftliche Wachstum besser als in vielen anderen Ländern des Kontinents. Auch für andere statistische nationale Globaldaten gilt dies. Die Einkommenssituation der armen Bevölkerung hat sich jedoch seit Mitte der 60er Jahre kaum gebessert. Die Daten zeigen, daß 10 Prozent der reichsten Familien 40 Prozent des Volkseinkommens zugute kommt, während 50 Prozent der Ärmsten nur 20 Prozent erhalten. In der Begründung für die Notwendigkeit einer Agrarreform wurde 1987 im Kongreß erläutert: 7 Prozent der landwirtschaftlichen Betriebe besitzen 84 Prozent und 92,3 Prozent nur 17 Prozent des nutzbaren Landes. Der Kampf um Land durch die Kleinbauern und Indianerminderheiten hat eine lange Tradition.

Ein Teil der Probleme des Landes ist von außen mit verursacht, wie ein genauerer Blick auf internationale Handelsbedingungen, Verschuldungsfragen, Auflagen des internationalen Währungsfonds und die Auswirkung des Drogenkonsums in Nordamerika und Europa zeigen würde. Für das Verlassenheitsproblem heißt dies: Verlassenheit von Kindern ist Folge von Armut und Unterentwicklung.

Sie darf jedoch nicht losgelöst betrachtet werden von der *Lage der Frauen und Familien.*
Die Statistik des Zensus 1985 weist 12,8 Prozent der Bevölkerung als in «Unión Libre» (unverheiratet zusammenlebend) aus. In den ländlichen Zonen sind es 14,8 Prozent (1973: 7,3 Prozent). Als verheiratet werden 32 Prozent ausgewiesen. In dieser Familienkonstellation haben durchweg die Frauen die soziale und wirtschaftliche Verantwortung für die Familie. Könnte man die Statistik differenzieren nach Schichtzugehörigkeit, wäre der Anteil der alleinerziehenden Mütter in der ärmsten Bevölkerungsschicht viel höher. Arbeit der Mütter ist bei der Bevölkerung in absoluter Armut der schiere Zwang mit den entsprechenden emotionalen und sozialen Konsequenzen für Kinder. An dieser Stelle muß auch die Abwesenheit des Staates im Bereich sozialer Dienste und Gesundheit sowohl in den städtischen als auch in den ländlichen Randzonen erwähnt werden (Ursachen: politische Machtverhältnisse und Korruption; ein Steuerwesen, das den Staat arm hält und die Oberschicht begünstigt). Solidarische Selbsthilfe unter den Ärmsten schafft Kinderzentren mit freiwillig arbeitenden Müttern, Basisgesundheitsdienste, einfache Landschulen etc. Sie kann aber nicht alles Notwendige erreichen.

Die politische Vernachlässigung der ländlichen Regionen und Bevölkerung sowie die ungleiche Landverteilung hat in Kolumbien zu einer raschen *Verstädterung* geführt, auch wenn diese nicht ganz so dramatisch ist wie in anderen Ländern des Kontinents durch die vergleichsweise große Zahl mittlerer Städte. Wir kennen die Folgen der elenden Wohnbedingungen, des Umbruchs von Werten und des sozialen und wirtschaftlichen Überlebenskampfes aus unserer eigenen Geschichte. Kinderarbeit, Straßenkinder, jugendliche Mütter haben hier ihre Ursachen. Der Wille und die Fähigkeit, die Bedingungen zu verbessern, sind enorm. Nur einige Beispiele seien aufgeführt: wachsende Bürgerbewegungen, die um ihre Rechte mit politischen Mitteln kämpfen; die bei weitem große Mehrzahl der Wohnungen wird in solidarischer Selbsthilfe gebaut; die Kreativität auf der Suche nach einem Lebensunterhalt im informellen Sektor, in dem nach Schätzungen

1989 bereits 57 Prozent der wirtschaftlich aktiven Bevölkerung beschäftigt waren.

Gewalt, massive Verletzung des Rechtes auf Leben und deren Straflosigkeit sind in Kolumbien sowohl in der Geschichte als auch in der Gegenwart Ursache für Verlassenheit von Kindern und Jugendlichen. Kolumbien gilt nach Berichten nationaler und internationaler Menschenrechtsorganisationen als eines der gewalttätigsten Länder, wenn nicht als *das gewalttätigste Land der Welt.* Die Kolumbianer selbst sprechen von einer Subkultur der Gewalt. Die Ursachen sind sehr komplex. In der sogenannten «großen Gewalt» von 1949 bis 1957, in der die Interessen der beiden traditionellen Parteien blutig auf dem Rücken vor allem der Landbevölkerung ausgetragen wurden, kamen schätzungsweise 200 000 Menschen ums Leben. Sowohl damals, in den Jahrzehnten danach als auch heute, sind Tausende von Menschen unterwegs auf der Suche nach mehr Sicherheit bzw. auf der Flucht vor den paramilitärischen Gruppen, dem Militär, den Guerillabewegungen, der Drogenmafia. Kinder verlieren Eltern, soziale Bindungen, die Chance der Schulbildung und haben traumatische emotionale Erfahrungen. 1993 wurden in Kolumbien 30 000 Morde registriert. Davon geschahen nachweisbar 3000 aus politischen Motiven, 4500 möglicherweise aus politischen Motiven, d. h., die Motive sind nicht eindeutig. Und 1000 Menschen kamen bei bewaffneten Auseinandersetzungen zwischen Guerilla und Militär ums Leben. Täglich also starben 82 Menschen eines gewaltsamen Todes.

Erscheinungsformen der Verlassenheit

Es ist sehr viel leichter, die Ursachen als die Erscheinungsformen der Verlassenheit von Kindern und Jugendlichen zu beschreiben. Erscheinungsform ist die äußere Gestalt. Verlassenheit ist Einsamkeit. Darin ist bereits das Spannungsverhältnis zwischen Objektivität und Subjektivität ausgedrückt. Nur die Literatur, Biographie oder das authentische Zeugnis können dieses Spannungsfeld mit seinem kulturellen Rahmen annähernd erfassen und ausdrücken. Dieser Aspekt darf bei der Behandlung des Themas nicht vergessen werden. Er muß berücksichtigt werden, wenn im folgenden selektiv einige Erschei-

nungsformen dargestellt werden. Es gilt wohl, daß die kolumbiani-
sche Kultur und sozialen Beziehungen nicht weniger kinderfreund-
lich sind als in unserem eigenen Land mit all seinem Reichtum.

Schätzungen von UNICEF gehen von der bedrückenden Zahl von
40 Millionen *Gamines*, *Straßenkindern*, in den Großstädten Lateinamerikas aus, mit steigender Tendenz. Verläßliche Schätzungen für
Kolumbien waren nicht verfügbar. Die Gaminesgruppen sind in Bogotá, Medellín oder Cali relativ schnell erkennbar. Religiöse Orden,
Stiftungen und engagierte Einzelpersonen versuchen, Hilfe zu geben
und Zukunftsperspektiven zu ermöglichen. Beobachtet man diese
Kinder das erste Mal, ist man von Mitleid und einem schlechten Gewissen überwältigt. Erst durch häufigeres Beobachten und Gespräche
lernt man zu differenzieren. Traurige Gesichter, Zerlumptheit, kör-
perliches Elend und Verlassenheit sind der erste Eindruck. Dann beobachtet man ihre Kreativität, ja Intelligenz und sogar Spaß, in ihrer
Art und Weise zu überleben. Man sieht auch ihre geschickte und organisierte Weise, zu stehlen und zu betteln, ihr soziales Verhalten
innerhalb, aber auch die Brutalität der sozialen Regeln zwischen den
Gruppen und das Verhalten der Umwelt auf die Existenz der Gaminesgruppen. Es muß auch wenigstens hingewiesen werden auf die
traurigen Morde an Straßenkindern während der letzten Jahre, die
bekannt wurden als «soziale Säuberungen».

Eine Studie über die Psychologie der kolumbianischen Straßenkinder, durchgeführt mit der Methode der begleitenden Teilnahme,
kommt, vereinfacht dargestellt, zu folgenden Schlußfolgerungen:
- Die Erziehung in den Familien der unteren sozialwirtschaftlichen
  Schichten wird durch die Mutter orientiert, da sie der stabile Fak-
  tor in der Familienkonstellation ist. Die soziale und wirtschaftliche
  Lage erfordert eine Erziehung zur frühen Unabhängigkeit. In der
  Mittel- und Oberschicht ist das Erziehungsmuster dagegen vater-
  orientiert mit Werten der Ordnung und Unterordnung.
  Die Existenz und das Verhalten der Straßenkinder wird deshalb
  sehr unterschiedlich wahrgenommen. Für bürgerliche Kreise sind
  sie eine Herausforderung und Bedrohung, für die Armen sind sie
  Teil ihrer Realität.
- Die weitverbreitete Annahme, daß alle Straßenkinder ohne ein Zu-

hause sind oder den Kontakt mit ihren Familien abgebrochen haben, wird der Realität nicht gerecht. Die Kinder beginnen, ihr Zuhause mit sieben bis acht Jahren zunächst schrittweise zu verlassen. Mit zwölf bis fünfzehn Jahren haben sie ihr Leben unabhängig von der Familie etabliert. In dieser Zeit des Kommens und Gehens sind sie Teil einer Gruppe geworden, die sozialen und emotionalen Beziehungen geben ihnen die notwendige Sicherheit, und sie haben gelernt zu überleben.

- Die körperliche, psychische und mentale Gesundheit ist insgesamt nicht schlechter als die der Kinder aus der gleichen sozialwirtschaftlichen Schicht, die mit ihren Familien leben. Viele der Kinder und Jugendlichen haben trotz der Härten und Gefahren ihres Lebens eine bemerkenswerte Fähigkeit für ein subjektiv bedeutungsvolles Leben entwickelt.

- Das Leben als «Nomaden der Straße» erfordert nicht so sehr eine Rehabilitierung nach einem gesellschaftlich bestimmten Muster als vielmehr Unterstützung, die bei ihren Erfahrungen ansetzt.

Seit 1982 ist *Kinderarbeit* unter vierzehn Jahren verboten. Die Realität entspricht dieser gesetzlichen Regelung noch nicht. Es gibt keine Statistiken zur Kinderarbeit, wohl aber begrenzte Studien. Nach diesen Studien ist Kinderarbeit auf dem Land größer als in der Stadt.

Auf dem Land sind eher die Jungen die Betroffenen, in der Stadt mehr die Mädchen. In Bogotá arbeitet etwa ein Drittel der Kinder zwischen fünf und vierzehn Jahren mehr als acht Stunden täglich. Die Art der Kinderarbeit hat besonders in der Stadt ein sehr breites Spektrum. Man darf davon ausgehen, daß sie sich hier überwiegend im informellen Sektor vollzieht. Auch hier ist man als Besucher und Beobachter beeindruckt von der Kreativität der Arbeits- und Einkommensbeschaffung. Beispiele der Art der Kinderarbeit sind: Kaffee-, Baumwoll- und Tabakpflücken; Sisal schneiden und säubern; Ziegel tragen in den Brennereien; ambulanter Verkauf aller nur möglichen Güter wie Zeitungen, Obst und Gemüse, zubereitete Nahrungsmittel, Lose, Kinokarten, Plätzen vor ausländischen Botschaften und Behörden für diejenigen, die nicht selbst anstehen wollen etc., Autos bewachen und säubern; Gräber reinigen; Arbeit in Cafés, Restaurants und Haushalten; Müllsammeln und -sortieren und vieles mehr.

In Anlehnung an ein Buch mit authentischen Zeugnissen von Kindern, in dem sie ihr Leben als Arbeiter und Arbeiterinnen erzählen, sei versucht, einige gemeinsame Muster ihres Lebens zu finden:

- Zwischen sechs und sieben Jahren beginnen die Kinder ihr Arbeitsleben. Sie fangen an der Seite ihrer Eltern, Geschwister, Verwandten oder auch Nachbarn an zu lernen, bis sie unabhängig eine Arbeit durchführen. Ihre Arbeitszeit beträgt acht bis zwölf Stunden.
- Sie wechseln ihre Arbeit, ihren Arbeitgeber oder die Art ihrer Arbeit konstant. Sie sehen sich dazu gezwungen, wenn die Umstände es erfordern, sie einen höheren Verdienst suchen müssen, die Beziehungen nicht zu ertragen sind oder sie sich selbst der Ausbeutung bewußt werden.
- Nach ihrer «Lehrzeit» beginnen die Kinder, sich zu unabhängigen «Unternehmern» zu entwickeln. Sie nehmen Kleinstkredite beim Zwischenhändler auf für den Tagesverkauf ihrer Waren, sie wissen sehr genau zu kalkulieren, sie schließen Verträge – auch wenn sie mit ihren Müttern und Geschwistern arbeiten – und entwickeln einen Instinkt für das richtige Revier und das richtige Produkt. Häufig sind sie das letzte Glied in einer langen Kette von Subkontrakten.
- Die Kinder haben eine kaum vorstellbare Nüchternheit und Verantwortung für ihr eigenes Leben und gegenüber ihren meist vaterlosen Familien. Aus ihren Erzählungen ist kein Selbstmitleid zu erkennen: «… es muß sein, weil…» Dies ist besonders deutlich bei den Kindern, die bereits mit sechs und sieben Jahren die volle Verantwortung für Haushalt und jüngere Geschwister übernehmen, während der zwölf- und mehrstündigen Abwesenheit der arbeitenden Mutter.
- Fast alle Kinder beginnen mit der Schulausbildung. Sie wissen, was es für ihre Zukunft bedeutet. Sie müssen die Schulausbildung unterbrechen, beginnen von neuem, verlieren den Anschluß und verlassen die Schule mit zwei bis vier Jahren Schulausbildung. Der Teufelskreis für die nächste Generation ist damit programmiert.

Zu erinnern ist bei unserem Thema aber auch an *Kinder in kleinstbäuerlichen Familien, in Familien der Landarbeiter, der Teilpächter und der Neusiedler in den schwer zugänglichen Kolonisierungsgebieten.* Dieser Aufzählung müßte noch eine geographische, wirtschaftliche und kulturelle Gliederung angefügt werden. Tradition und kulturelles Verhalten sind auf dem Land bestimmender als in der Stadt, sowohl in den positiven als auch in den negativen Ausprägungen. Es ist nicht möglich, im Rahmen dieses kurzen Beitrages der *Vielfalt des kindlichen Lebens auf dem Lande* gerecht zu werden. Ein Beispiel soll das Departement Chocó sein. Das Departement Chocó ist die ärmste und am meisten vernachlässigte Region an der nördlichen Pazifikküste Kolumbiens. Es ist fast ausschließlich tropisches Regenwaldgebiet ohne Verkehrsinfrastruktur. Die Menschen leben in isolierten Gemeinden entlang der Flüsse. Sie sind in der Mehrheit Schwarze, Nachkommen der ehemaligen Sklaven aus Afrika. Die Kindersterblichkeit ist die höchste im Land. Eine dreißigjährige Frau hat durchschnittlich sieben Kinder zur Welt gebracht, von denen vielleicht noch vier oder fünf leben. Das heißt, daß fast alle Frauen im gebärfähigen Alter entweder schwanger sind oder ein Kleinstkind betreuen.

In der Mehrzahl sind es alleinerziehende Frauen mit wechselnder Teilnahme der Männer bzw. Väter. Ihre Arbeit umfaßt Fischfang, Aussaat und Ernte auf dem Feld, die schwere Weiterverarbeitung von Zuckerrohr und Reis, die Vermarktung und nicht zuletzt die gesamte Hausarbeit wie Wäschewaschen im Fluß, die Großfamilie bekochen etc. und die Erziehung der Kinder. Dazu muß erwähnt werden, daß diese Frauen die eigentlichen Agenten in der Durchführung von Entwicklungsprojekten sind. Sie sind Köchin und Kindergärtnerin in den Selbsthilfe-Kinderzentren, sie betreiben die Zuckerrohrmühlen und Gemeinschaftsläden, sie sind Gesundheitspromotoren und vieles mehr. Der Alltag der Mütter prägt die Kinder. Vom Kleinkindalter an lernen sie durch praktische Mitarbeit ihre Rollen. Der Übergang vom Kind zum Erwachsenen ist kurz, eine Jugendzeit existiert im Vergleich zu unserer Kultur eigentlich nicht.

Adoption – ein Beitrag gegen Verlassenheit?

Die Verlassenheit von Kindern ist primär die Folge schwerwiegender sozialökonomischer Probleme. Sie ist eine Konsequenz der «Unterentwicklung» und der ungleichen Verteilung vorhandener Güter in den Ländern des Südens und des Nordens unseres Globus. Selbst massenhafte Adoptionen würden das Problem nicht lösen, weil es sich ständig von neuem reproduziert, solange die Ursachen nicht überwunden werden. Mit dem Geld der Kosten einer Adoption aus den Ländern der «Dritten Welt» könnten viele Familien in die Lage versetzt werden, sich liebevoll um ihre Kinder zu kümmern. Natürlich würden die Kinder auch dann nicht so aufwachsen wie die Kinder in unserem Land, aber in dem Land ihrer kulturellen Wurzeln bzw. Heimat.

Dabei ist zu bedenken, daß Verlassenheit nicht primär Säuglinge und Kleinkinder betrifft; gerade sie aber sind als Adoptionskinder besonders gewünscht.

Wenn Ehepaare sich ein Kind wünschen und in Deutschland keine Vermittlung möglich ist, mag die Adoption eines Kindes aus Ländern der «Dritten Welt» in einzelnen Fällen persönliches Glück für eine Familie bedeuten – und das ist zu respektieren. Es löst jedoch nicht das Problem der Verlassenheit von Kindern aus der «Dritten Welt».

Verlassene Kinder in Indien

von Annegret Winter-Stettin

In Indien, wie auch in anderen Ländern, gibt es eine Vielzahl von Faktoren, die zur Verlassenheit von Kindern führen. Allgemein kann man zunächst auch hier die zunehmende Verelendung und Verarmung auf dem Lande und die daraus resultierende Landflucht als Grundursache der zunehmenden Verlassenheit von Kindern ansehen. Verbunden ist damit nämlich das Zerbrechen althergebrachter sozialer Systeme, wie z. B. der Großfamilie, in der in Not geratene Familienangehörige ihren Platz hatten.

Es gibt keine verläßlichen Statistiken über die Zahl der jährlich in Indien verlassenen Kinder. Nach Schätzungen sind 16,5 % aller indischen Kinder im Alter bis zu 14 Jahren verwaist, davon wiederum sind 40 % verlassene Kinder. Sicher ist eins: Ihre Zahl steigt von Jahr zu Jahr. Statistisch erfaßbar sind überhaupt nur die Kinder, die das ‹Glück› gehabt haben, lebend aufgefunden und in ein Heim gebracht worden zu sein, um dort u. U. in ein Adoptionsprogramm aufgenommen zu werden. Nach vorsichtigen Schätzungen sind es mehrere tausend Kinder pro Jahr, die als verlassene Kinder in Heime oder andere öffentliche Einrichtungen kommen. Die tatsächliche Zahl der Kinder, die dieses Schicksal erfahren, ist aber weitaus höher.

Welches sind nun die Kinder, die im Morgengrauen vor Tempeln abgelegt, an Busbahnhöfen und öffentlichen Plätzen gefunden oder von ihren Eltern an der Heimtür abgegeben werden? Jedes Kind hat natürlich sein eigenes, unverwechselbares Schicksal, doch kann man grob von *drei Hauptursachen* sprechen, die zur Verlassenheit von Kindern in Indien führen.

Zu der ersten, wenn auch nicht zahlenmäßig stärksten Gruppe gehören die Kinder, die Familien hatten und aus Gründen wie Armut, Gesundheitsproblemen (Behinderung des Kindes oder Krankheit der Eltern) oder sozialen Problemen (Zerbrechen der Familie) verlassen werden. Für diese Kinder gibt es zwei kritische Altersstufen, in denen die Gefahr, verlassen zu werden, besonders groß ist. Zum einen direkt nach der Geburt (wenn das Kind z.B. nicht der ersehnte Sohn oder behindert ist), zum anderen nach dem Abstillen, wenn die Ernährung des Kindes zum Kostenfaktor wird. Kinder werden nur selten von ihren Familien verlassen, wenn sie, wie das bereits im Alter von vier bis fünf Jahren der Fall ist, so viel arbeiten können, daß sie für ihre Nahrung selbst aufkommen und zum Familieneinkommen beitragen. Wenn das in diesem Alter trotzdem geschieht, ist sehr häufig auch die Kernfamilie zusammengebrochen. So hat z.B. der Vater die Familie verlassen, und die Mutter ist allein nicht mehr in der Lage, für ihre Kinder zu sorgen. Der Tod eines Elternteils kann einen weiteren Grund darstellen, warum z.B. auch «ältere» Kinder im Heim abgegeben werden. Ein Kind aus einer früheren Ehe steht häufig einer neuen Verheiratung im Weg. In solchen Situationen werden auch Kinder, die eigentlich eine Familie oder zumindest einen Elternteil haben, ausgesetzt und verlassen. Ihr Gesamtanteil innerhalb der Gruppe verlassener Kinder beträgt jedoch nicht mehr als ca. 5 Prozent. Es ist sicher müßig, darauf hinzuweisen, daß es für die Eltern immer nur die letzte Möglichkeit ist, ihre Kinder zu verlassen. Viele Eltern bringen ihre Kinder eher in Heimen oder anderen Institutionen unter, in der Hoffnung, sie nur so lange dort lassen zu müssen, bis sich ihre wirtschaftliche oder familiäre Situation gebessert hat. Oft ist dies eine vergebliche Hoffnung, und die Kinder bleiben bis zum Erreichen der Volljährigkeit (in Indien mit achtzehn Jahren) im Heim, haben aber u.U. unregelmäßigen Kontakt mit ihren Angehörigen (Sozialwaisen). Aus einigen ländlichen Gebieten ist auch bekannt, daß die Eltern ihre Kinder eher als Arbeitskräfte ‹verkaufen› (z. T. wird noch immer die verbotene Form der Schuldknechtschaft/Leibeigenschaft praktiziert!), als daß sie sie verlassen.

Eine zweite Gruppe verlassener Kinder stellt die Gruppe der verlorenen Kinder dar. Es ist leicht vorstellbar, daß in einem überbevölkerten Land wie Indien, in dem ein großer Teil der Gesellschaft ständig ‹unterwegs› ist (vom Land in die Stadt und zwischen den Städten), Kinder leicht verlorengehen können. Unwissenheit, mangelhafte Kommunikationsmittel und auch das Desinteresse der Behörden haben oft zur Folge, daß diese Kinder nie zu ihren Eltern zurückfinden können. Obwohl auch die Zahl dieser verlorengegangenen Kinder im Gesamtkontext eher vernachlässigt werden kann, soll sie doch als eine Extragruppe erwähnt werden, und man sollte vor allen Dingen über Möglichkeiten nachdenken, wie ihnen unmittelbar an den Plätzen, an denen sie vorwiegend aufgefunden werden (Zug- und Busbahnhöfe), geholfen werden kann. Hier ist eine schnelle Hilfe oft die einzige Möglichkeit, die Familie aufzuspüren.

Die dritte Kategorie verlassener Kinder schließlich ist die quantitativ bedeutendste. Es sind die Kinder unverheirateter und alleinstehender, verlassener Mütter. Die Gründe für das Verlassen oder Aussetzen der Kinder beruhen hier hauptsächlich auf dem sozialen Stigma, dem die ledige oder alleinstehende Mutter unterliegt. In einem Land, in dem der Status von Frauen dadurch gekennzeichnet ist, daß sie verheiratet sein und ihrem Ehemann möglichst viele Söhne ‹schenken› müssen, in dem sie quasi Besitz ihres Vaters und später des Ehemannes sind und ihre Jungfräulichkeit folgerichtig einen hohen Stellenwert hat, in einem solchen Land ist es absolut undenkbar, daß eine vor- oder außereheliche Schwangerschaft akzeptiert wird. Der Druck auf die unfreiwillig schwanger gewordenen Frauen/Mädchen ist derart groß, daß sie nicht einmal daran zu denken wagen, ihr Kind u. U. zu behalten. Für sie gibt es in der indischen Gesellschaft noch keinen anderen Platz als den in ihrer Herkunfts- oder angeheirateten Familie. Das bewußte Loslösen aus diesen Banden bedeutete für die Frauen ein Leben im gesellschaftlichen Abseits. Sie wären gebrandmarkt mit dem Stigma der unehelichen Mutterschaft und würden zum Freiwild für weitere Diskriminierungen und Belästigungen. Nur wenn sie ihre Kinder verlassen, haben sie die Chance, doch noch verheiratet zu werden oder zumindest in den Kreis ihrer Familie zurückkehren zu können.

Wen wundert es also, daß fast alle unehelich geborenen Kinder direkt nach der Geburt verlassen werden. Nicht alle Mütter haben die Möglichkeit, ihr Kind in einem der wenigen und schlecht ausgestatteten staatlichen oder kirchlichen Heime für ledige Mütter zur Welt zu bringen und dort vor der Geburt Schutz und medizinische Betreuung zu erhalten. Viele der Kinder werden geheim zur Welt gebracht und anschließend auf der Straße, auf dem Feld oder in Mülltonnen ausgesetzt, u. U. auch vorher getötet. Die Entbindungsheime machen dagegen oft zur Auflage, daß die Mütter nach der Entbindung noch bis zu acht Wochen mit den Kindern im Heim bleiben, um sie dort zu stillen und die gesetzlich vorgeschriebene Freigabeerklärung abzugeben. Doch dies ist für viele der jungen Frauen unzumutbar, zumal sie auch dort keine Beratung und Akzeptanz erfahren. Sie verlassen das Heim und ihre Kinder frühzeitig und erklären ihre Kinder auch ohne rechtliche Schritte zu verlassenen Kindern.

Die unerwünschten, unehelichen Schwangerschaften finden sich sowohl im ländlichen wie auch im städtischen Bereich gleichermaßen. Es ist nicht verwunderlich, daß gerade in einer derart stark patriarchalischen und normenorientierten Gesellschaft, in der die Töchter sehr behütet werden, es zunehmend zu diesen Schwangerschaften kommt. Für die Männer gelten die Normen und Regeln eben nicht, und auch in Indien wird ihnen eine Doppelmoral zugestanden. So sind die jungen Mädchen auf dem Lande, die ungewollt schwanger werden, oft das Opfer mangelnder Aufklärung über Sexualität, Verhütung und auch der Möglichkeit des Schwangerschaftsabbruchs. Sie wurden zum größten Teil verführt, mißbraucht und ausgenutzt. Das Ausnutzen von Abhängigkeitsverhältnissen an Arbeitsplätzen ist oft der Fall, und in letzter Zeit wagt man auch in Indien, über die Fälle von sexuellem Mißbrauch in der Familie zu reden. Natürlich spielen Unwissenheit und sexuelle Ausbeutung der Frauen auch in den Städten eine große Rolle. Doch hat sich hier das Bild der Frau bereits verändert, und es kann von einer größeren Offenheit zwischen den Geschlechtern die Rede sein. Einfacher haben es die Frauen in den Städten u. U. auch damit, ihre ungewollte Schwangerschaft zu beenden. Aber auch die sexuelle Gewalt hat hier zugenommen, denn in

Im September 1986 wurde von dem terre des hommes-Projekt Shishua-dhar, anhand von 200 im Raum Poona zur Adoption freigegebenen Kindern, erstmals Datenmaterial über verlassene Kinder, deren Mütter bzw. Eltern erfaßt und analysiert.

Danach ergibt sich folgendes Bild:

90 Prozent der Kinder waren unehelich und wurden deshalb zur Adoption freigegeben. 5 Prozent der Kinder wurden aus wirtschaftlichen Gründen zur Adoption freigegeben. 5 Prozent der Kinder wurden aus wirtschaftlichen und sozialen Gründen (Krankheiten/Behinderungen) zur Adoption freigegeben.

Die Mütter der freigegebenen Kinder waren zu 70 Prozent Analphabeten, 13 Prozent hatten die 1.–4. Klasse, 13 Prozent die 4.–8. Klasse und 4 Prozent die 9.–11. Klasse (High School) absolviert.

Ihre Altersgruppe lag zu 14 Prozent zwischen 14 und 18 Jahren, 60 Prozent zwischen 19 und 25 Jahren und 26 Prozent zwischen 26 und 40 Jahren.

45 Prozent der Mütter stammten aus Poona und dessen Vororten, und 55 Prozent der Mütter kamen aus den ländlichen Distrikten um Poona. Mit letzteren Angaben ist allerdings vorsichtig umzugehen, da die abgebenden Mütter oft nicht ihre richtige Adresse angeben!

Obwohl 90–95 Prozent der abgegebenen Kinder unehelich waren, sind lediglich 60 Prozent der Mütter unverheiratet. Dies erklärt sich dadurch, daß 30–35 Prozent der Kinder von Witwen und verlassenen oder geschiedenenen Müttern geboren wurden. Diese Gruppe kann sicherlich nicht Unwissenheit für ihre ungewollte Schwangerschaft beanspruchen, jedoch wird auch hier die gesellschaftliche Ächtung der außerehelichen Geburt der Grund für die Freigabe der Kinder sein.

Von den abgegebenen Kindern waren 60 Prozent Mädchen und 40 Prozent Jungen. Für dieses Ungleichgewicht gibt es zwei mögliche Gründe. Zum einen die höheren Überlebensraten von neugeborenen Mädchen während der ersten Wochen und zum anderen der höhere Status von Jungen in der Familie und der Gesellschaft.

Bezüglich des Abgabezeitpunktes der Kinder konnte folgendes festgestellt werden: 80 Prozent der Kinder wurden innerhalb des 1. Monats nach der Geburt freigegeben. Davon wiederum die größte Gruppe innerhalb der ersten 5 Tage und die zweitgrößte zwischen dem 6. und 10. Tag. Dies bedeutet, daß die Mehrheit der Mütter ihre Kinder schnellstens abgeben will und muß, vor allem dann, wenn sie von ihrer Familie wieder aufgenommen werden wollen und ggf. schon Heiraten arrangiert worden sind.

Über die Gründe der ungewollten Schwangerschaft ist auch in dieser Studie wenig in Erfahrung gebracht worden, da lediglich vorhandenes Aktenmaterial gesichtet wurde. Einige Frauen gaben z. B. ihre Unwissenheit und sexuelle Ausbeutung an, kaum dagegen spielten Vergewaltigungen eine Rolle.

den Massenmedien (Kino, Fernsehen und Illustrierten) wird die Frau zunehmend als Sexsymbol dargestellt.

Trotz all dieser ungeheuren gesellschaftlichen Hindernisse, die es den Frauen und Mädchen unmöglich machen, sich für ihre Kinder zu entscheiden, es ihnen sogar unmöglich machen, auch nur daran zu denken, muß natürlich für diese Frauen dringend etwas getan werden. Nicht alle von ihnen nämlich haben nach der Entbindung die Möglichkeit, zu ihren Angehörigen zurückzukehren. Der Weg in das absolute Elend und z. T. auch in die Prostitution ist dann ihre einzige Zukunftsperspektive. Ob das so bleiben wird, hängt *auch* von uns ab (vgl. Kap. V)!

IV.

Kinder im Angebot.
Der internationale Kinderhandel

Vom Kindeswohl zum Kindermarkt.
Entwicklung, Ausmaß und Ursachen des Handels mit Adoptivkindern aus dem Ausland

von Rolf P. Bach

Als «Zuckergußsklaverei» hat der UN-Gesandte Sri Lankas vor einiger Zeit den internationalen Handel mit den jüngsten Staatsbürgern seines Landes beschrieben, die zu Hunderten als einer der wenigen begehrten Exportartikel zum Zwecke der Adoption nach Europa und Nordamerika transferiert worden sind. Der kleine, von sozialen und politischen Unruhen erschütterte Inselstaat im Indischen Ozean war über lange Jahre hinweg bevorzugtes Reiseziel des weltweiten Adoptionstourismus. Neben Adoptionsinteressenten aus Australien, den USA, aus Schweden und den Niederlanden waren es vor allem auch Bürger der Bundesrepublik Deutschland, die zu den gern gesehenen Gästen der sogenannten Babyfarmen gehörten, die dort eigens zu diesem Zweck in der realistischen Erwartung exorbitanter Profite eingerichtet worden sind. So wie Sri Lanka zählt oder zählte eine ganze Reihe von Staaten in der Dritten Welt, vor allem in Süd- und Südostasien und Lateinamerika, zu den Zentren des internationalen Handels mit Adoptivkindern, die sich großer Beliebtheit bei jenen Adoptionsinteressenten aus Deutschland erfreuen, die hier kaum eine Chance sehen, eines der begehrten Kleinkinder adoptieren zu können, oder die die vergleichsweise restriktiven Kriterien für die Aufnahme eines Adoptivkindes nicht erfüllen können oder wollen.

In Deutschland werden seit Ende der sechziger Jahre in größerem Umfang Kinder aus ausländischen Staaten adoptiert. Solche interstaatlichen Adoptionen wurden ursprünglich als individuelle Hilfe für Kinder verstanden, die in ihren Heimatländern unter Natur- oder Hungerkatastrophen, unter Krieg oder Bürgerkrieg litten und denen auf andere Weise nicht geholfen werden konnte. Sie galten als humanitärer Akt im überwiegenden Interesse dieser Kinder und waren es in aller Regel auch. Oftmals ging es in der Tat buchstäblich um Leben oder Tod. Die Vermittlung erfolgte mit Hilfe nationaler und internationaler Wohlfahrtsverbände, Kinderhilfs- oder Entwicklungshilfeorganisationen, die schon von ihrem Grundverständnis her auf Hilfe und Selbsthilfe vor Ort orientiert waren und nur in Ausnahmesituationen die Versorgung der Kinder im Ausland – und wo dies notwendig schien, eben auch ihre Adoption – für vertretbar hielten. Seit mehr als einem Jahrzehnt aber hat ein grundlegender Wandel eingesetzt.

Heute geht es mehr denn je darum, unfreiwillig kinderlosen Paaren bei uns und in anderen westlichen Industrienationen zum ersehnten Adoptivkind zu verhelfen, was in deren Heimatländern immer schwieriger wird, da die Zahl der Adoptionsinteressenten die der zur Adoption freigegebenen Kinder bei weitem übertrifft. In Deutschland stehen derzeit im statistischen Durchschnitt mehr als zehn Adoptionsbewerber einem zur Adoption freigegebenen Kind gegenüber. Jahr für Jahr warten mehr als 20 000 Ehepaare vergeblich auf die Vermittlung eines Kindes. Eine der Folgen dieser Bewerberflut sind die zunehmenden Bemühungen um die Adoption eines Kindes aus den Elendsregionen der südlichen und östlichen Hemisphäre, wobei vielfach private Wege beschritten werden, da bei den offiziellen Auslandsvermittlungsstellen die Bewerberlisten und damit auch die Wartezeiten immer länger werden. Das aber bringt es nahezu zwangsläufig mit sich, daß skrupellose Geschäftemacher in den sog. Empfänger- wie den Herkunftsländern der Kinder versuchen, aus der immensen Nachfrage nach dem begehrten Gut «Kind» Kapital zu schlagen und dabei vor illegalen und kriminellen Handlungen nicht zurückschrecken. So ist denn der Handel mit Adoptivkindern seit Anfang der achtziger Jahre auch zum beliebten Dauerthema in den Medien geworden. Handfeste und organisierte Kriminalität auf der einen, Leid und Elend hilfloser Kinder und ihrer Eltern auf der anderen Seite lassen sich medienwirksam und skandalträchtig journalistisch aufbereiten. An dem Wahrheitsgehalt der Mehrzahl dieser Berichte ändert dies freilich nichts.

In Deutschland leben mittlerweile nahezu 20 000 Adoptivkinder aus Entwicklungs- und Schwellenländern. Im Durchschnitt der letzten Jahre wurden etwa 800 Kinder jährlich aus der Dritten Welt adoptiert. Der Anteil interstaatlicher Adoptionen an der Gesamtzahl sog. Fremdadoptionen in der Bundesrepublik – also ausschließlich der Verwandten- und Stiefelternadoptionen – liegt zur Zeit bei rund 20 Prozent. Die wichtigsten Herkunftsländer in den 70er und 80er Jahren waren: Südkorea, Indien, Thailand, die Philippinen, Indonesien, Sri Lanka, Kolumbien, Peru, Brasilien, Chile, Paraguay und die kleinen mittelamerikanischen Staaten. Aufgrund sozialer und politischer Umwälzungen, aber auch ökonomischer Veränderungen in manchen Herkunftsstaaten haben allerdings solche statistischen Aussagen nur temporären Wert. So haben einige dieser Staaten inzwischen Adoptionen durch Ausländer entweder gänzlich verboten oder durch gesetzliche Maßnahmen drastisch reduziert. Das gilt beispielsweise für Südkorea und Indonesien, in eingeschränktem Maße auch für die Philippinen, Paraguay, Chile, Indien, Sri Lanka und Thailand. Die restriktive Adoptionspolitik mancher Staaten bewirkt jedoch keineswegs einen Rückgang der Gesamtzahl der interstaatlichen Adoptionen. Ebensowenig läßt sich erkennen, daß dadurch die weitverbreiteten illegalen und kriminellen Praktiken des weltumspannenden Kindermarktes entscheidend zurückgedrängt werden konnten. Massive Eingriffe einzelner Staaten haben lediglich zur Folge, daß die «Karawane» der Kinderhändler und ihrer Kunden weiterzieht und sich neue Betätigungsfelder sucht. Das Ziel heißt heute Ost- und Südosteuropa.

Der weitreichende Zusammenbruch der realsozialistischen Staaten, vor allem der ökonomischen und sozialen Strukturen, hat auch einen verheerenden Niedergang der allgemeinen Moral zur Folge.

Da industrielle Hardware aus diesen Staaten keine Abnehmer mehr findet, werden zunehmend mit menschlicher Software Exportgeschäfte getätigt. Einmal mehr hat sich die These als richtig erwiesen, daß die internationale Adoptionsstatistik ein getreuliches Abbild der politischen Landkarte unserer Welt ist. Die früher so genannte «Zweite Welt» des kommunistischen Machtbereichs ist zur «Dritten Welt» vor der europäischen Haustür mutiert. Konsequent belehrt das amerikanische Magazin «US News & World Report» im Januar 1992 seine Leser in einem «guide to hot spots»: *Korea's down, Russia's up*.

Ost- und Südosteuropa

Schon seit Mitte der 80er Jahre war der Kinderhandel ein großes Problem für das sich gen Westen öffnende Polen. Es entstand ein lukrativer Babymarkt, der von der polnischen Administration nur langsam wieder eingedämmt werden konnte. Internationale Experten befürchten allerdings, daß das nahezu totale Verbot des Schwangerschaftsabbruchs, das 1992 in Polen dekretiert worden ist, einen erneuten Boom auslösen wird.

Auch ungarische Kinder werden mittlerweile per Kleinanzeige in west- und südeuropäischen Zeitungen offeriert. Die ungarische Regierung weiß sich dagegen offenbar nicht besser zu schützen, als mit ausländischen Adoptionsagenturen Vereinbarungen zu treffen, die auf einen staatlich legitimierten Kinderverkauf hinauslaufen. So hat beispielsweise eine dänische Adoptionsagentur ungarischen Jugendbehörden rund 1,6 Mio DM gespendet und als Gegenleistung dafür 120 Adoptivkinder erhalten.

In der ehemaligen Sowjetunion ist der Kinderhandel vor allem in Rußland, Weißrußland, der Ukraine und in Kasachstan ein sozialpolitisches Problem geworden. Ein russischer Kinderhändler aus St. Petersburg prahlte jüngst vor laufender Kamera damit, daß er binnen kurzem sein monatliches Einkommen von 20 US-Dollar, was in etwa dem Durchschnittseinkommen in Rußland entspricht, auf mehr als 5000 US-Dollar durch die Vermittlung von Säuglingen und Kleinkindern an Ausländer steigern konnte. Die jeweiligen Regierungen sind zwar bemüht, vor allem auch aus innenpolitischen Gründen, dem Treiben ein Ende zu bereiten. In einem Teil der lokalen Verwaltungen jedoch hat die Korruption inzwischen südamerikanische Dimensionen angenommen, so daß derartige politische Absichten oftmals ins Leere laufen.

Am schlimmsten hat es den maroden Balkanstaat Rumänien erwischt. Schon Diktator Ceausescu hatte Mitte der 80er Jahre seine Kassen mit dem Verkauf rumänischer Waisenkinder gefüllt, ohne jedoch die versprochene «Ware» auch zu liefern. Nach seinem Sturz hat sich Rumänien innerhalb weniger Monate zu einem Eldorado des Kinderhandels entwickelt. In knapp 1½ Jahren sind rund 15 000 rumänische Kinder von Ausländern adoptiert worden; nach Schätzungen der rumänischen Behörden rund die Hälfte davon auf kommerzielle und illegale Weise. Der Kindermarkt in manchen rumänischen Städten – vor allem im Umfeld der von Ausländern frequentierten Hotels – glich bis zum Sommer 1991 einem ländlichen Kleinviehmarkt. Nach mehreren erfolglosen Versuchen der Regierung, durch Gesetzesänderungen diesem makabren Schacher Einhalt zu gebieten, sah diese sich schließlich genötigt, jegliche Adoption durch Ausländer zu verbieten und massive Strafvorschriften einzuführen.

Mittlerweile hat man mit Hilfe internationaler Organisationen und Experten ein neues Gesetz geschaffen und Vereinbarungen mit ausländischen Staaten getroffen, die die Adoption rumänischer Kinder in geordnete Bahnen lenken sollen. Dies aber hat zur Folge, daß sich einheimische Kinderhändler und ausländische Interessenten zunehmend auf Wege und Methoden besinnen, die in den 80er Jahren zur Blüte des Kinderhandels in Lateinamerika und Asien führten. So bringen beispielsweise sog. Reisemütter eigene oder auch fremde Kinder selbst außer Landes und liefern sie direkt bei den ausländischen Interessenten ab. Private Adoptionsagenturen bieten schwangeren rumänischen Frauen die Entbindung im benachbarten Ungarn an, versehen sie nach der Geburt mit einem «großzügigen Taschengeld» von rund 150,- DM und vermakeln diese Kinder dann für mehr als das Hundertfache an ihre ausländische Kundschaft.

Eine der ersten Amtshandlungen der neugewählten, halbwegs demokratischen albanischen Regierung bestand gleichfalls in einem Verbot der internationalen Adoptionen. Innerhalb weniger Wochen nach Öffnung der Grenzen waren Hunderte von Kindern spurlos verschwunden. Die Untersuchung einer eigens eingesetzten Regierungskommission soll u. a. Beweise auch dafür erbracht haben, daß Scheinadoptionen zum Zwecke der Organentnahme stattgefunden haben.

Die bulgarische Regierung hat diese Erkenntnisse aus den Nachbarstaaten zum Anlaß genommen, ein umfangreiches neues Adoptionsrecht verabschieden zu lassen, in dem weltweit zum ersten Mal an prominenter Stelle des Gesetzes «die Adoption zum Zwecke medizinischer Experimente und der Organentnahme» verboten wird.

Und – natürlich – muß sich auch das vom Bürgerkrieg geschundene ehemalige Jugoslawien mit solchen Problemen herumschlagen. Ende 1993 beklagte der ehemalige kroatische Außenminister Separovic, heute Vorsitzender einer Gesellschaft zur Dokumentation von Kriegsverbrechen in Zagreb, daß es nicht schwierig gewesen sei, einige hundert Kinder, die in der Folge des Bürgerkrieges in Kroatien verwaist oder als Resultat von Vergewaltigungen nicht gewollt waren, bei kroatischen Adoptiveltern unterzubringen. Sehr viel aufwendiger sei es jedoch gewesen, sich der ausländischen Adoptionsagenturen und Kinderhändler zu erwehren, die «horrende Summen» für diese Kinder geboten hätten. Seit sich der Krieg vor allem nach Bosnien-Herzegowina verlagert hat und in den Massenmedien Horrorberichte über die Vergewaltigung Tausender bosnischer Frauen erschienen sind, hat eine regelrechte Jagd auf die eventuell aufgrund einer Vergewaltigung gezeugten und nicht gewollten Kinder eingesetzt. Private amerikanische Adoptionsagenturen bieten kroatischen und bosnischen Behörden an, Tausende dieser Kinder sofort vermitteln zu können. Die englische Regierung, die europaweit die wenigsten Flüchtlinge aus dem ehemaligen Jugoslawien ins Land läßt, hat sich bereit erklärt, all diese Kinder sofort aufzunehmen und an die vielen wartenden heimischen Adoptionsbewerber weiterzureichen. Aus politischen wie religiösen Gründen verweigern sich bisher die kroatische und die bosnische Regierung solchen Ansinnen. Sie werden dabei von einem Großteil der Bevölkerung, auch den betroffenen Frauen, unterstützt.

Die trüben Erfahrungen der ehemaligen «Bruderstaaten» haben vor einem Jahr auch die Regierung der Volksrepublik China dazu bewogen, gesetzliche Vorschriften gegen den Kinderhandel einzuführen. Gemäß den dort üblichen Gepflogenheiten ist als Höchststrafe die Todesstrafe vorgesehen.

Daß Adoptivkinder aus Ost- und Südosteuropa in den westlichen Industrienationen ohne Probleme ihre Abnehmer finden, kann nicht verwundern. Die kurzen Wege zu den «heißen Stellen», die europäische Abstammung und weiße Hautfarbe und nicht zuletzt die unschlagbar niedrigen Preise bilden überzeugende Verkaufsargumente. Die 5000 US-Dollar, auf die der St. Petersburger Kinderhändler so stolz ist, würden einem südamerikanischen Berufskollegen nur ein müdes Lächeln entlocken können. Entsprechend rückläufig sind daher die Adoptionszahlen aus Asien und Südamerika.

In Asien sind organisierter, kommerzieller Kinderhandel und weitgehend undurchschaubare Praktiken vor allem noch aus Sri Lanka zu vermelden.

In Lateinamerika gilt derzeit Brasilien als Zentrum des Kinderhandels. Zwar eröffnen die politischen und sozialen Unruhen in Peru auch dort immer wieder Möglichkeiten, Kinder illegal außer Landes zu schaffen. Andererseits aber schreckt der Bürgerkrieg viele ausländische Adoptionsinteressenten ab. In Brasilien hingegen existiert seit einigen Jahren ein effektiver und professionell organisierter Dienstleistungssektor für ausländische Adoptionsinteressenten, dessen finanzielle Nutznießer vor allem einheimische Rechtsanwälte sind, von denen es etliche mittlerweile zum Dollar-Millionär gebracht haben.

Das erstaunt nicht, wenn man berücksichtigt, daß die Preise für hellhäutige Kleinkinder ins Astronomische gestiegen sind und bis zu 40 000 US-Dollar reichen können.

Moderne medizinische Techniken, wie die Ultraschall-Diagnostik, ermöglichen bereits während der Schwangerschaft die Auswahl nach dem gewünschten Geschlecht des Kindes. Gleichfalls lassen sich unliebsame Überraschungen wie eine etwaige Behinderung weitgehend ausschließen. Ein HIV-Test ist obligatorisch. Die vorgemerkten Kinder können so schon wenige Tage nach der Geburt übernommen werden.

Deutschland ist keineswegs erstmals in den letzten beiden Jahrzehnten mit dem Phänomen der interstaatlichen Adoption und damit auch des Kinderhandels in Berührung gekommen. Nach dem Zweiten Weltkrieg sind Tausende deutscher Kinder aus dem «Nachkriegs-Entwicklungsland» Deutschland in die USA, nach Australien und Südafrika, nach Skandinavien und in die Benelux-Staaten vermittelt worden. Oftmals unter ähnlich obskuren Umständen, wie es heute aus den Ländern der Zweiten und Dritten Welt in unsere Richtung geschieht. Dabei hatte in den 50er und 60er Jahren die kommerzielle Komponente zunehmend an Bedeutung gewonnen. In jener Zeit wurden rund 30 Prozent aller deutschen Adoptivkinder von Ausländern adoptiert. Schwangere Frauen und junge Mütter wurden mit finanziellen oder anderen materiellen Versprechungen ins Heimatland der Adoptionsinteressenten gelockt und dort zur Hergabe ihrer Kinder genötigt.

Exakte Daten und nähere Erkenntnisse über die sozialen Hintergründe der Adoption von Kindern aus den armen Ländern der Erde liegen in Deutschland bisher kaum vor. Abgesicherte und repräsentative Untersuchungen gibt es weder für die Bundesrepublik noch für die meisten anderen Empfängerländer.

Lediglich die Gemeinsame Zentrale Adoptionsstelle der vier norddeutschen Bundesländer in Hamburg hat 1988 eine Studie vorgelegt, in der für einen Untersuchungszeitraum von vier Jahren anhand einer repräsentativen Stichprobe Einzelheiten über den Umfang kommerzieller, illegaler und krimineller interstaatlicher Adoptionen, über Herkunft, Alter und familiäre Beziehungen der adoptierten Kinder und soziale Basisdaten über die Adoptiveltern ermittelt worden sind. Danach waren von 1984 bis einschließlich 1987 nur 45 Prozent aller interstaatlichen Adoptionen durch staatliche, staatlich anerkannte oder registrierte Adoptionsvermittlungsstellen im In- oder Ausland vermittelt worden. Heute – einige Jahre später – ist der Anteil dieser offiziellen und im Regelfall seriösen Vermittlungen noch erheblich geringer geworden, da seither einige der renommierten Auslandsvermittlungsstellen in der Bundesrepublik ihre Vermittlungstätigkeit eingestellt, weitgehend eingeschränkt oder auf Gruppen von Kindern konzentriert haben, an denen durchschnittliche Adoptionsinteressenten wenig Gefallen finden, weil es sich bei ihnen um ältere, chronisch kranke oder behinderte Kinder handelt. Es ist kein Zufall, daß sich vor allem jene Auslandsvermittlungsstellen, die die Verhältnisse in den Heimatländern der Kinder aus langjährigen eigenen Erfahrungen kennen, zunehmend aus der Vermittlungstätigkeit zurückziehen. Nahezu alle Auslandsvermittlungsstellen in der Bundesrepublik lehnen es heute ab, als «Baby-Agentur» für unfreiwillig kinderlose Paare zu fungieren.

In derselben Untersuchung wurde festgestellt, daß rund 25 Prozent aller interstaatlichen Adoptionen einen eindeutigen und nachweisbaren kommerziellen, illegalen oder gar kriminellen Hintergrund hatten. Bereits seinerzeit war darüber hinaus von einer erheblichen Dunkelziffer auszugehen, da selbstredend weder die kommerziellen Vermittlungsagenturen noch deren Kunden, die Adoptiveltern, bereit waren und sind, Behörden und Gerichten Auskunft über die benutzten Methoden zu geben. Da seither der Anteil der Adoptionen, die nicht von staatlich anerkannten und kontrollierten Vermittlungsstellen in die Wege geleitet werden, deutlich gestiegen ist, spricht alle Erfahrung dafür, daß gleichzeitig auch die illegalen und kriminellen

Praktiken dementsprechend zugenommen haben. Eine Vielzahl spektakulärer Einzelfälle und von internationalen Medien weltweit publizierter Kinderhandelskandale in den letzten zwei, drei Jahren indiziert dies nachdrücklich.

Die kurze Situationsanalyse für den Bereich der Bundesrepublik bedarf allerdings insoweit der Relativierung, als der Anteil interstaatlicher Adoptionen hier im Vergleich zu anderen hochentwickelten Industriestaaten der westlichen Welt mit rund 20 Prozent eher bescheiden ist. In den meisten Industriestaaten Europas und Nordamerikas liegt er erheblich über 50 Prozent, bisweilen nahe bei 100 Prozent. Etliche dieser Staaten haben ähnliche Probleme mit den Auswüchsen des weltumspannenden Adoptionsgeschäfts. Die vielerorts zu beobachtende Verschärfung gesetzlicher und administrativer Maßnahmen, beispielsweise in den Niederlanden, in Frankreich, Italien oder der Schweiz, legt ebenso wie die oftmalige Beschäftigung internationaler Gremien mit den Problemen des Kinderhandels hierüber beredtes Zeugnis ab. Neben Europarat und Europaparlament haben sich auch die Organisation Amerikanischer Staaten und die Vollversammlung der Vereinten Nationen mehrfach des Themas annehmen müssen. Hat man bei der Verabschiedung der ersten UN-*Charta des Kindes* im Jahre 1959 noch geglaubt, mit der apodiktischen Aussage: «Das Kind ist vor Vernachlässigung, Grausamkeit und Ausnutzung jeder Art zu schützen. Es ist in keinem Fall Gegenstand eines Handels» auskommen zu können, sind bei der 30 Jahre später von demselben Gremium verabschiedeten *Konvention über die Rechte des Kindes* gleich mehrere Artikel den Problemen des Kinderhandels und der interstaatlichen Adoption gewidmet.

Die Ursachen in den Herkunftsländern

Die Frage nach den Ursachen des internationalen Handels mit Adoptivkindern verführt dazu, eine rasche Antwort in dem Antagonismus zwischen dem Reichtum des Nordens und der Armut des Südens und Ostens zu suchen, wie es z. B. die amerikanische Adoptions-Bestsellerautorin Betty Jean Lifton tut, wenn sie in einem ihrer Bücher kritisch konstatiert: «Wie kostbare Schößlinge werden Kleinkinder aus Korea, Thailand, Lateinamerika importiert – von erfinderischen Reichen geerntet auf den Feldern der degenerierten Armen.»

Zweifellos rufen die jährlichen Katastrophen-Statistiken der UNI-CEF, die die Sterblichkeit von Kindern unter fünf Jahren zwischen 12 und 14 Millionen ansiedeln, bei vielen Menschen den spontanen Wunsch hervor, wenigstens einem dieser Kinder durch eine Adoption helfen zu wollen. Ignoriert wird dabei allerdings die Tatsache, daß annähernd 70 Prozent der Todesfälle von Kleinkindern auf Durchfallerkrankungen oder einfachen, bei uns längst ausgerotteten Kinderkrankheiten wie Masern, Tetanus oder Keuchhusten beruhen, die mit simplen Rehydrationsmaßnahmen und Impfungen verhindert werden könnten.

Der finanzielle Aufwand dafür, diesen Kindern das Überleben zu ermöglichen, entspricht dem Gegenwert von 1½ Zigarettenschachteln pro Kind oder dreier moderner Kampfflugzeuge auf deren Gesamtheit bezogen. Allzugerne übersehen wird auch, daß diese Kinder in aller Regel gemeinsam mit ihren Eltern und Geschwistern das Elend teilen, es sich also keineswegs um elternlose Waisen handelt. Als humanitäres Mäntelchen aber werden solche Argumente und Zahlen von Adoptiveltern und deren Interessenverbänden immer wieder dem Ansinnen nach der direkten Inbesitznahme eines ausländischen Kindes umgehängt, wenn sie sich kritischen Fragen nach den Adoptionsmotiven gegenübersehen. Nicht zur Kenntnis genommen wird schließlich, daß ausländische Adoptivkinder keineswegs aus den 40 ärmsten Staaten der Erde, die Jahr für Jahr von der Weltbank ganz überwiegend im südlichen Teil Afrikas geortet werden, stammen, sondern in der Mehrzahl aus Schwellenländern oder sich entwickelnden Industriestaaten. Die anspruchslose Formel «Reicher Weißer rettet armes Negerbaby» verschleiert mehr, als sie aufzudecken vermag. In größter argumentativer Not wird dann gerne zu dem verbalen Rettungsanker gegriffen, «daß es dem Kind doch in Deutschland allemal besser gehe als in seinem Heimatland». Logisch zu Ende gedacht kann dies nur bedeuten, daß sich deutsche Adoptionsbewerber in etwa 170 Staaten der Erde, denen es wirtschaftlich schlechter geht, bedienen dürfen.

Mehr Plausibilität als solche «Missionarslogik» vermittelt hingegen ein Blick auf handfeste politische und sozioökonomische Faktoren. Unbestreitbar ist, daß Krieg und andere Formen direkter oder indirekter Aggression − beispielsweise ökonomische oder ideologische

Konflikte – einen entscheidenden Anteil an der Entwurzelung und Verlassenheit von Kindern haben. Leuchten diese Phänomene als Resultat militärischer Auseinandersetzungen wie in Südkorea und Vietnam, in der Bürgerkriegsregion Mittelamerika oder auch im Nachkriegsdeutschland auf den ersten Blick ein, werden die sozialen Folgen des Wirtschaftskrieges der Industrienationen gegen die rohstoffproduzierenden Länder und des ideologischen oder «kalten» Krieges der westlichen gegen die östlichen Staaten zumindest beim zweiten Hinschauen deutlich. Die Zerstörung der mikro- wie makrosozialen Infrastruktur bei den Verlierern solcher Auseinandersetzungen führt nahezu zwangsläufig auch zum Zerfall bis dato gefestigter familiärer und gesellschaftlicher Bindungen. Der Kampf ums Überleben unter rein materiellen Vorzeichen kann auch jahrhundertelang gewachsene moralische und kulturelle Werte, die den Zusammenhalt von Großfamilie, Dorf- oder Stammesgemeinschaft und des sozialen Gemeinwesens garantiert haben, ins Wanken bringen.

Die Notwendigkeit für Eltern, ihre Arbeitskraft während des ganzen Tages – auch an weit entfernten Orten – zur Verfügung stellen zu müssen, um selbst überleben zu können, führt dazu, daß diejenigen Familienmitglieder, die dazu zu schwach sind, also die Alten und die Kinder, zurückgelassen werden (müssen). Sie, die den ökonomischen Gesetzmäßigkeiten nicht mehr oder noch nicht folgen können, bleiben auf der Strecke. Sie werden sich selbst überlassen, was beispielsweise die große Zahl von Straßenkindern gerade in den sog. Schwellenländern belegt, oder aber tragen wenigstens durch ihren Verkauf als Adoptivkind zum familiären Lebensunterhalt bei.

Daß moralische Kategorien ökonomischen Zwängen nur schwerlich gewachsen sind und in aller Regel im täglichen Überlebenskampf verdrängt werden, ist keine neue Erkenntnis. Kurz: Der internationale Kinderhandel ist in erster Linie Resultat aggressiver politischer und ökonomischer Auseinandersetzungen und damit eine spezifische Form skrupellosen Kriegsgewinnlertums.

Regionale Sonderfaktoren mit ethnischem oder religiös-kulturellem Hintergrund können gleichfalls von Bedeutung sein. Dazu gehört der in Lateinamerika weit verbreitete «Machismo», der Männern erlaubt, unverheiratete Frauen zu schwängern und sie danach zu verlassen, ohne sozialer Ächtung anheimzufallen. Oder die in Teilen Asiens

zunehmend anzutreffende Materialisierung vieler Lebensbereiche im
Gegensatz zu einer geistig-religiösen Verankerung, die vor noch gar
nicht allzu langer Zeit, auch auf einem materiell niedrigen Niveau,
familiäre und soziale Strukturen funktionsfähig erhalten hat.

Wie bedeutsam dieser Aspekt sein kann, zeigt die Tatsache, daß
nahezu der gesamte islamische Kulturkreis, in dem in den letzten Jahren derartige fundamentale Bindungen eher forciert worden sind,
vom Problem des internationalen Handels mit Adoptivkindern so gut
wie nicht berührt ist. Erkennbar wird dies beispielsweise daran, daß
im Libanon interstaatliche Adoptionen und Kinderhandel nur die
christliche Bevölkerungsgruppe betreffen, nicht aber den islamischen
Teil der Bevölkerung, dessen materielle Situation überwiegend
schlechter ist. Auch die strikte Weigerung der bosnischen Muslime
und ihrer Administration, Kinder – selbst wenn sie das Produkt der
Vergewaltigungsorgien serbischer Freischärler sind – ausländischen
Interessenten zur Adoption zu überlassen, hat u. a. diesen Hintergrund. Die Beispiele verdeutlichen andererseits, daß hier das logische
Sortiment westlicher Überzeugungen an seine Grenzen stoßen muß.
Es erscheint nur schwer vorstellbar, daß elternlose Kinder im sozial
und staatlich zerrütteten Libanon, mehr noch die ungewollten Kinder
serbischer Vergewaltiger im muslimischen Teil Bosniens, tatsächlich
ein hinreichend versorgtes, beschütztes, ja sogar geliebtes Mitglied
der islamischen Gemeinschaft sein können. Zumindest bis zum Beweis des Gegenteils aber sollten wir uns davor hüten, diese Kinder als
zwangsläufig schützenswerte Hilfsobjekte für die abendländische
Gemeinschaft einzufordern.

Die Ursachen in den Empfängerländern

Warum dies dennoch immer wieder und vehement getan und dabei
auch vor kommerziellen, illegalen oder kriminellen Methoden nicht
zurückgeschreckt wird, mag ein Blick auf die Ursachen dieser scheinbar so selbstlosen Hinwendung zum ausländischen, gar andersfar-
bigen Adoptivkind in westeuropäischen und nordamerikanischen
Staaten verdeutlichen, die weder in der Vergangenheit noch in der
unmittelbaren Gegenwart für eine besonders ausgeprägte Ausländer-
freundlichkeit gerühmt werden können.

Ebenso banal wie schlüssig ist an erster Stelle das sozialpsychologische und -medizinische Phänomen der unfreiwilligen Kinderlosigkeit in allen hochentwickelten Industriestaaten zu nennen. Jedem siebten Ehepaar in Deutschland bleibt leibliche Nachkommenschaft versagt. Die mannigfachen Anstrengungen der Fertilitätsmedizin, die in den letzten Jahren auch vor aberwitzigsten Experimenten nicht zurückgeschreckt ist, sind ein Ausdruck des frustrierten Kinderwunsches. Ein anderer sind die interstaatliche Adoption und – als deren negativer Auswuchs – der grassierende Kinderhandel. Weit über 90 % der in Deutschland auf die Vermittlung eines Adoptivkindes wartenden Bewerber sind unfreiwillig kinderlose Ehepaare, die vielfach aufgrund ihres hohen Lebensalters kaum eine Chance haben, ein gesundes Kleinkind zu adoptieren. Für einen Teil von ihnen ist der Kinderwunsch so dominierend und im medizinischen Sinne geradezu pathologisch geworden, daß sie offenbar jede moralische Hemmschwelle zu überschreiten bereit sind. Dies gilt um so mehr, als Kinder in Deutschland im letzten Jahrzehnt einen wachsenden sozio-kulturellen und politischen Stellenwert erlangt haben, auch wenn sich dies nicht in einer sonderlich kinderfreundlichen Politik niederschlägt. Für viele Paare, deren materieller Wohlstand die Sättigungsgrenze erreicht hat, die auch beruflich saturiert sind, soll ein Kind an der Schwelle zur zweiten Hälfte ihres Daseins jenen Lebenssinn stiften, der vielen Mitgliedern der Wohlstandsgesellschaft abhanden gekommen ist und der auch durch den Erwerb und Konsum noch so luxuriöser Güter nicht zurückgewonnen werden kann. Diese ohne Zweifel bedrückende psychische Situation kann in letzter Konsequenz dann dazu führen, daß auch das Subjekt «Kind» der Logik der Warenwirtschaft unterworfen wird. Das Kind verkommt zu einem psychischen Surrogat, es wird käuflich wie andere Artikel auf dem florierenden Markt der Psychohygiene auch.

Hinzu kommt – und hier besteht durchaus eine Verbindung – ein spezifisches Verhältnis vieler Bundesbürger zu den Staaten der Zweiten und Dritten Welt und deren Bevölkerung. Wir nehmen ganz selbstverständlich für uns in Anspruch, die natürlichen Ressourcen anderer Regionen der Erde gegen unverhältnismäßig geringe Bezahlung verkonsumieren zu dürfen. Wir kaufen bedenkenlos deren billige Industrieprodukte auf, bedienen uns so der ausgebeuteten Arbeitskraft von Männern, Frauen und Kindern in diesen Ländern und erwerben Frauen aus Asien, Südamerika und Osteuropa als Prostituierte oder Ehefrauen. Daß bei einer solchen gesellschaftlich überwiegend tolerierten Sichtweise der Beziehungen zwischen Erster und allen «anderen Welten» auch Kinder zur Handelsware werden können, liegt auf der Hand. Der in der entwicklungspolitischen Diskussion geprägte Begriff der «Körperkolonien» (G. Wuttke) beschreibt treffend diese neue Form kolonialistischer Expropriation. Die sozialpädagogische Praxis spricht ebenso zynisch wie realistisch von «Kindern dritter Wahl», die das versagt gebliebene eigene Kind und das kaum erreichbare deutsche Adoptivkind ersetzen sollen. Die gebärfähigen Frauen in Asien, Südamerika und Osteuropa werden zur ideellen Gesamtleihmutter des infertilen Westens. Etwaige moralische Restbedenken werden mit dem unreflektierten Bewußtsein überspielt, etwas «Gutes» zu tun.

Ein indischer Sozialwissenschaftler hat vor einigen Jahren schon die Gesinnung solcher Adoptiveltern mit der von «kolonialen Damenkaffeekränzchen, die Pulswärmer für arme Negerkinder stricken», verglichen.

Allein, die – wohlfeile – kritische Darstellung des ungleichen Verhältnisses zwischen Nord und Süd/Ost und der daraus abzuleitenden bzw. dafür verantwortlichen Bewußtseinslage unserer Bevölkerung aber reicht nicht aus, um derart perfide Machenschaften wie den Handel mit Säuglingen und Kleinkindern zu erklären. Deutlich wird darin auch, daß in der gesamtgesellschaftlichen Psyche offenbar tief verinnerlichte ökonomische Prinzipien wie die von «Geld gegen Ware» und von «Angebot und Nachfrage» auch bei der interstaatlichen Adoption als nahezu selbstverständlich akzeptiert werden. Andere Marktkategorien wie feste und frei verhandelbare Preise, Trends und Moden, direkte Abnahme oder Katalogversand sind ebenfalls beim Handel mit Adoptivkindern auszumachen. So finden denn letztlich die Kommerzialisierung und Verdinglichung weiter Lebensbereiche in unserer Gesellschaft auch in der elementarsten menschlichen Beziehung, der zwischen Eltern und Kind, ihre Entsprechung. Fernab aller lästigen Moral bringt es der Manager eines westdeutschen Konzerns, der seiner Gattin von einer Geschäftsreise nach Asien das langersehnte Kleinkind mitgebracht hat, auf den Punkt: «Ich weiß gar nicht, was Sie wollen? Das Reitpferd meiner Frau war teurer.»

Je weißer, desto teurer
Methoden des Handels mit Adoptivkindern

von Rolf P. Bach

Die Methoden der Beschaffung und Vermarktung von Adoptivkindern sind ebenso vielfältig wie abstoßend. Sie variieren je nach Ort, Zeitpunkt und Umfang des Geschäfts und reflektieren darüber hinaus die jeweilige Rechtslage im Empfänger- oder Herkunftsland. Dennoch finden sich gewisse Grundmuster immer wieder.

Die kriminellen Methoden des Kinder-Schwarzmarktes

Üblich und am weitesten verbreitet ist die *Fälschung von Urkunden*, die für die Abwicklung eines Adoptionsverfahrens von Bedeutung sein können. Das reicht von gefälschten Geburts- und Personenstandsurkunden über Sozialberichte (home studies), die von den Adoptionsinteressenten selbst oder Dritten verfaßt werden und mit Hilfe simpler Kopiertechniken den Anschein eines jugendamtlichen Dokuments aus dem Heimatland der Adoptionswilligen erhalten, bis hin zu falschen Einwilligungserklärungen, in denen fremde Personen in die Adoption ihres angeblichen Kindes einwilligen.

Erheblich zugenommen hat in den letzten Jahren eine Methode, die sich sog. Reise- bzw. Transportmütter, wie sie im Jargon der Ermittlungsbehörden genannt werden, bedient. So werden Frauen bezeichnet, die fremde Kinder meist mit Hilfe einer ebenfalls gefälschten, privaten Vollmacht aus ihren Heimatländern in die Empfängerländer einschleusen.

Dort geht man entweder mit den Adoptionsinteressenten oder einem sog. Zwischenvermittler zu einem einheimischen – also unverdächtigen – Notar, erklärt die Einwilligung in die Adoption, nimmt das meist sehr geringe Salär in Empfang und reist nach wenigen Tagen wieder aus. Die ganze Transaktion läßt sich innerhalb einer Woche abwickeln. Für die Einreise bedarf es lediglich eines meist unproblematisch zu erhaltenden Touristenvisums.

Vor allem bei Kindern aus Ost- und Südosteuropa hat eine Methode zunehmend an Beliebtheit gewonnen, die allemal dafür sorgt, daß selbst der hartleibigste Konsularbeamte einer deutschen Auslandsvertretung den Visumstempel zückt: die Behauptung, die, falls notwendig, ebenfalls durch eine gefälschte ärztliche Bescheinigung untermauert wird, daß das Kind dringend medizinischer Behandlung bedürfe, die es in seinem Heimatland nicht erhalten könne. Ist das Kind dann erst einmal einige Wochen oder Monate in Deutschland, soll es dann plötzlich adoptiert werden, um eine dauerhaft gute medizinische Versorgung sicherzustellen, die es auf absehbare Zeit im Heimatland nicht gäbe, zumal die Eltern bzw. die Mutter nunmehr erklärt hätten, daß sie für das Kind ohnehin nicht sorgen könnten und wollten und deshalb auf eine Rückkehr verzichteten, und man sich schließlich so sehr aneinander gewöhnt habe.

Die makaberste Variante im Bereich der Fälschungsdelikte ist der sog. Totenscheintrick. Dabei wird nach Ausstellung eines Totenscheines für ein neugeborenes Baby, das in Wahrheit quicklebendig ist, eine Geburtsurkunde mit falschem Namen – häufig bereits mit dem der künftigen Adoptiveltern – ausgefertigt, um das Kind ohne Schwierigkeiten außer Landes bringen zu können. Die leiblichen Eltern werden entweder in diese Manipulation mit einbezogen oder aber tatsächlich in dem Glauben gelassen, daß ihr Kind gestorben sei. Diese «originelle Idee» ist erstmals in den siebziger Jahren im indischen Kalkutta, später dann in einer Armenklinik der kolumbianischen Hauptstadt Bogotá in großem Stil realisiert worden. Auch die Leiterin einer spanischen Entbindungsklinik auf Gran Canaria hat sich auf diese Weise Anfang der achtziger Jahre ein kräftiges Zubrot verdient. Perfektioniert hat diese Methode ein türkischer Arzt in Istanbul, indem er für ahnungslos nachfragende leibliche Eltern Babyleichen in den Kühlfächern seiner Klinik vorrätig hielt.

Daß die *Bestechung* in vielen Staaten der Zweiten und Dritten Welt ein allfälliges Mittel ist, um rechtliche und administrative Schwierigkeiten zu überwinden, ist weithin bekannt. Folglich spielt die Korruption auch bei vielen interstaatlichen Adoptionen – selbst bei legalen – eine erhebliche Rolle, um Behörden- und Gerichtsmitarbeitern den Weg zu schnellen und unbürokratischen Entscheidungen zu «erleichtern». Ein deutscher Kinderhändler erläutert seinen Kunden lakonisch: «Daß es trotz aller Widrigkeiten doch weitergeht, begründet sich darin, daß immer mehr erhöhte Bestechungsgelder und Gewinnspannen die Helfer verführen.» Eher skurril mutet es an, wenn in manchen Herkunftsländern der Kinder Dokumente verlangt werden, die es schlicht und einfach nicht gibt, die aber bei den zuständigen Behörden für eine erkleckliche Summe gekauft werden können und nach dem Handel sofort wieder im Papierkorb landen. Feinsinniger war da schon der Hinweis einer peruanischen Richterin an bundesdeutsche Adoptionsinteressenten, daß ihre eigenen Kinder zur Förderung deren musischer Fähigkeiten dringend ein Klavier benötigten und daß die Beschaffung desselben die anstehenden Adoptionsverfahren sicherlich beschleunigen würde.

In der Natur der Sache liegt es begründet, daß auch die «klassische» Methode der *Kindesentführung* zu den Praktiken der Kinderhändler gehört. Gelegentlich werden Kinder in unbewachten Augenblicken unversehens und brutal aus den Hütten der Eltern herausgezerrt, häufiger aber in den Straßen der Innenstädte und der Slums der großen Metropolen Asiens, Südamerikas und Osteuropas aufgelesen, wo sie sich unbegleitet aufhalten oder ihrer kindlichen Erwerbsarbeit nachgehen. Das brasilianische «Baby Bruna» hat es vor einiger Zeit als Opfer einer solchen Entführung zu Adoptionszwecken zu weltweiter Berühmtheit gebracht. Das Kind hatte das Glück, daß seine Eltern der brasilianischen Mittelschicht angehören und sich nicht mit fadenscheinigen Erklärungen und lustlosen Fahndungsbemühungen der einheimischen Ermittlungsbehörden abspeisen ließen, wie das viele andere Eltern, die den untersten sozialen Schichten angehören und häufig Analphabeten sind, mit sich geschehen lassen müssen. Brunas Eltern konnten zudem einen privaten britischen Fernsehsender für ihr Schicksal interessieren, der es sich 500 000 US-Dollar kosten ließ, über eineinhalb Jahre hinweg den Weg des Kindes, das über Paraguay nach Israel geschafft worden war, zu verfolgen. Die Unkosten des Senders waren schnell wieder eingespielt, als es gelang, auf offener Straße Bruna, ihre Adoptivmutter und ihre leibliche Mutter vor laufender Kamera miteinander zu konfrontieren und dadurch lebensnah und zeitgemäß den «kaukasischen Kreidekreis» in die Fernsehstuben in aller Welt zu übertragen. Nach monatelangem juristischem Tauziehen wurde «Baby Bruna» seinen Eltern zurückgegeben und im Triumphzug nach Brasilien zurückgebracht. Über die anderen 3000 Kinder, die nach Schätzungen der brasilianischen Bundespolizei jährlich illegal von Ausländern adoptiert werden, wird kaum ein Wort verloren. Trotz mancher Anläufe ist nicht absehbar, wann sich in Brasilien endlich eine halbwegs zivilisierte Adoptionspraxis durchsetzt, wie sie mittlerweile in vielen anderen südamerikanischen Staaten existiert. Warum das so ist, wird auch aus den Äußerungen eines brasilianischen Kinderhändlers deutlich, auf dessen Hazienda Dutzende Babys gefunden worden sind und der behauptete, daß «im internationalen Kinderhandel mehr, schneller und vor allem risikoloser als im Rauschgifthandel Geld zu verdienen» sei. Was die Höhe der Profite angeht, so mag man daran zweifeln. Was die Risikoeinschätzung des Händlers mit der Ware Mensch angeht, gibt es darüber unter internationalen Experten keinen Streit.

Auch die Entführungsmethoden aber haben sich in den letzten Jahren verfeinert. Vor allem in Lateinamerika sind Kinderhändler auf den Trick verfallen, leiblichen Eltern, vor allem alleinstehenden Müttern, die Probleme mit der Unterbringung ihrer Kinder haben, weil sie den Lebensunterhalt für sich und ihre Kinder verdienen müssen, die Aufnahme eines oder mehrerer Kinder in ein privates Kinderheim vorzuschlagen, wo sie rundherum gut versorgt seien. Wollen die Mütter ihre Kinder wieder abholen oder besuchen, müssen sie feststellen, daß diese schon längst verschwunden und ausländischen Adoptionsinteressenten übergeben worden sind. Einem weit verzweigten Kinderhändlerring in Kolumbien ist es auf diese Weise gelungen, mehr als 500 Kinder zu Preisen zwischen 10 000 und 15 000 US-Dollar ins Ausland zu verschachern.

Die Grauzone des kommerziellen Kinderhandels

Neben diesen handfest kriminellen Methoden der Kinderbeschaffung aber existiert eine unüberschaubare Grauzone schlicht kommerziellen Kinderhandels, der für die Versorgung des Marktes in quantitativer Hinsicht von ungleich größerer Bedeutung ist.

In den Staaten Mittel- und Südamerikas, zunehmend aber auch Ost- und Südosteuropas, sind es insbesondere einheimische Rechtsanwälte und Ärzte, die sich für lukrative Honorare als Adoptionsvermittler betätigen und deswegen ihren Einfluß immer dann massiv geltend machen, wenn in der Öffentlichkeit oder im Parlament Maßnahmen gefordert werden, um ihrem Treiben Einhalt zu gebieten. Diese akademischen Ehrenmänner und -frauen lassen durch Helfershelfer in abgelegenen, ländlichen Gebieten oder in den Slums der Großstädte schwangere Frauen oder junge, meist unverheiratete Mütter suchen, die bereit sind, eines ihrer Kinder für einen Betrag, der selten über 1000 DM liegt, abzugeben. Wenn die Kinder nicht direkt aus der Entbindungsklinik vermittelt werden können, werden sie in Häusern untergebracht, die von den Vermittlern finanziert werden (sog. Pflegenester oder Masthäuser). Dort werden sie in einer fast familiären Situation versorgt, medizinisch betreut und mit teurer Kindernahrung aufgepäppelt, die für ihre Altersgenossen in normalen, einheimischen Familien oder gar Heimen unerschwinglich ist.

Ein brasilianischer Anwalt, der mit aufwendigen Inseraten in der größten deutschen Wochenzeitung, die sich in ihrem redaktionellen Teil in regelmäßigen Abständen sachkundig und glaubwürdig der Mißstände des Kinderhandels annimmt, auf sich aufmerksam macht, schildert exemplarisch sein Geschäftsgebaren so (unverändertes Originalzitat):

«*Gern übernehme ich den Adoptionsprozeß. Ich kenne seit Jahrzehnten Land und Leute und besitze größte Erfahrung (...) In den Honorarspesen von 11 000 DM sind die gesamten Gerichtsspesen, neuer Geburtsschein, Adoptions-Urteil, Ausreisegenehmigung der Bundes-Polizei und was dazugehört inbegriffen. Das ausgesuchte Kind kommt sofort in ein sehr gutes Kinderheim mit voller mütterlicher Verpflegung unter meiner Aufsicht. Sie hätten nur 19,50 DM pro Tag an Pension zu zahlen sowie die ärztlichen und Laboratoriums-Untersuchungen sowie die Einkleidungsspesen, da es sich ja immer um sehr arme Kindchen handelt (...) Überweisen Sie bitte 8000 DM auf mein Konto (...) Ich gebe sofort mit Telex den Auftrag, ein gewünschtes Kind zu suchen und ins Kinderheim zu bringen. In den 8000 DM ist die Hälfte der Honorar- und Gerichtsspesen und drei Monate Kinderheim inbegriffen (...) Die Arbeit vor dem Gericht und das Suchen von Kindern, besonders wenn sie hellhäutig sein sollen, ist sehr, sehr mühsam, anstrengend und langwierig und es sind immer zwei bis drei Advocaten fast täglich damit beschäftigt (...) Das Kinderheim ist privat und nicht staatlich. Nur durch beste Beziehungen und spezielle Gratifikationen bekommt man kurzfristig einen Platz für ein Kind. 19,50 DM ist fast geschenkt (...) Ein Großteil der an Kindern interessierten Ehepaare, besonders aus Frankreich, ganz Skandinavien u. a. kommen uns zuvor und bieten sehr hohe Honorare an, ohne unsere Preisangaben abzuwarten. Fast alle über 15 000 – 18 000 DM (...) Eine Adoption eines oder mehrerer Kinder aus Ländern, die 10 000 km und mehr entfernt liegen, können sich nur Leute mit etwas Geld erlauben (...) Mein Anwaltsbüro ist noch das billigste (...) Hellhäutige (weiße) Kinder geben viele Male mehr Arbeit als braune oder schwarze, denn die Armut und der Kinderreichtum sind auch mehr bei den farbigen Leuten (...) Das Kinderheim ist notwendig, weil das Kind nicht bei der Mutter bleiben darf, weil diese es bereuen könnte.» (...)*

In der Mehrzahl solcher Fälle liegen formal einwandfreie Einwilligungserklärungen und gerichtliche Adoptionsbeschlüsse vor, wenngleich auch unter den Anwaltsvermittlungen solche bekannt sind, bei denen Kinder entführt worden sind oder nicht die tatsächlichen Eltern, sondern dritte Personen die notwendigen Urkunden unterzeichnet haben. Sind Krankenhausärzte, gelegentlich auch Hebammen, an kommerziellen Vermittlungen beteiligt, gestaltet sich das Verfahren oft noch einfacher, indem die leiblichen Eltern oder Mütter gar nicht erst personenstandsrechtlich als solche registriert werden, sondern gleich die Adoptionsinteressenten wie leibliche Eltern eingetragen werden. Dann bedarf es weder Einwilligungserklärungen noch gerichtlicher oder behördlicher Adoptionsgenehmigungen. Nach Rückkehr der Adoptionsinteressenten in die Bundesrepublik sind Behörden und Gerichten hier weitgehend die Hände gebunden, da aufgrund äußerlich korrekter Dokumente, der großen Entfernungen und der daraus resultierenden schwierigen Zusammenarbeit mit Behörden und Gerichten im Heimatland des Kindes eine detaillierte Aufklärung kaum noch möglich ist. Die diplomatischen Vertretungen der Bundesrepublik tun kaum etwas, um solche Transaktionen zu verhindern oder zumindest doch bei deren Aufklärung zu helfen. Sie scheinen vielmehr ihre Aufgabe eher darin zu sehen, den deutschen Adoptionsinteressenten im fernen Ausland hilfreich zur Seite zu stehen. So erhalten manche der Kinder bereits im Ausland von der deutschen diplomatischen Vertretung einen vorläufigen deutschen Kinderausweis oder Paßersatz, um ihnen die Einreise in die Bundesrepublik zu ermöglichen. Andere Botschaften und Konsulate verteilen selbst dann großzügig Touristenvisa an die Kinder, wenn das 1991 neu gefaßte Ausländergesetz diese Möglichkeit nicht vorsieht. Gelegentliche Rundschreiben des Auswärtigen Amtes in Bonn, die derartigem Vorgehen einen Riegel vorschieben sollen, schaffen meist nur kurzfristig Abhilfe und scheinen bald wieder vergessen zu sein.

Der «Vaterschaftstrick» oder: «das Gegrunze von der Menschenwürde»

Eine andere Variante des gewöhnlichen, kommerziellen Kinderhandels hat in den letzten Jahren weite Verbreitung gefunden, da es mit ihr möglich ist, selbst verschärfte Adoptionsgesetze in den Herkunfts- oder Empfängerländern zu umgehen und zudem noch den finanziellen Aufwand deutlich zu reduzieren. Vor allem aus den asiatischen Staaten Sri Lanka, Thailand und den Philippinen, neuerdings auch aus Polen und Rumänien werden Kinder zusammen mit ihren tatsächlichen oder angeblichen Müttern mit einem Touristenvisum in die Bundesrepublik eingeflogen. Die Frauen geben unmittelbar nach Ankunft vor einem deutschen Notar ihre Einwilligungserklärung zur Adoption ab und verlassen in den darauffolgenden Tagen wieder das Land. Die Vermittlungsagenturen, die zwischen 15 000 und 30 000 DM für ihre Dienste verlangen, minimieren so die eigenen Unkosten, aber auch die Gefahr, sich mit den gelegentlich sehr rabiaten Justiz- und Polizeiorganen in der Zweiten und Dritten Welt auseinanderzusetzen zu müssen. Oftmals wird diese Methode mit einer – wahrheitswidrigen – Anerkennung der Vaterschaft für das Kind durch den männlichen deutschen Adoptionsinteressenten verbunden. Dieser hat nach deutschem Recht die legale Möglichkeit, sein angeblich nichteheliches Kind für ehelich erklären zu lassen (Legitimation). Die Ehefrau kann dann später das für ehelich erklärte Kind ihres Mannes adoptieren. Weil das Kind durch die Ehelicherklärung bereits den Familiennamen und die deutsche Staatsangehörigkeit erworben hat, handelt es sich bei der nachfolgenden Adoption durch die Ehefrau nicht mehr um eine sog. Auslandsadoption. Die Behörden, die kraft Gesetzes mit Auslandsadoptionen befaßt sind und daher auch über detaillierte Erfahrungen mit den diversen illegalen Methoden verfügen, werden auf diese Weise ausgeschaltet. Dort, wo Behörden und Gerichte in den Herkunftsländern der Kinder mißtrauisch geworden sind und intensivere Kontrollen bei der Aus- und Wiedereinreise der tatsächlichen oder angeblichen Mütter durchführen, sind die Vermittlungsagenturen inzwischen dazu übergegangen, als Zielflughafen bei der Ausreise erst einmal ein anderes naheliegendes Einreiseland anzugeben, um sodann von dort aus nach Deutschland einzureisen. Zwei der größten und professionellsten kommerziellen Vermittler in der Bundesrepublik haben sich dieser Methode in der Vergangenheit in großem Umfang bedient. Deren Geschäftskorrespondenz, «Abteilung: Baby-Traffic», liest sich wie folgt (unverändertes Originalzitat):

«Was können Sie tun, um ein Kind zu bekommen? Wir vermitteln Ihnen ein Kind (...) Auch ein vorsätzlich falsches Vaterschaftsanerkenntnis ist erlaubt. Damit sind Sie der Vater des Kindes (§ 1600 BGB). Alle Formalien sind rechtens. Die Kindsmutter erhält eine Urteilsabfindung. Dafür stimmt sie Ihrer Vaterschaftsanerkennung zu und unterschreibt beim Notar (...) Das Kind kann, wenn es erwachsen ist und wenn es mit Ihnen nicht auskommt, die eheliche Bindung wieder anfechten. Unser Vermittlungsvertrag ist sittenwidrig, deswegen muß unser Honorar vorab bezahlt werden. Ich umgehe nur einfach das Adoptionsvermittlungsgesetz (...) Also: Alles ist rundherum legal. Rufen Sie mich einfach an. Ich kann Ihnen sofort ein Kind vermitteln. Preise: 30 000 DM für ein Nahost-Kind, 15 000 DM für ein Fernost-Kind, 45 000 DM für ein deutsches Kind.»

Dieses großzügige Angebot hat sich in der Vergangenheit eine Vielzahl deutscher Adoptionsinteressenten zunutze gemacht, auch wenn in den letzten Jahren die Preise – je nach Herkunftsregion des Kindes – um 30 bis 50 Prozent gestiegen sind. Kunden, die sich mit einer ersten Anzahlung der Dienste des Babyhändlers versichert haben, läßt er durch umfangreiche Rundschreiben am Verlauf seiner Geschäfte teilhaben. Unter dem Titel: «Die freie Familie» verfaßt der Kinderhändler regelmäßige Berichte für seine Kunden, die intime Einblicke in ein Feld internationaler Geschäftsbeziehungen eröffnen, das sonst eher im Verborgenen blüht (unverändertes Originalzitat):

«Meine Tante Margret sitzt seit einem Jahr im Knast in Manila, um (inzwischen) wegen illegalen Aufenthalts abgeschoben werden zu können. Der oberste philippinische Gerichtshof hat die Abschiebung zwar vorläufig aufgehoben, aber sie hat nach wie vor den unangenehmen Ärger, ein philippinisches Gefängnis bewohnen zu müssen. Ein Kind hat man mit ihr eingesperrt und inzwischen wieder laufen lassen (...) Nicht weniger glücklich war die Befreiung der Kinder J., I. und R. (...) Diese Kinder wurden in der Wohnung meiner Tante gefunden, wo sie, ihren leiblichen Müttern für ein paar lumpige Dollars abgekauft, zu reichen, kinderlosen und deswegen herzlosen, kulturindifferenten Eltern nach Deutschland verschoben werden sollten. Ich habe mich hierdurch dennoch nicht einschüchtern lassen. Ich werde mich angesichts dessen, was meine Tante in Manila durchmacht und was eine verbrecherische Justiz an Urteilen, Anklagen und Hausdurchsuchungsbegründungen zusammenkocht, auch von einigen Eltern nicht einschüchtern lassen. Auch hier gibt es einige Kunden, die jede Solidarität vermissen lassen. Wer ein Kind bestellt, weiß, daß er einen Extraweg geht, der die Behörden umgehen soll. Es ist lächerlich, wenn so ein Mensch dann meint, mir einen Brief schreiben lassen zu können, um mir mit Behörden zu drohen, die er selbst hatte gerade umgehen wollen. Wenn mir ein Schwachkopf von Anwalt eine Frist setzt, das ‹versprochene Kind zu liefern›, werde ich erst recht diesem Wunsch nach der Frist genügen. Dieser Art Leute bekommen ihr Kind zuletzt, wenn alle anderen bedient worden sind (...)

Trotz aller Schwierigkeiten geht die Arbeit weiter. Mit Hilfe eines Schweizers namens Willi mit dem Bürgerrecht des Kantons St. Gallen kamen immerhin 8 Kinder aus Manila nach Germany. Für viele waren diese Kinder zu alt, sie wollten unbedingt ein Baby. Im Februar 1989 kamen drei Baby-Kinder, die durch alte Beziehungen meiner Tante gekauft werden konnten. Seit März 89 habe ich eine weitere Tante nach Manila geschickt, die jetzt mit zwei Kindern zurück ist. Diese Tante wird auch bei Ihnen anrufen, um das weitere Vorgehen aufgrund der nun bekannten Erfahrungen ihrer Reise zu besprechen (...)

Der Sinn der Übung ist für mich in erster Linie, daß dieser dumme Rechtsstaat und seine verlogene Moral ausgetrickst wer-

den (...) Erst in zweiter Linie will ich dafür auch Geld, das ich in der gleichen Zeit auch im Schrotthandel verdienen könnte (...) Niemand macht dies bei der behördlichen Unterdrückung und der absoluten Sicherheit, daß die Behörden sich nicht an das Gesetz halten für das Geld, das ursprünglich verlangt worden ist. So ist der arabische Geschäftsfreund, der im September 1988 zwei Kinder aus Nordafrika geliefert hatte, nun in Bangkok eingesperrt. Er wollte eine psychologische Arbeitspause in seinem Land einlegen. In dieser Frist wollte er schnell in Bangkok ein paar Kinder beschaffen (...) Soweit zum Schicksal der Mitarbeiter und der Kinder. Insgesamt sind seit dem Sommer acht Kinder durch den Schweizer und sechs Kinder durch meine Verwandten aus Manila gekommen, zwei Kinder aus Nordafrika; alles zieht sich länger hin als gedacht. In der Zwischenzeit konnte ich aber sieben deutsche Kinder vermitteln (...)

Meine (neue) Tante wird Sie deshalb nächste Woche anrufen und mit Ihnen das weitere Vorgehen besprechen.» (...)

Die zynische Offenheit dieser Suada wirft auch ein bezeichnendes Licht auf diejenigen, die sich nach solcher Lektüre weiterhin von dem Mann bedienen lassen und im Fall der Aufdeckung des Baby-Transfers vor allem ihr humanitäres Anliegen gewürdigt sehen wollen. Macht ihnen doch ihr «Lieferant» klar, daß «*das Gegrunze von der Menschenwürde dummes, hirnloses Lufterschüttern ist*».

Wegen des verschärften deutschen Adoptionsvermittlungsgesetzes hat sich dieser Kinderhändler mittlerweile nach Frankreich abgesetzt. Nachdem er in einer ganzen Reihe von Strafverfahren, u. a. wegen Betruges, Volksverhetzung, Verstoßes gegen das Kriegswaffenkontrollgesetz zu immer längeren Freiheitsstrafen auf Bewährung verurteilt worden war, schien ihm offenbar die Aussicht, nun auch wegen seines florierenden Kinderhandels verfolgt werden zu können, die Lust an dieser Sorte von Geschäften genommen zu haben. Immerhin droht der deutsche Gesetzgeber seit 1990 Kinderhändlern, die grenzüberschreitend und gewerblich tätig sind, Freiheitsstrafen bis zu fünf Jahren an.

Der Mann, der seit vielen Jahren auch im europäischen Organhandel eine höchst aktive Rolle spielt, hat sich inzwischen einem neuen lukrativen Geschäftszweig zugewandt, dessen Nähe zu seinen bisherigen Aktivitäten offenkundig ist, der jedoch bisher noch nicht die Aufmerksamkeit des Gesetzgebers gefunden hat: er verkauft jetzt «Abtreibungsprodukte» aus Rußland und anderen GUS-Staaten an die Kosmetik- und Pharmaindustrie.

V

Zumeist vergessen:
Die abgebenden Mütter

Die abgebenden Mütter

von Christine Swientek

Deutsche Inlandsadoptionen sind im letzten Jahrzehnt stark rückläufig. Das mag sowohl mit den noch relativ einfachen Möglichkeiten zum Schwangerschaftsabbruch als auch mit der zunehmenden gesellschaftlichen Akzeptanz nichtehelicher Kinder zusammenhängen.

Diese Akzeptanz – und überhaupt die Duldung von Kindern oder sogar der Wunsch nach einem Kind – ist in der Bundesrepublik Deutschland insgesamt nicht sehr hoch. Das Kind als Statussymbol – wenn alles andere bereits vorhanden ist und um Zeugungs- und Gebärfähigkeit zu demonstrieren – ist ausreichend Grund, Kinder zu bekommen oder sie zu adoptieren. «Ein Kind gehört dazu» ist das häufigst genannte Argument für eine Adoption (und ganz allgemein fürs Kinderkriegen) – nicht viel anders als das «dazugehörende» Auto, ohne das sich viele Menschen das Leben ebensowenig vorstellen können.

Abgebende Mütter in Deutschland

Bis vor ca. fünfzehn Jahren war die Adoptionswelt noch in Ordnung. Da gab es die edlen, meist gutbetuchten Adoptiveltern, die aus unterschiedlichsten (oft nicht abgeklärten) Gründen keine leiblichen Kinder bekommen konnten und deshalb einem fremden Kind «die Hand fürs Leben» reichen wollten. Wie «lauter kleine Rettungsstationen» sollten sich (laut «Bundesverband der Pflege- und Adoptiveltern») die Adoptiveltern erleben, die nicht selten mangels korrekter Aufklärung und ohne einschlägige Kenntnis des «Marktes Adoption» glaubten, ungewollte, verlassene, verwahrloste und mißhandelte Kinder «aus der Gosse gerettet» zu haben. (Mit diesem Begriff wurden und werden zahlreiche Adoptivkinder und -jugendliche im Falle von Widerspenstigkeit und Undankbarkeit ihren Errettern gegenüber konfrontiert!)

Die Kinder – so die allgemeine Auffassung – zogen mit der Adoption das große Los. Sie kamen in (äußerlich!) vollständige Familien, durften in edlen Wohnvierteln leben – finanziell gesichert und sorgfältig gepäppelt. Waldorfbeschulung und Musikunterricht, Reisen und Erbberechtigung hoben sie aus der Masse der Kinder heraus, die in der Gosse verharren mußten: arme Sozial- und Scheidungswaisen, ungeliebt und ungewollt...

Die dritte Gruppe im Adoptionsgeschehen wurde konsequent nicht beachtet: die Frauen, die diese Kinder geboren und später zur Adoption «frei» gegeben hatten. Adoptiveltern wußten (und wissen) über sie nichts bis sehr wenig. Teilweise wollen sie nichts wissen, teilweise werden sie von den Vermittlungsstellen nicht ausreichend aufgeklärt. So leben viele gut und lange mit dem vorgeblichen Wissen, bei abgebenden Müttern handele es sich um mehr oder weniger junge Schlampen, ungebildet, verantwortungslos, die Kinder in die Welt setzen, ohne sich später um sie kümmern zu können oder zu wollen. Sie haben froh und dankbar zu sein, daß gütige Menschen sich ihrer ungeliebten Produkte annehmen.

Ende der siebziger / Anfang der achtziger Jahre wurden erste Publikationen bekannt, in denen abgebenden Müttern immerhin ein gewisses Interesse entgegengebracht wurde. Eine größere Studie, in der BRD über einen Zeitraum von fünf Jahren nach Einschaltung zahlreicher Massenmedien angefertigt (Swientek 1986), bestätigte dann Zahlen und Daten von Untersuchungen anderer europäischer Länder, die den sozialpolitischen und materiellen Hintergrund der Freigabe von Kindern zur Adoption deutlich machten.

Die bislang vorliegenden Untersuchungen stammen aus Ländern, die zu den zehn reichsten Staaten der Welt gehören: USA, Schweiz, Schweden, die Bundesrepublik Deutschland... Um so eindrucksvoller sind die Zahlen, die die Ursachen / Gründe für die Freigabe von Kindern darlegen: Wirtschaftliche Gründe bzw. die Koppelung von finanziellen und sozialen Gründen liegen im Durchschnitt dieser Länder über 40 Prozent (Schweden 64 Prozent)! Dazu zählen Wohnungsnot ebenso wie Armut und Obdachlosigkeit, das Verlassenwerden durch den Kindesvater (nur maximal 10 Prozent aller Väter fühlte sich in irgendeiner Form betroffen oder verantwortlich für Mutter und Kind!), der Hinauswurf aus der elterlichen Wohnung, die Kündigung durch Arbeitgeber und/oder Vermieter – und alles des zu erwartenden oder schon geborenen Kindes wegen, das in der Stammfamilie unerwünscht, dem Arbeitgeber Sand im Getriebe und dem Vermieter schlicht lästig ist! Bei aller sozialen Absicherung in den reichen Industriestaaten scheinen Frauen, die Kinder haben, die am wenigsten Geschützten zu sein. Sie fallen nicht nur durch verschiedene Gesetzes- und Sicherungsmaßnahmen, sondern sie sind über das Kind auch erpreß- und disziplinierbar!

Auf «Druck von außen» gaben im Durchschnitt 50 Prozent aller Mütter ihre Kinder frei (Schweiz 55 Prozent)! Diese Beeinflussung bis hin zum unmittelbaren Zwang (Kindesfortnahme, Kindesentführung, Täuschung, Fehlinformation...) geht dabei sowohl von den Kindesvätern aus (sie haben bei der Adoption den Vorteil, keine Alimente zahlen zu müssen!) als auch von den potentiellen Großeltern in enger Zusammenarbeit mit den Adoptionsvermittlungsstellen. Das Interesse der Eltern der Kindesmutter liegt insbesondere in der Vermeidung von «Schande», in ihrer Angst, für das Kind aufkommen zu müssen, und in einem «erzieherischen» Aspekt: die Tochter zu strafen für ihre sexuelle «Freizügigkeit».

Adoptionsvermittlungsstellen sind für diese Konstellationen nicht selten dankbare Partner. Ihre Beteiligung am Zustandekommen von Adoptionen, am Zustandekommen der freiwilligen oder gefreiwilligten notariellen Einwilligungserklärungen der Mutter liegt für Außenstehende ziemlich im dunkeln. In der Behandlung und Beratung von hilfesuchenden Frauen haben sie einen erheblichen Machtspielraum:

● Helfen sie in der Wohnraumbeschaffung bzw. lassen sie behördenintern ihre Beziehungen spielen?

● Sorgen sie für Baby-Erstausstattung, finanzielle Dauerhilfen und Krippenplatz?

● Intervenieren sie bei den uneinsichtigen und gekränkten Großeltern des Kindes?

● Ziehen sie den Kindesvater heran und machen ihm seine Verantwortung für das von ihm gezeugte Kind deutlich?

Oder:

● Sagen sie der jungen Mutter (wie es sehr häufig geschieht): «Sie sind zu jung, Sie haben keine Wohnung, Sie haben keine Mittel, keine Unterstützung von irgendwem! Sie können die Aufzucht eines Kindes überhaupt nicht schaffen. Außerdem können Sie später ja immer noch weitere Kinder bekommen – also geben Sie es frei, wir haben so viele gute Familien, die Ihrem Kind alles bieten können, was Sie nicht haben!»

Adoptionsvermittlungsstellen, die Kinder vermitteln wollen und müssen, um ihrer eigentlichen Aufgabe nachzukommen (Stellenstreichung, Schließung, Aufgabenänderung...), können sich ein Zuviel an Eingehen auf die individuelle Not der Mutter kaum leisten! Außerdem stehen sie unter dem (teilweise aggressiven) Druck der Adoptionsbewerber, die nicht selten aus Altersgründen zeitlich unter Zugzwang geraten sind und keine Einflußnahme scheuen, wenn es darum geht, daß ihnen endlich ein Kind vermittelt wird. Die Einschaltung von Sozialdezernenten, Stadtdirektoren und Ministerpräsidenten gehört dabei ebenso zum Durchsetzungsrepertoire wie das permanente Insistieren, das Betteln und das Diskutieren um die angeblich zu vollen Heime (deren ältere und «schwierigere» Kinder dann jedoch gar nicht gewollt sind!). Im konkreten Einzelfall hat die Adoptionsvermittlerin dann zu entscheiden, ob sie und ihre Behörde die 20jährige ledige Mutter über die nächsten Jahre personell und materiell stützt, weil sie allein mit dem Kind massiver Hilfe bedarf, oder ob sie ihr das Kind mehr oder weniger deutlich ausredet (oder ihr lediglich die Adoption als Mittel der Wahl schmackhaft macht) und es dem gutverdienenden Akademikerpaar von Mitte 30 mit Häuschen im Grünen, Pensionsberechtigung und der Großmutter im Nebenhaus (damit die Karriere-Adoptivmutter oder der progressive «neue» Adoptivvater des neuen Vaterstils selbstverständlich weiterarbeiten kann) vermittelt.

Die Frage «Wo hat es ein Kind besser?» als *die* Kernfrage der Adoptionsvermittlung schlechthin kann durch Außenstehende kaum anders als vom materiellen Standpunkt aus entschieden werden. Insofern ist fast jede Adoptionsvermittlung auch eine Vermittlung von «unten» nach «oben», ist eine kleine Bevölkerungsumverteilung mit einem Schuß uneingestandenem Sozialdarwinismus.

Wenn in den USA 68 Prozent aller abgebenden Mütter als Grund für die Adoptionsfreigabe nennen, ihr Kind solle in einer «vollständigen» Familie aufwachsen, dann zeigt das nicht nur die individuelle

Not der Frauen, dem Kind etwas nicht bieten zu können, was ihm eigentlich zusteht (also schlicht den Vater, der sich vorzeitig abgesetzt hat!), sondern auch die Einstellung einer Gesellschaft zur Familie: Eine «richtige» Familie ist nur die Vater-Mutter-Kind-Familie! Alles andere ist unerwünschter Teil des erwarteten Ganzen und von daher nur äußerst beschränkt funktions- und erziehungsfähig. (Diese Einstellung findet sich in den anderen Industrieländern ebenso – erstaunlicherweise insbesondere dort, wo Scheidungs- und Wiederverheiratungsquoten stark im Steigen begriffen sind und es somit ohnehin immer weniger «vollständige» und biologische Vater-Mutter-Kind-Familien gibt.)

Aber auch die eher individuell zu nennenden Gründe für die Freigabe zur Adoption sind sehr stark von gesellschaftlichen Normvorstellungen geprägt: Angst vor alleiniger Verantwortung (warum teilt sie niemand?); Angst, keine «gute Mutter» sein zu können (was/wie ist eine «gute Mutter»?); Angst vor völliger Überforderung über Jahre hinaus (warum werden junge Mütter bei der Erziehung nicht weitgehend entlastet?).

Frauen, die – aus welchen Gründen auch immer – ihre Kinder zur Vermittlung freigegeben haben, sind anschließend immer allein mit ihren Problemen. Sie fühlen sich als Versagerinnen (eine richtige Frau muß in der Lage sein, ein Kind aufzuziehen!). Sie haben Schuldgefühle dem Kind gegenüber. Sie trauern und fallen in Depressionen, die sich in vielen Fällen in akuter Selbstmordgefährdung manifestieren. Ein Kind verlassen, fortgegeben zu haben ist in unserem Kulturkreis ein solch starkes Tabu, daß kaum eine Mutter wagt, darüber zu sprechen, um sich selber zu entlasten. Sie fühlt sich nach der Freigabe ohnehin so schlecht, so wertlos, so rechtlos, daß sie zunächst gar nicht auf die Idee kommt, professionelle Hilfe zu suchen – ist sie doch (scheinbar) «selber schuld»! Erst Gespräche und Austausch unter Gleichbetroffenen zeigt den Frauen – nicht selten erst nach vielen Jahren –, daß die Freigabe des Kindes nicht ihr individuelles Versagen war, sondern ein Teil eines gut funktionierenden Systems, das für alle Probleme Lösungen parat zu haben scheint – nicht jedoch später recherchiert, ob und welche Folgeprobleme sich durch die Konfliktlösungsstrategien ergeben haben.

Erst wenn die abgebenden Mütter merken, daß sie nicht mehr in der Lage sind, ihren Alltag zu bewältigen, neue Freund- und Partnerschaften einzugehen, und die Zukunftsangst sie überwältigt, begeben sie sich in psychotherapeutische Behandlung. Aber auch dort müssen sie nicht selten erleben, daß ihr Hauptproblem aus Ignoranz oder Verurteilung der Entscheidung nicht adäquat angegangen wird. (Interessant ist dabei die Tatsache, daß sich auch unzählige Adoptierte in psychotherapeutische Beratung begeben, wenn sie erwachsen sind. Lediglich Adoptiveltern scheinen von derartigen Folgemaßnahmen frei zu sein – obgleich sie diejenigen sind, die *vor* jeglicher Adoption dieser Beratung bedürften, zumal wenn es sich um Paare – es sind ca. 45 Prozent! – handelt, die *psychogen* steril sind! Bei erfolgreicher Therapie würde der Teufelskreis frühzeitig unterbrochen werden können, und das Prinzip, nach dem die Nachfrage das Angebot regelt, wäre außer Kraft gesetzt!)

Die meisten Frauen, die ihr Kind zur Adoption freigegeben haben, leben und leiden auf den Tag hin, der ihnen erneut Zugang zu ihrem Kind verschafft – den Tag der Volljährigkeit. Sie beginnen aktiv nach dem Kind zu suchen oder hoffen, daß ihr Kind selber sucht und die Mutter finden wird. Oft erleiden Frauen zu diesem Zeitpunkt die nächste große Enttäuschung: Ihnen wird von Behörden keine Hilfe zuteil (sie haben jedes Recht auf ihr Kind verwirkt!), oder das Kind läßt sich nicht mehr auffinden. Haben sie es gefunden, stellt sich in nicht wenigen Fällen heraus, daß es von seiner Adoption gar nichts weiß, weil die Adoptiveltern sich die Illusion des «eigenen» Kindes erhalten wollten. Manche erleben auch eine vorübergehende neugierige Haltung («Ich wollte nur mal sehen, wie du aussiehst, und ob ich dir ähnlich bin») und haben dann keinerlei Kontakt mehr – obwohl sie nichts so herbeisehnen wie ein Wiederaufleben des Mutter-Kind-Verhältnisses und (ganz irrational) dort anknüpfen möchten, wo die Beziehung einst unterbrochen wurde.

Von 75 befragten Müttern meiner eigenen Untersuchung (Zeitspanne zwischen Freigabe und Befragung 11 Tage bis 40 Jahre!) haben mit Sicherheit zwei Drittel ihr Kind nicht freiwillig abgegeben. Beim restlichen Drittel erfolgte die Freigabe «gezwungenermaßen», weil keine Alternativen zur Verfügung standen. Nur 5 von 75 Müttern konnten zum Freigabezeitpunkt die Trennung vom Kind bejahen (was nicht heißt, daß sie nicht auch lange Phasen von Trauer und Versagen durchlebten!), und nur 3 von 75 Müttern würden sich noch einmal für diesen Schritt entscheiden. Die anderen würden entweder einen Schwangerschaftsabbruch durchführen lassen oder «Himmel und Hölle in Bewegung setzen, damit ich mein Kind behalten kann». «Adoption ist wie Amputation» und «Adoption ist eine Wunde, die nie vernarbt», sind die Aussagen von Frauen, denen mit der Maßnahme Adoption sehr vordergründig «geholfen» worden war.

Abgebende Mütter in der «Dritten Welt»

Untersuchungen zum Adoptionsgeschehen in den Ländern der Dritten Welt sind nicht bekannt (vgl. jedoch Klinkhammer 1990). Selbst wenn es in absehbarer Zeit ausführliche empirische Studien geben sollte, wird vermutlich auch dort die abgebende Mutter als das schwächste und (im nachhinein) unwichtigste Glied ausgeklammert sein. Nach allem, was wir über die «Kindergewinnungsmethoden» für Dritte-Welt-Adoptionen wissen, können wir die Mütter der Adoptivkinder grob in drei Gruppen einteilen:

- Mütter, die ihre Kinder bewußt aussetzen, verlassen oder in Kliniken oder Heimen abgeben und auch nach vielfältigen Bemühungen um spätere Kontaktaufnahmen nicht mehr auffindbar sind. (Zu dieser Gruppe zählen auch die Frauen, die bei oder nach der Geburt sterben, wobei die Familie nicht willens oder in der Lage ist, das Kind aufzunehmen – zumal wenn es sich «nur» um ein Mädchen handelt! Südostasien!)

  Diese Kinder befinden sich oft in offiziellen caritativen Einrichtungen (z. B. von aus- und inländischen Ordensschwestern geleitet), die sich um sehr korrekte Adoptionsvermittlungen in die sog. Erste Welt bemühen: korrekt im Hinblick auf juristische und pädagogisch-psychologische Fragen. Manche dieser von Orden getragenen Heime haben über ihre deutschen Mutterhäuser persönliche Kontakte und vermitteln die Kinder auf diesem Wege.

- Mütter, die beschwatzt und gelinkt werden, die in noch stärkerem Ausmaß als in den Industrieländern auf ihre Armut und (somit!) Erziehungsunfähigkeit hingewiesen werden und denen das zukünftige Schicksal ihres Kindes bei reichen Eltern in USA oder Europa in buntesten Farben geschildert wird. Weil sie «das Beste» für ihr Kind wollen, willigen sie ein und verzichten. Gelegentlich werden sie mit einem Taschengeld (auch Schweigegeld!) entlohnt – doch auch das ist nicht immer gegeben, weil manche illegalen Vermittlungsaktionen angeblich erst dadurch in den Ruf des Kindeshandels kämen.

«Vermittler» sind korrupte Anwälte, Ärzte und Beamte, die sich den Zugang zur Klientel und ihr Wissen einerseits sowie die Nachfrage aus den reichen Ländern der Erde andererseits zunutze machen, um sehr schnell an sehr viele Devisen zu kommen.

Das (westliche!) Argument, daß diese Mütter letztendlich doch dankbar sind oder sein müßten, weil man ihren Kindern Lebensperspektiven eröffnet, die sie ihnen aus Armut nicht bieten könnten, ist verlogen. Diese Mütter sind vermutlich nicht glücklich über den gelungenen Coup, sondern (wie in den Industriestaaten!) unglücklich darüber, daß sie selber so arm sind, daß sie ihr Kind nicht selber aufziehen können. Die Frauen werden nicht reicher dadurch, daß man ihnen die Kinder entzieht. Diese Maßnahme eröffnet ihnen nicht die geringsten positiven Veränderungen ihrer Lebenslage – sie erleben nur noch einmal mehr ihre Insuffizienz, ihre Abhängigkeit und ihre Ausbeutbarkeit.

- Die dritte Gruppe scheinen Mütter zu sein, die ihrer Kinder verlustig gehen aufgrund von Lügen, Betrug und Menschenraub. So war das Kind angeblich eine Totgeburt, oder es «verschwindet» ganz einfach und wird nicht mehr wiedergefunden. Vorübergehend in ein Heim oder ein Krankenhaus eingeliefert, ist es eines Tages einfach «nicht mehr da» – insbesondere wenn es sich um ein gesundes, ansehnliches und hellhäutiges Kind handelt.

Die einzig zu legitimierende Adoption bezieht sich auf die Kinder der erstgenannten Müttergruppe – wobei zu überlegen ist, warum diese Adoption dann über Kontinente hinweg geschehen muß, d. h. ob sich nicht andere Möglichkeiten bieten, diesen Kindern zu helfen.

Wir wissen immer noch zuwenig über die Mütter, ihre Lebensformen, ihre sozialen Bezüge und ihre Motive, Kinder freizugeben. Es gibt jedoch keinen Grund zur Annahme, daß Mütter in sog. Entwicklungsländern den Verlust eines Kindes anders erleben als in Industriestaaten. Selbst der «freiwillige» Verkauf des Kindes, selbst das Bewußtsein (die Hoffnung!), dem Kind bessere Lebenschancen zu eröffnen, selbst die Tatsache, daß es sich um das sechste Kind oder das erste von sieben gehandelt haben mag (was Adoptiveltern im übrigen nie *wissen*, sie müssen – und wollen – alles glauben, was sie in der

Illusion hält, Gutes getan zu haben!), rechtfertigt nicht die Annahme, daß man dieser Frau ein einfacheres Leben beschert hat, indem man sie von einem weiteren Esser befreite. Auch im schulischen Sinne «ungebildete» Frauen sind in der Lage, den Ausbeutungscharakter der Maßnahme zu erkennen. Die gängige Rechtfertigung, diese Frauen bekämen doch noch so viele Kinder, degradiert die Würde der Frau auf die Stufe einer Produktionsmaschine oder eines sich unendlich reproduzierenden Tieres ohne Bewußtsein, Gefühl und Verstand. Selbst Analphabetinnen wissen (oder ahnen), daß ihnen und ihren Kindern Essen, Wohnung und Bildung vorenthalten werden und diese sozialen Mängel, die sie nicht zu vertreten haben, sie dann um ihre Kinder bringen.

Keine Organisation und kein Bewerberpaar darf das Recht haben, sich der Menschen wie im finstersten Kolonialismus zu bedienen, um die eigenen Bedürfnisse zu befriedigen. Was früher der Sklavenmarkt und die Ausbeutung der Naturschätze und Ernten war, ist heute der Kindermarkt und die Ausbeutung der Arbeitskräfte.

Das Argument, mit der Aufnahme eines der «Ärmsten der Armen» private Entwicklungshilfe zu betreiben, ist schnell zu widerlegen. Die Aufzucht und Erziehung eines Kindes in der BRD kostet bis zu seinem 18. Lebensjahr rund 180 000 DM. Schließt sich eine längere Berufsausbildung oder ein Studium an, ist die Viertelmillionen-Grenze bald erreicht. Für diese Summe können Entwicklungsdienste, die nach dem Motto «small is beautiful» Kleinprojekte in Dritt-Welt-Ländern fördern, dreijährige Dorfentwicklungsprogramme einschließlich Brunnenbau, Terrassierungsarbeiten, Mütterberatung und Jugendarbeit durchführen, die auf Dauer ganzen Landstrichen und mehreren Generationen zugute kommen.

Sich selbst etwas Gutes tun, die Leere im Wohlstandsleben ausfüllen, durch die Auslands-Adoption erst zu einem Lebenssinn kommen zu wollen hat Folgen für Menschen, denen sowohl in der BRD wie auch in anderen Staaten Schaden zugefügt wird, der durch nichts zu rechtfertigen ist.

Alleinlebende Mütter
haben es am schwersten

von Peter Eisenblätter

Die meisten Kleinkinder und Säuglinge, die heutzutage in der Dritten Welt verlassen, ausgesetzt oder offen zur Auslandsadoption freigegeben werden, stammen von alleinlebenden Müttern. Es handelt sich dabei um unverheiratete, häufig sehr junge Frauen, die ein Kind erwarten oder gerade bekommen haben, und um verheiratete Frauen, die von ihren Männern verlassen wurden. Von den ökonomischen, sozialen und psychischen Folgen der Armut sind sie am stärksten betroffen.

Im Rahmen dieses Beitrages ist es nicht möglich, ein so komplexes Thema wie die Situation alleinlebender Mütter in der Dritten Welt erschöpfend zu behandeln. Doch können einige beispielhafte Einblicke vielleicht helfen, die Situation dieser Frauen besser zu verstehen.

Ein Blick in die lateinamerikanischen Länder

In *lateinamerikanischen Ländern* ist ungefähr die Hälfte der berufstätigen Frauen als Dienstmädchen beschäftigt, meistens in privaten Haushalten. Von ihnen befinden sich besonders diejenigen in extremen Abhängigkeitsverhältnissen, die in den Haushalten ihrer Dienstherrinnen und Dienstherren auch leben müssen. Sie verfügen kaum über Freizeit, haben Tag und Nacht dienstbereit zu sein, verdienen Minimallöhne. Es kommt nicht selten zu Vergewaltigungen seitens männlicher Mitglieder des Hauses. Das wiederum führt makabrerweise oft zur Kündigung der Dienstmädchen. – Wenn diese Frauen bereits Kinder haben, können sie nur zum Teil die Kinder an ihrer Arbeitsstelle unterbringen. Haben sie dann auch keine Möglichkeit, die Kinder von Verwandten oder Nachbarn betreuen zu lassen, so sehen sie häufig in der Aussetzung oder Abgabe der Kinder zur Adoption den einzigen Ausweg.

Viele der betroffenen Mütter würden ihre Kinder um jeden Preis behalten wollen, wenn sie nur wirtschaftlich dazu in der Lage wären.

Es gibt Beispiele für die Aufnahme und Betreuung solcher Kinder in der Barrio-Gemeinschaft (dem Stadtteil), aus der (dem) die Frauen kommen. Kindertagesstätten und informelle Nachbarschaftshilfen dieser Art sind in hohem Maße geeignet, der Verlassenheit von Kindern vorzubeugen.

Leider erst ansatzweise existieren in einigen südamerikanischen Ländern gewerkschaftliche Initiativen für Dienstmädchen, in denen sich Frauen zusammenschließen könnten, um ihre Situation und die ihrer Kinder zu verbessern. Hier könnten besonders die alleinlebenden Mütter Unterstützung für sich und ihre Kinder finden – müßte man meinen. Doch in Wirklichkeit sind die meisten Hausangestellten von ihren Arbeitgebern viel zu abhängig, um sich auf diese Weise zu solidarisieren; sie dürfen ja das Haus schon kaum verlassen, und sie haben natürlich Angst vor massiven Sanktionen, wenn ihre Arbeitgeber von gewerkschaftlichen Aktivitäten erfahren. In Lateinamerika ist das Hauptproblem der unverheirateten Frauen nicht so sehr ihre Diskriminierung. Vielmehr sind es in erster Linie ihre materielle Not, mangelnde Berufsausbildung und fehlende Verdienstmöglichkeiten.

Zur Situation in Asien

In *asiatischen Ländern* gehören zu den Hauptproblemen: 1. die Tabuisierung der Sexualität (ganz besonders der vor- bzw. außerehelichen), die zu einem erschreckenden Maß an fehlender Aufklärung und fehlender Empfängnisverhütung beiträgt, und 2. die Diskriminierung von jungen Frauen, die außerhalb einer legalisierten Ehe schwanger geworden sind. Ausstoß aus der Familie und berufliche Chancenlosigkeit sind sehr häufig die Folgen für betroffene Mütter, vor allem dann, wenn sie ihr Kind austragen und behalten wollen.

In *Indien* hat die Zahl *verlassener Ehefrauen* deutlich zugenommen. Zum einen leben viele Frauen auf unabsehbare Zeit mit ihren Kindern allein zusammen, weil der Mann als Gastarbeiter ins Ausland (z. B. in arabische oder afrikanische Länder) geht. Zum anderen hauen in den Slums ihre Männer oft einfach ab, suchen sich andere Partnerinnen, werden drogenabhängig u. a. m. Auch hier ist die Folge, daß die Frauen sich mit den Kindern allein durchschlagen müssen.

Folgerungen

Versuchen wir aus diesen Beispielen für die Frage der Auslandsadoption einige *Schlußfolgerungen* zu ziehen, so ist festzuhalten:

- Weitaus mehr alleinlebende Mütter würden ihre Kinder sehr gern behalten, wenn sie dazu in der Lage wären. Doch meistens scheitern sie an den unüberwindbaren sozialen und wirtschaftlichen Schwierigkeiten (besonders an fehlenden Berufschancen und fehlenden Verwahrmöglichkeiten für ihre Kinder); sie scheitern außerdem an der Diskriminierung durch die Gesellschaft, speziell durch Verwandte, Nachbarn und Bekannte in der unmittelbaren Umgebung. Das führt sehr oft bis hin zum Ausstoß aus der Familie.

- Genau in diese Situation trifft nun aber die Adoptionsnachfrage aus den Industrieländern, und diese trägt dazu bei, daß sehr viele Frauen schließlich den scheinbar einfachsten und bequemsten Weg gehen: nämlich ihre Kinder abzugeben. Diesem Ausweg kommt entgegen, daß immer mehr Einrichtungen/Heime entstehen, die von ausländischen Adoptionsorganisationen getragen werden und die vor allem *ein* Ziel haben: Sie bieten den Frauen Beratung an und gewähren ihnen eine kostenlose Entbindung für den Fall, daß sie ihre Kinder zur Adoption freigeben. – Auf diese Weise kann die Nachfrage aus Industrieländern nach Adoptivkindern am wirksamsten befriedigt werden.

Das aber muß zwangsläufig zur Folge haben, daß immer weniger nach alternativen Lösungen gefragt wird, welche auf das Verbleiben der Kinder bei ihren Müttern abzielen. – Dies ist übrigens auch der Grund für die Tatsache, daß in einer Reihe von Ländern der Dritten Welt die Zahl an *offenen* Abgaben von Kindern (zur Adoption) erheblich zugenommen hat, während gleichzeitig die Zahl an anonymen Kindesaussetzungen zurückgegangen ist.

Man könnte das Problem auch so umschreiben: Ausländische Adoptions-Organisationen bieten diesen Frauen den scheinbar besten Lösungsweg an. In Wirklichkeit stellt dieser Weg *sehr* oft jedoch die Umkehrung ihrer *eigentlichen* Bedürfnisse dar und bringt sie dazu, ihr Kind abzugeben, statt es behalten zu können.

Wenn man darüber nachdenkt, was notwendig wäre, wollte man überhaupt etwas Sinnvolles zugunsten der betroffenen Frauen und ihrer Kinder tun, dann darf man sich nicht über die Schwierigkeiten täuschen, die mit entsprechenden Projekten verbunden sind. Die absolute Abhängigkeit vieler Frauen, vor allem aber ihre Diskriminierung stellt den Zugang manchmal vor nahezu unüberwindliche Hindernisse. Trotzdem gäbe es grundsätzlich eine ganze Reihe von Möglichkeiten. *Vorbeugende Maßnahmen* etwa wären:

- Programme, die zur Stützung der von Verelendung bedrohten Familien insgesamt beitragen;
- Projekte mit dem Ziel der Vorbeugung gegen ungewollte Schwangerschaften. Dazu gehören auf breiter Ebene Aufklärung, Bewußtseinsbildung, Beratungsangebote besonders für Mädchen / Frauen.

Ist die Schwangerschaft aber bereits eingetreten, dann wären sinnvoll:

- qualifizierte Beratung, mit dem Ziel, die Frauen in ihrem Wunsch zu bestärken, ihre Kinder zu behalten (gegebenenfalls unter Einbeziehung der Herkunftsfamilien);
- entsprechende Angebote zur Unterbringung der Frauen *mit* ihren Kindern,
- Angebote zur Berufsausbildung,
- gewerkschaftliche Arbeit für die Frauen,
- gegebenenfalls vorübergehende finanzielle Unterstützung der Frauen,
- massive Arbeit zur Bewußtseinsbildung gegen die Tabuisierung und die Diskriminierung der Frauen.

Bisher gibt es auf internationaler Ebene absolut zu wenige Projekte in diesen Bereichen. Diejenigen, die hier besonders gefordert wären, die Adoptions-Organisationen, entziehen sich sehr oft ihrer Verantwortung und arbeiten genau in die entgegengesetzte Richtung: Ihre Hauptorientierung an der Auslandsadoption hemmt oder verhindert die Suche nach und die Umsetzung von Alternativen für die Betroffenen in ihrer eigenen Umgebung. Gefördert wird dies nicht selten von staatlicher Seite, wo ein latentes Interesse vorherrschen kann, auf diese Weise die sozialen Probleme bequem zu lösen; denn Auslandsadoptionen sind für den Staat kostengünstig.

Alleinstehende Frauen mit Kindern haben bislang weltweit keine wirkliche Lobby.

Interviews mit abgebenden Müttern aus Peru

von Monika Klinkhammer

Peru gehört trotz anhaltendem Bürgerkrieg und Terror, der auch in Lima bemerkbar ist und in den letzten zehn Jahren mehr als 20000 Menschenleben und zahlreiche «Verschwundene» kostete, zu den klassischen Herkunftsländern von Adoptivkindern aus der sog. Dritten Welt.

Mittlerweile dürften schätzungsweise etwa 1300 peruanische Kinder von deutschen Paaren – oder seltener – von Einzelpersonen adoptiert worden sein.

In der Mehrzahl der Fälle ist die leibliche Mutter des Kindes den Adoptiveltern unbekannt oder es gibt nur wenige Informationen über diese. So bleiben ihnen und später besonders den Kindern nur Spekulationen über ihre Herkunft und den weiteren Lebensweg der Mutter.

Zu oft werden, vor allem von den zuständigen Stellen, die Mütter einfach «vergessen».

Die beiden folgenden – gekürzten – Interviews sollen einen Einblick in die Lebenssituation und das Erleben von zwei peruanischen Müttern geben, die ihre Kinder zur Adoption nach Italien «freigaben». Diese stehen stellvertretend für eine Vielzahl unbekannter Mütter, deren Empfindungen und Worte nie an die Öffentlichkeit kamen.

Die Interviews führte ich während eines halbjährigen Forschungsaufenthaltes 1989 in Lima, wo ich die beiden Frauen in einem privaten, mit dem Notdürftigsten ausgestatteten Kinderheim traf, das sich in einem Elendsviertel befindet.[1]

Über den Leiter dieses Heimes, den sie Hermano (Bruder bzw. Priester) nennen, wurden ihre Kinder ins Ausland vermittelt. Er hat über

---

1 Eine systematische Analyse und Interpretation dieser Fallstudien findet sich in *Klinkhammer, M.*, Grenzbereich Auslandsadoption. Zur Problematik von Auslandsadoptionen unter besonderer Berücksichtigung abgebender peruanischer Mütter. Idstein 1990. Namen und Jahreszahlen, die die Anonymität der genannten Personen gefährden könnten, sind verändert worden.

die Kirche Kontakte nach Italien. Es ist zu vermuten, daß das Kinderheim mit italienischen Spendengeldern, u. U. auch von den Adoptiveltern, finanziert wird. Die private Adoptionsvermittlung ist in Peru, anders als in Deutschland, nicht verboten. Die Adoptionen sind damit legal. Ob in beiden Fällen direkt Geld für die Vermittlung gezahlt wurde, ist fraglich, aber eher unwahrscheinlich. Es handelt sich vielmehr um eine private Vermittlung in der «Grauzone», das heißt, daß durch die Spenden an das Heim ein struktureller Zwang zur weiteren Vermittlung von Kindern entstehen kann usw.

Da es sich um Frauen aus sehr armen und einfachen Verhältnissen handelt, die z. T. die alte Inkasprache Quechua und Umgangssprache sprechen, die möglichst wörtlich übersetzt und nicht verändert wurden, sind die Zitate zunächst ungewöhnlich. Vieles steht jedoch auch «zwischen den Zeilen».

Frau T.: «Manchmal tut es mir sehr weh»

Ich lernte Frau T. über den Leiter dieses Kinderheimes kennen, der die Adoption ihrer siebenjährigen Tochter Maria zwei Jahre zuvor an ein italienisches Ehepaar vermittelt hatte. Frau T. war zum Zeitpunkt des Interviews 52 Jahre alt, unverheiratet und hatte neun Kinder zwischen sieben und vierundzwanzig Jahren. Eine ihrer Töchter hat ebenfalls ein Kind zur Adoption ins Ausland freigegeben. Frau T. wurde in Lima geboren, ihre Eltern kamen vom Land in die Stadt. Sie bezeichnet ihre Mutter als Alkoholikerin, so daß sie und ihre Geschwister fremd untergebracht waren, das heißt, daß sie als Kind ebenfalls früh verlassen wurde. Sie selbst wurde von Nonnen erzogen.

Zu Beginn unseres Gespräches fragte ich Frau T., warum sie ihre Tochter verlassen mußte. Sie reagierte mit einer korrigierenden Gegenfrage: «*Warum ich sie weggeschickt habe?*»

Für sie war es kein Verlassen des Kindes, sondern ein Wegschicken, das heißt, daß sie aktiv und aus Fürsorge ihr Kind weggab und es nicht passiv «im Stich» ließ. Auf die Frage nach der Ursache antwortet sie weiter:

> «*Ich war krank und man hatte mich operiert und mir ging es sehr schlecht. (…) Dann, also – operierten sie mich erneut und mir ging*

es schlecht. Als ich das Krankenhaus verließ, ging es mir schlecht. Fast wäre ich gestorben. Dann sprach ich mit dem Hermano: ‹Hilf mir, Hermano, für ein Kloster, für ein Internat für Maria, um sie in ein Internat, eine Schule zu geben.› Der Hermano sagte: ‹Natürlich, Señora, natürlich.› (…) Später sagte mir der Hermano, daß es eine Familie gibt, die von Italien gekommen ist. ‹Sie (gemeint ist Frau T.) hat ein Mädchen von sieben Jahren. Die können wir schicken.› Dann sagte ich: ‹Nun gut.› Wir hatten nichts zu essen. Ich aß, wenn ich Geld hatte. Wenn nicht, hatte ich kein Essen! Ich hatte nichts! Eines Tages verkaufte ich die Kleidung! Ich hatte nichts zu essen.»

Sie hatte von niemandem Unterstützung für sich und ihre Tochter erfahren, auch nicht von ihren Kindern:

«Sie haben sie viel geschlagen, weil Maria auf der Straße verschwand. Um nicht im Haus zu sein, ging sie fort, den ganzen Tag. Den ganzen Tag. Sie aß nichts! Sie verschwand! (…) Sie vergammelte. Ich war ja so im Bett. Wie hätte ich aufstehen und sie suchen können? Deshalb habe ich sie fortgeschickt. (…) Sie war in der Schule, aber sie ging nicht hin! (…) Ich hatte Angst! Ich kam auf den Gedanken, daß man sie mir vergewaltigen könnte. So war es besser, daß ich sie fortschickte. (…) Hier vergewaltigen sie in Peru. (…) Ja, ab drei, – ab zwei Jahren – vergewaltigen sie sie. Ja, hier gibt es viele Verdorbene. So habe ich es dann vorgezogen –, sie weit weg zu geben. Ich weiß, daß es Maria gut geht. (…) Ich hatte nichts zum Essen, ihr eine Schulausbildung zu geben. (…) Sie litt, weil sie mich bat: ‹Mama, kaufe mir Schuhe!› Ich hatte nichts, um es ihr zu geben. Ich hatte es nicht. – Und – die Familie –, die kauften ihr alles. Sie haben ihr Zuwendung gegeben und alles.»

Auch vom Vater des Mädchens bekam sie keine Hilfe:

«Der Vater des Mädchens? – Er hat sie nicht unterhalten. Er hat ihr gar nichts gegeben! Niemals hat er ihr etwas gegeben! Ich sagte meiner Tochter den Nachnamen ihres Vaters, den Namen und weiter nichts.

Aber er war verheiratet –, hatte seine Kinder! Als er mich kennenlernte, sagte er mir, daß er alleinstehend sei. Er hat mich betrogen! (…) Er log, daß er ledig sei! Von hier schickten sie ihn weit weg, da er beim Militär war. (...) Er schrieb nicht, schickte gar nichts! Und ich sah mich alleine und krank.»

Auf die Frage, ob er sie finanziell unterstützt habe:

«Nein, überhaupt nicht! Ich arbeitete! Ich arbeitete immer!»

Nicht einmal mit Kleidung habe er geholfen. Ich fragte, ob sie diesen Mann vermisse:

«Nichts! – Ich erinnere mich niemals! Nein. An das Häßliche erinnere ich mich nicht. Wozu?»

Sie lebte z. Z. in einem hüttenähnlichen Häuschen in der Nähe des Kinderheims, das sich in einer barriada, einem Elendsviertel, befindet.

«Ich habe nicht einmal etwas zu essen. Ich muß hierhin kommen –, ich kann helfen, die Wäsche zu machen.»

Sie habe immer als Wäscherin gearbeitet:

«Ich lebe vom Wäschewaschen. Meine ganze Kleidung hier ist naß. Ich habe mich hier schon umgezogen.»

Ob sie diese harte Arbeit für andere Familien mache:

«Ja – man erkrankt dabei an Rheuma. Man bekommt davon Arthritis! Schauen Sie meine Hände an! Alles vom Waschen!»

Die Schwangerschaft mit Maria war ungewollt. Zum Thema Schwangerschaftsverhütung sagte sie:

«Ich habe mich nie geschützt. (...) Es gab keine Methode zum Verhüten. Erst seit kurzem, heute, heute – (...) aber früher gab es das nicht. (...) Früher hatten wir die Kinder wie Kaninchen. Heute natürlich nicht mehr.»

Die Tochter war zum Zeitpunkt der Adoptionsfreigabe sieben Jahre alt. Ob sie sie vergessen könne:

«Nein. Nein, wie könnte ich sie vergessen! Meine Tochter liebte mich sehr! Ich habe sie nie verlassen, niemals! Sie war die Tochter, die ich am meisten liebte, weil sie die Jüngste war, nicht? Und im Moment ist sie in Italien, und warum habe ich sie weggeschickt?»

Auf die Frage, ob sich die Tochter denn mit den Adoptiveltern verständigen konnte, antwortete sie:

> «*Sie lebte fast drei Monate im Hotel. In einem Monat hatte sie sich schon an die Familie gewöhnt. (...) Weil, als wir den tramite (den Verwaltungsvorgang) machten, lebte sie bereits mit ihnen zusammen. Und sie sah zufrieden aus. – Sie hatten ihr Kleidung aus Italien mitgebracht, Schuhe, alles – (...) Sie war schön. Sie war schön. Sie sah sehr gut aus, anders. Man sah ihr schon einen anderen Gesichtsausdruck an. Sie war sehr gut versorgt, vom Aufstehen an, ihr Frühstück –, alles war gut.*»

Auf die Entscheidung, daß sie nach Italien sollte, habe Maria so reagiert:

> «*Nun – ja, sie wollte, weil sie mir sagte: ‹Mama, – wenn ich in Italien sein werde, werde ich mit der Frau sprechen und mit meinem Papi, damit sie dir helfen!› Aber nichts –.*»

Über ihre Erfahrungen beim Jugendgericht machte Frau T. sehr wenig Aussagen. Sie erwähnte, wie man sie und ihre Tochter befragte:

> «*Ich mußte Maria wegschicken zu der Familie. Also – machten wir den tramite und gingen zum Justizpalast, wo der Jugendrichter ist. Und die Leute fragten, warum ich mein Kind wegschicke. ‹Es geht ihr hier so gut›, sagten sie mir. Aber ich fühlte mich schlecht und ich hatte nichts zu essen, nichts, um mein Kind zu ernähren.*
> *Dann fragte der Staatsanwalt Maria: ‹Deine Mutter hat nichts zum Essen?› ‹Nein, meine Mutter hat nichts zum Essen. Meine Mutter gibt mir Essen, wenn es Geld gibt. Aber meine Mutter hat kein Geld zum Essen.› Obwohl sie so klein war, sagte sie zum Jugendrichter: ‹Das macht nichts! Ich will nicht essen.› Sie erklärte sich damit einverstanden, daß ich ihr nichts zu essen gegeben habe. Mit dieser Familie redete ich, und schließlich gab ich nach, und Maria blieb bei ihnen. Sie machten den tramite, und Maria ging fort –.*»

Auf die Frage, wie es für sie gewesen sei, ihr Kind in eine andere Familie zu geben, reagierte sie mit Gegenfragen:

*«In diese Familie? Und wie es mir ging? (...) Ich wollte nicht,
nein –, aber ich mußte es machen, da ich nichts zu geben hatte –
(...) Manchmal tut es mir sehr weh. Hier bin ich alleine.»*

Weiterhin sagte sie:

*«Ich wollte nicht, nein, – aber ich mußte es machen, wegen des
Wohlergehens von ihnen. – Da ich nichts zu geben hatte –.»*

Ihre Tochter habe sie in dem Glauben gelassen, daß der Adoptivvater
ihr leiblicher Vater sei:

«Sie denkt im Moment, daß der Mann ihr Vater sei.»

Frau T. erklärte mehrmals, daß sie darunter leide, nach der Adoption
wenig von ihrer Tochter erfahren zu haben:

*«Aber seit ungefähr einem Jahr habe ich nichts von ihnen gehört!
(...) Ja, nun sind es zwei Jahre, die sie in Italien ist. Aber ich sage
immer zum Hermano: ‹Hermano, wissen Sie nichts von Maria›,
weil er mehr in Erfahrung bringt als man selbst. – ‹Nein›, sagte er
mir. Aber gerade zum Muttertag haben sie einen Brief geschickt.
(...) Vor kurzem! Nach zwei Jahren hat mir meine Tochter geschrieben! – Der besagt, daß sie glücklich ist, daß es ihr sehr gut
geht, sie schickte mir fünfzig US-$ – wegen Muttertag sagt sie.
Aber das, was ich will, ist, daß mir meine Tochter schreibt! Ich
möchte, daß sie mir mitteilt, wie es ihr geht.»*

Bezüglich ihres Kontaktwunsches zu ihrer Tochter und möglicher
Gründe, warum sie nicht schreibt, äußerte sie an anderer Stelle:

*«Aber zu der Frau, – zu der Mutter habe ich gesagt, – daß sie zu
mir nach Hause schreiben soll! Aber sie schreibt nichts! Weil, – sie
schreibt nicht –.»*

Und weiter:

*«(...) Ich bin gerade dabei, einen Brief zu machen und ihnen zu
senden, – auf italienisch. Ich habe mir ein Buch gekauft, und ich
bin dabei, es zu machen, mit einigen entsprechenden Wörtern. Ich
bin dabei, mir den Kopf zu zerbrechen (hier lachte sie). Ich werde
den Brief zu der Frau schicken. Aber sie antwortet nicht! Warum
ist das so?»*

An einer Stelle im Gespräch, wo ich nach ihren Gefühlen bezüglich der Adoptiveltern fragte, begann sie über eine längere Zeit zu weinen und sagte dann:

> «*Manchmal tut es mir sehr weh. Hier bin ich alleine. (…) Aber ich weiß, daß es ihr gut geht –, aber was ich möchte ist, daß sie mir schreibt! Ich passe mich an, das ist unwichtig.*»

Sie sagte in diesem Zusammenhang mehrmals, daß sie glaube, ihrer Tochter gehe es in Italien gut:

> «*Bis heute fühle ich, geht es Maria sehr gut bei ihnen. (…) Es geht ihr sehr gut, der Maria, weil – man sieht es auf den Fotos, die sie schicken, daß – ja, es geht ihr sehr gut. Aber, was ich will, ist, daß die Familie weiterhin schreibt!*»

Und in der Schlußphase des Gesprächs sagte sie:

> «*Man übergibt sein Kind, aber man liebt sein Kind! Aber was soll man machen? Ein Ideal, nicht? (…) Alles in allem, was soll man machen? – Ich liebte Maria sehr, und ich liebe sie noch heute.*»

Auf die Frage, ob sie ihre Tochter eines Tages wiedersehen möchte, antwortete sie in einem sehr traurigen Tonfall:

> «*Ja, ich will sie sehen. Wie soll das sein? Ich weiß nicht, ob ich sie wiedersehen werde oder ob ich sterben werde. Eines Tages –. (…) Ja. Eines Tages, nicht, kommt sie.*»

Zur allgemeinen Situation sagte sie:

> «*Der Staat macht überhaupt nichts! Es gibt Frauen, die ganz viele Kinder haben und die nichts zu essen haben!*»

Frau T. beendet das Gespräch mit einer allgemeinen Aussage zu Männern:

> «*Nein. Die Männer lieben ihre Kinder nicht. Die Männer kümmern sich nicht um ihre Kinder. Sie möchten keine Probleme haben. Sie verlassen ihre Kinder, schmeißen sie raus, und hier beginnen die Probleme.*»

Frau L.: «Es gibt keinen Ort zum Leben!»

Auch Frau L. lernte ich über den Hermano kennen. Zum Zeitpunkt des Gesprächs war sie 29 Jahre alt, wirkte aber wesentlich älter. Sie war in einem schlechten gesundheitlichen Zustand, klagte über andauernde Schmerzen und konnte sich nur eingeschränkt und unter starken Schmerzen bewegen.

Sie sprach fast ausschließlich Umgangssprache, die z. T. mit Quechua, der alten Inkasprache, gemischt war, was die Zitate teilweise schwer verständlich macht. Deshalb sind dort, wo es mir notwendig erschien, Anmerkungen eingefügt worden.

Frau L. wuchs im andinen Hochland in der Umgebung von Ayacucho bei ihren Großeltern auf. Sie mußte als Kind auf den Feldern hart arbeiten und blieb ohne Schulausbildung. Ihre Großeltern schlugen und mißhandelten sie oft, so daß sie im Alter von 13 Jahren versuchte, nach Lima zu gehen. Ihr Fluchtversuch mißlang, und die Mißhandlungen nahmen zu. Zu diesen Ereignissen sagte sie:

> *«Meine Großeltern haben mich mißhandelt. Sie schlugen mich und – (...) Seit ich ganz klein war, machten sie mich leidend. Mir haben sie nichts in die Schulausbildung gesteckt, nichts, gar nichts, Señorita. (...) Damals haben sie mich nicht in die Schule geschickt. Meinen Bruder, ja, den haben sie in die Schule geschickt und mir sagten sie: ‹Wenn du zur Schule gehst, wer hütet uns dann die Tiere? Wer wird dann bei den Tieren sein?›»*

Als sie versuchte, vom Land in die Stadt zu fliehen, wurde sie aufgehalten:

> *«Man zwang mich, zurückzukehren. Man hing mich auf mit einem Seil von einem Dachsparren, man band mich mit meinen Händen fest.*
>
> *Ich sagte ihnen* (an dieser Stelle beginnt sie sehr zu weinen): *‹Warum habt ihr mich an meinen Händen festgebunden? Warum hängen mich mein Vater und meine Mutter mich so auf? Ich weiß nichts, warum ihr mich so aufhängen könntet! Ich habe nichts gemacht! Warum hängt ihr mich so auf? Ihr schickt mich nicht zur Schule! Ich bin nichts! Ich bin eine Sklavin, ich bin eure Sklavin! Ich bin euer Feld!›*

Señorita, meine Rippen sind an dieser Stelle bereits gebrochen, mein Kopf auch. Sie haben mich geschlagen, stundenlang, Señorita. Ich konnte keinen Gaul dreschen. Sie kamen, um auf mir rumzutrampeln, Señorita (sie weinte hier sehr). *Ich mußte auf Feldern arbeiten. Sie zwangen mich, Felder anzulegen, Señorita. ‹Deswegen›, sagte mir der Arzt, wegen des Alters dürfte ich das nicht haben* (gemeint sind ihre Krankheiten). *Es ist, weil ich so viel gelitten habe.*

Manchmal habe ich nichts gegessen. Im Hochland bin ich nachts durch die Felder gegangen (…), um die Felder zu befeuchten. (…) Ich litt ziemlich (…).»

Mit Hilfe einer Freundin gelang es ihr schließlich, nach Lima zu fliehen, wo sie dann als «muchacha», also als Hausmädchen und Putzfrau, arbeitete.

Im Alter von 19 Jahren bekam Frau L. ihren ersten Sohn. Der Vater des Kindes, den sie sehr liebte, verließ sie wegen einer anderen Frau. Obwohl dieser ihren Sohn nicht anerkennen wollte, drohen er und seine Frau nun, ihr den mittlerweile zwölfjährigen Sohn wegzunehmen.

Mit 27 bekam sie ihren zweiten Sohn, den sie im Alter von vier Monaten zur Adoption freigab. Von dem Vater des Kindes wurde sie vor der Geburt ebenfalls wegen einer anderen Frau, ihrer Arbeitgeberin, verlassen. Sie verlor ihre Arbeit und suchte Hilfe beim Hermano. Gegen Kost und Logis arbeitet sie seitdem im besagten Kinderheim als Wäscherin und Putzfrau. Ihren zweiten Sohn, der auch im Heim lebt, wollte sie ebenfalls zur Adoption freigeben, was vom Hermano abgelehnt wurde, damit sie nicht ganz allein bliebe.

Ob sie die Kinder gewollt habe:

«Ich wollte keine haben. (…) Nein, schon damals wollte ich nicht. Ich wollte nicht noch ein zweites Baby haben, weil ich arbeitsfähig sein wollte.»

Direkt zu Beginn unseres Gesprächs, als ich erklärte, daß mich besonders die Situation der Mütter interessiere, die ihre Kinder weggegeben hätten bzw. die ihre Kinder weggeben müßten, sagte Frau L.:

«*Nein, ich verlasse meine Kinder nicht –, weil ich, (...) wirklich
nicht. Ich konnte es nicht haben, mein Baby, das fortgegangen ist.
Ich sprach zu dem Vater des Kindes: ‹Was mache ich jetzt?› Und
es ist mehr, ich wurde von einem zum anderen Moment Invalide,
nicht? Ich war im vierten Monat schwanger und fühlte Schmerzen
im Bauch und im Rücken. Dann sagte ich ihm: ‹Was wird aus
mir?› Ich weinte immer weiter. Dann riet mir eine Freundin: ‹Da
gibt es einen Hermano, einen Priester, der kommt und hilft. Er
kann dir helfen. Nun, er kann deine Kinder nehmen. Er hat ein
Heim, wo er einige Ausländer hinführt. Er kann dein Kind weggeben und dich vielleicht auch›, sagte sie mir. Erst glaubte ich ihr
nicht. Ich zögerte einen Monat und nach einem Monat kam ich
zurück, um den Hermano zu suchen und sagte ihm: ‹Jetzt kann ich
nicht mehr! Sie müssen mir helfen!› (...) Wenn die Familie meines
ersten Sohnes erfahren sollte, daß ich schwanger bin, würde sie
ihn mir wegnehmen wollen. ‹Ich will mein Kind nicht verlieren!
Ich bin Vater und Mutter gewesen, wozu hat man mich darin ver-
wickelt?› sagte ich ihm. ‹Man hat mir ein Versprechen gemacht,
für nichts›. Danach begann ich zu weinen. ‹Was mache ich jetzt?
Wohin gehe ich? Wohin gehe ich? Wenn ich mit meinen Kindern
in meine Heimat gehe, wirft meine Familie mich raus! Ich – wohin
soll ich gehen?*»

Daraufhin hat der Hermano ihren kleinsten Sohn zu einer italienischen Adoptivfamilie vermittelt. Sie besuchte diese Familie, als sie
bereits mit dem Kind in Lima in einem Hotel lebte:

«*Ja, der Hermano hat mich zu meinem kleinen Kind mitgenom-
men. Der Hermano sagte zu mir: ‹Geh hin und verlange ein biß-
chen Geld, dann kannst du dir auch mal etwas gönnen!› Die Eltern waren gesund, ja.*»

Den Jugendrichter erwähnte sie nur indirekt im Zusammenhang mit
der Auseinandersetzung mit dem Vater des ältesten Sohnes um dessen
zukünftigen Werdegang:

«*Ich habe keinerlei Rechte. Ich muß eine Anzeige im Justizpalast
erstatten, aber ich bin noch nicht hingegangen, Señorita. Ich
müßte eine Anzeige erstatten.*»

Auf ein Foto von ihrem kleinsten Kind deutend sagte sie:

> *«Es ist der Kleinste, den sie sich um die fünf Monate rum von hier mitnahmen. (…) Mit fünf Monaten, gerade geboren, nahmen sie ihn sich mit nach drüben. (…) Ja, Italiener. Italiener haben es sich mitgenommen, mein Baby.»*

Auf die Frage, wie es für sie im Moment sei, daß ihr Kind in Italien ist, antwortete sie:

> *«Wie soll es sein, Señorita? Wird es besser sein? Wie ich mein Kind sehe auf dem Foto, wird es besser sein. Ich weiß es nicht.»*

Ich wiederholte die Frage, die sie an sich selbst gestellt hatte, und sie sagte:

> *«So hat man mir gesagt. Es gibt viele, die ihre, na, Sie verstehen mich schon, Señorita –, die ihre Kinder dort haben. Es gibt eine Frau, die ihren Sohn dort hat, die sagt, daß sie besser dran sind dort drüben. Man sieht sie zufrieden, dick. Die Adoptiveltern schicken mir Fotos, senden sie mir, nicht? Jetzt sind sie umgezogen und lassen nichts mehr von sich hören!»*

Ob sie die Hoffnung habe, daß das Kind ihr von Italien aus eines Tages helfen würde:

> *«Ja, es wird mir helfen. Es wird sich erinnern, wann das sein wird, Señorita. Wenn es kommen wird, dann – mir haben die Paare* (gemeint sind hier die Adoptiveltern) *gesagt, daß sie immer helfen werden und mich nicht vergessen werden. Hoffentlich wird es so sein, Señorita!»*

Auf die Frage, ob sie eine Unterstützung von den Adoptiveltern bekommen habe, antwortete sie:

> *«Ja, sie haben beim Hermano Geld hinterlassen. (…) Ja, für mich haben sie es dagelassen. Sie haben mir auch Geld von drüben geschickt mit den Fotos, so um die 20 US-$ glaube ich. Irgend etwas haben sie geschickt, um davon zum Arzt zu gehen. Ich wollte, aber irgendwie bin ich dann doch nicht hingegangen. Ich werde von dem Geld die Einschreibegebühren für die Schule meines ältesten Sohnes zahlen und einige Sachen für ihn kaufen.»*

Wie für sie die Trennung vom Kind gewesen sei:

> «*Ja, ja, ich hatte großen Kummer. Ich habe sehr gelitten, Señorita. Ich habe geweint und geweint. Ich bin nicht zum Flughafen gegangen. Ja, ich bin zum Hotel gegangen, um mich zu verabschieden.*»

Über ihre heutige Lebenssituation, die äußerlich vor der Freigabe des Kindes zur Adoption sehr ähnlich gewesen sein dürfte, machte Frau L. viele Äußerungen. Im Kontext, daß sie ihre beiden Kinder gerne behalten hätte, sagte sie:

> «*Aber im ganzen, nun, es ist nun nicht so gewesen. Ich bin Invalide. Es gibt keinen Ort zum Leben. Ich habe nicht einmal Arbeit. Ich kann nähen, aber ich habe kein Material, nichts zum Arbeiten. Also sagte ich dem Hermano: ‹Was mache ich jetzt?› Und dann sagte mir der Hermano, daß ich ein Stück Land suchen werde, freies Land. Und sagte ihm: ‹Ja, jetzt bringen sie mich fort dorthin, wo werde ich schlafen? Hier habe ich Essen und alles. Aber sie bringen mich fort. Ich weiß nicht.›* (Sie hat Angst, vom Hermano weggeschickt zu werden.) *Ich fühle mich schlecht, Señorita. Es gibt Tage, an denen ich nicht gehe, es gibt Tage, an denen ich gehe. Es gibt Tage, an denen ich aus dem Haus gehe, es gibt Tage, an denen ich nicht gehe* (sie weinte hier sehr). *(…)*»

Über ihren Gesundheitszustand sagte sie:

> «*Ja, Señorita, ich habe Rheuma. Ich kann nicht gehen, ich kann kein Wasser berühren. Obwohl sie* (vermutlich die Mitbewohnerinnen) *wissen, daß ich kein Wasser berühren kann, muß ich es holen und putzen. (…) Ja, es tut mir sehr weh, Señorita. (…) Sie haben mir gesagt, es ist Rheumatismus, Paralyse* (Gehirnschwund infolge von Syphilis bis zur völligen Lähmung), *sagte man mir. Ich weiß es nicht, Señorita* (sie weinte an dieser Stelle). *Und darüber hinaus, mehr als für mich, ist es wegen meines ältesten Sohnes. Wenn sie mich weg, dorthin zum Grundstück bringen, weiß ich nicht, was ich machen soll* (sie weinte hier). *Was werde ich essen? Mein Sohn wird sein Studium* (hier im Sinne von schulischer Ausbildung) *verlieren, weil er arbeiten gehen wird.*»

Nach der Erzählung von Erlebnissen aus ihrer Kindheit sagte sie:

« Und so sind mir viele Sachen passiert im Hochland. Ich litt ziemlich, aber im Moment leide ich auch! (Hier weinte sie.) *Manchmal sage ich: ‹Warum sterbe ich nicht, um das Leiden zu beenden?› Soll so mein Schicksal sein, Señorita? Wie lange soll es dauern? Ich kann mir nicht erklären, wozu mein Leiden ist.»*

Ursachen und Hintergründe der Freigabe zur Adoption

Mütter, die ihre Kinder zur Adoption freigeben, kommen schnell in den Ruf der «Rabenmutter». Ihnen werden Egoismus, mangelnder Mutterinstinkt, Bequemlichkeit und Verantwortungslosigkeit unterstellt. Dagegen wird die Adoption eines solchen Kindes allgemein als «gute Tat» anerkannt, vor allem, wenn es sich um ein Kind aus der sog. «Dritten Welt» handelt.

Daß die Gründe der Mütter vielfältiger sind, sich addieren und potenzieren und daß es sich bei der Freigabe keineswegs um einen leichtfertigen, oberflächlichen Entschluß handelt, sondern daß diese in der überwiegenden Mehrzahl der Fälle einen schmerzvollen, vielfach bereuten Schritt darstellt, ist mittlerweile durch wissenschaftliche Untersuchungen von in Deutschland lebenden Müttern bekannt, gilt aber ebenso für Mütter aus der sog. «Dritten Welt». Die beiden von mir befragten Mütter nennen mehrere konkrete Gründe für die Freigabe ihrer Kinder, die jedoch eher als Auslöser für die Freigabeentscheidung gesehen werden müssen und ohne eine zugespitzte, akute Not- und Krisensituation nicht denkbar sind.

Diese hat allerdings vielerlei Ursachen, die als soziostrukturelle Bedingungsfaktoren der Freigabe gesehen werden müssen: die Armutssituation, die Migration vom Land in die Stadt, die Gesundheitssituation sowie die Rolle der Frau in Peru.

Die Armutssituation ist gekennzeichnet durch eine hohe Analphabetenrate, eine nicht ausreichende Bildungsstruktur, eine große Kindersterblichkeit, ein geringes Pro-Kopf-Einkommen, miserable, teils menschenunwürdige Wohn- und Lebensbedingungen u. a. m. Mit der Migration vom Land in die Stadt gehen viele Probleme einher wie z. B. Kulturschock, Identitätsprobleme, Isolation von der Großfamilie, Sprachschwierigkeiten usw. Dazu kommt der «machismo», der

Männlichkeitswahn der lateinamerikanischen Gesellschaft, der die vollständige Unterordnung der Frau unter den Mann und die von ihm definierte Hausfrau- und Mutterrolle verlangt und notfalls auch mit Gewalt erzwingt.

Zu fragen bleibt, welche Faktoren sonst die Freigabeentscheidung beeinflussen, ob z. B. eigene (früh-)kindliche Verlassenheit und Verlassenheit vom Partner der Mütter diese eher an eine Weggabe auch der eigenen Kinder denken läßt als Frauen, denen solches Leid erspart geblieben ist. Zu berücksichtigen ist aber sicher auch, welchen Einfluß offizielle Stellen wie Jugendgerichte, Polizei, Sozialarbeiter usw. auf die jeweilige Freigabeentscheidung haben, also inwieweit aufgrund von Status- und Machtunterschieden die Mütter ihre Rechte nicht durchsetzen können oder nicht durchsetzen zu können glauben. Doch auch so kann kein Zweifel daran bestehen, daß es sich in der weitaus größten Zahl der hier zur Debatte stehenden Entscheidungen um «strukturell erzwungene Freigaben», wie dies von Christine Swientek bezeichnet wird, handelt.

Auswirkungen der Freigabeentscheidung für die Mütter

Beide Mütter machten wenig Aussagen über ihr Befinden während der Begegnung mit den europäischen Adoptiveltern. Man kann aber erahnen, wie ohnmächtig sich die peruanischen Frauen in einer solchen Situation fühlen müssen, wenn sie ihr Kind vorwiegend aus materieller Armut an eine in ihren Augen reiche, gesunde weiße Frau bzw. ein Paar abgeben. Die materiellen Aspekte wurden von beiden Frauen erwähnt in dem Zusammenhang, daß die Kinder sofort eingekleidet, ernährt wurden usw. Auch sie selbst erhielten kleinere Geldbeträge.

Zunächst waren die Mütter erleichtert, daß sie aktiv für die Zukunft ihrer Kinder gesorgt hatten. Aber die Fallbeispiele machen deutlich, daß beide Frauen unter der Freigabeentscheidung erheblich leiden. Auch ist klar, daß beide zuerst keine Adoption wollten, sondern an eine vorübergehende Lösung, z. B. eine Tagesbetreuungsstätte, dachten. Diese Alternativen waren für sie nicht gegeben und wurden vom Umfeld nicht angeboten. Beide Mütter, die sich eine Verbesserung ihrer Situation erhofften, mußten feststellen, daß bestenfalls den Kindern geholfen wurde und sie selbst nun zusätzlich

Trauer-, Verlust-, Schuld-, Einsamkeitsgefühle usw. haben. Es kann festgestellt werden, daß die Mütter «Mütter um jeden Preis» sind, d. h., daß sie zugunsten ihrer Kinder und deren Zukunft alles geben. So geben sie z. B. durch die Freigabe fast vollständig die Chance auf, daß sich die Kinder um ihre Altersversorgung in Peru kümmern.

Unbekannt bleibt, ob die abgebenden Mütter von ihrer Umgebung stigmatisiert werden oder ob sie vielleicht sogar ein Stück zusätzlicher Anerkennung bekommen, weil sie ihrem Kind eine Zukunftsperspektive eröffnet, ja erst geschaffen haben. Offen bleiben muß aber auch, ob für Frauen, deren Leben auf die Sorge um das tägliche Überleben ausgerichtet ist, überhaupt Zeit und Kraft bleibt, sich der Tragweite und Endgültigkeit ihrer Entscheidung bewußt zu werden.

Adoption – Hilfe für wen?

Inwieweit ist die Situation der beiden von mir befragten Frauen zu verallgemeinern? Bezogen auf die Ursachen und Hintergründe der Freigabe sowie auf die Auswirkungen und die Verarbeitung der Entscheidung weisen beide Fälle Merkmale auf, die in vielen Fällen ähnlich sein dürften. Ungewöhnlich ist jedoch das Alter des Kindes von Frau T., da vorwiegend Kleinkinder und Babys zur Adoption von Ausländern gewünscht sind.

Bei der staatlichen Adoptionsvermittlungsstelle INABIF sowie bei Vermittlern, die sozialpädagogische Hilfen für verlassene Kinder und ihre Mütter im Land selbst anbieten, dürfte die Zahl der Vermittlungen von Kindern, deren Mütter bekannt sind, erheblich niedriger liegen als im Fall sog. Privatadoptionen. Deren Vermittler bieten bekanntlich kaum Alternativen zur Auslandsadoption an und haben oft genug ein rein finanzielles Interesse an einer solchen Vermittlung.

Anhand der Fallbeispiele und der kurz dargestellten Hintergründe sollte deutlich geworden sein, daß die Auslandsadoption als Hilfe für sich in Not befindende Mütter ungeeignet ist. Sie stellt für diese Frauen keine adäquate Lösung ihrer vielseitigen Probleme dar und bedeutet in den meisten Fällen zusätzliches Leid. Vertretbar sind Adoptionen allenfalls in Fällen, in denen Mütter ihre Kinder, z. B. als Folge einer Vergewaltigung, grundsätzlich ablehnen oder in denen bereits Kinder ausgesetzt bzw. wirklich verlassen wurden. Wie kann aber erreicht werden, daß wirklich nur in den Fällen eine Freigabe zur

Adoption geschieht, in denen es die Mütter wollen und dies die einzige Möglichkeit der Problemlösung für Mutter und Kind ist?

Sollte die dazu notwendige Beratung der Mütter und die entsprechende Auswahl der Adoptiveltern nicht Fachstellen vorbehalten bleiben, die keinerlei finanzielles oder strukturelles Interesse an der Freigabeentscheidung der Mütter haben dürfen? Doch ist dies in einem Land wie Peru mit seinen vielfältigen Problemlagen überhaupt zu gewährleisten, zumal man schon in der Bundesrepublik feststellen muß, daß Adoptionsvermittler sich «naturgemäß» oft lieber mit den Adoptiveltern und deren Kindern beschäftigen als mit der mühevoller scheinenden Hilfe für Mütter in Notlagen?

VI.

Die staatlich anerkannten Adoptionsvermittlungsorganisationen

Adoptionsvermittlung des Caritasverbandes für die Diözese Hildesheim e. V.

von Angela Westermann

Die staatlich anerkannte Adoptionsvermittlung des Caritasverbandes für die Diözese Hildesheim e. V. ist neben ihrem Adoptions- und Pflegekinderdienst für Kinder des Bistums Hildesheim seit über 10 Jahren auch im Bereich der interstaatlichen Adoption tätig. Diese Arbeit bezieht sich ausschließlich auf die Vermittlung peruanischer Kinder aus einem Kinderheim in Peru. Träger dieses Heimes und anderer sozialer Einrichtungen in Peru ist eine Ordensgemeinschaft mit Sitz in der Diözese Hildesheim.

Bis Ende 1993 wurden über Hildesheim 72 Kinder, d. h. pro Jahr etwa 5–8, vermittelt. Dabei waren 51 Kinder unter 1 Jahr, 13 Kinder 1–3 Jahre und 8 Kinder 4–8 Jahre alt. Die Vermittlungen erfolgten innerhalb des Bistums Hildesheim. In der Vorbereitung und nachgehenden Begleitung der Ehepaare und Familien legen wir Wert auf intensive Kontakte, die über die Bistumsgrenzen hinaus aufgrund der Entfernungen nicht leistbar wären.

Vor dem Hintergrund weniger, am Einzelfall ausgerichteter Vermittlungen an Familien in einem räumlich begrenzten Bereich war es uns in Hildesheim über die Jahre möglich, mit einer überschaubaren Anzahl interessierter Ehepaare als auch späteren Familien eine intensive Vorbereitungsphase und eine weiterführende Elternarbeit aufzubauen. Dazu gehören, z. T. in Zusammenarbeit mit der Ordensgemeinschaft: Informations- und Beratungsgespräche, auch im häuslichen Umfeld; Gruppentreffen zur vertieften Auseinandersetzung mit der Thematik unter Einbeziehung erfahrener Adoptiveltern; Austausch mit Eltern peruanischer Kinder untereinander im direkten näheren Umfeld; das Initiieren und Unterstützen von regionalen Elternkontakten; jährliches Familientreffen aller ‹Peru-Fami-

lien›. Oft sind Ehepaare und Familien miteinander bekannt, bei etlichen haben sich freundschaftliche Beziehungen entwickelt. Viele
Familien sind Mitglied im Förderverein der Missionswerke des Ordens geworden und unterstützen durch Geld und Sachspenden, Paten-
schaften etc. die Arbeit der Schwestern in Peru. Die Ordensschwestern
bemühen sich dort um die Schaffung menschenwürdiger, mütter- und
kindgerechter Verhältnisse vor Ort; z. B. werden Kleinprojekte gefördert, der Aufbau von Schulen und Gemeindezentren, Gesundheitsstationen im Urwald usw. Sie versuchen dabei, durch gezielte
Einzelfallhilfen präventiv die Auflösungserscheinungen von Familien zu verhindern.

Ihr Ziel ist demnach nicht in erster Linie die Adoptionsvermittlung.
Erst wenn von den Schwestern abgeklärt worden ist, daß es für ein
bestimmtes Kind keine andere Möglichkeit der Hilfe gibt, wird unsere Vermittlungsstelle eingeschaltet. Diese übernimmt die Information, Beratung und Vorbereitung eines Ehepaares. Zur Adoption
nach peruanischem Recht müssen die Eheleute nach Peru fliegen und
sich dort einige Wochen aufhalten. Nach der Rückkehr beraten und
begleiten wir die Adoptivfamilie bei der Umstellung auf die neue Fa-
miliensituation und unterstützen sie im Adoptionsverfahren nach
deutschem Recht. Diese Arbeit geschieht in Kooperation mit dem Jugendamt und ohne finanzielle Zuschüsse seitens staatlicher Stellen;
die anfallenden Verwaltungskosten für eine Vermittlung werden
durch den Caritasverband Hildesheim als Träger der Arbeit abge-
deckt.

Der peruanische Staat hat im Frühjahr 1993 ein neues Adoptions-
gesetz erlassen. Dieses sieht u. a. die Einrichtung einer zentralen
Adoptionsbehörde vor sowie den Vorzug der Inlandsadoption vor
der Vermittlung an Ausländer. Das bisher langwierige Adoptionsverfahren wurde vereinfacht und in seiner Dauer verkürzt. Die peruanische Regierung wird jedoch Kinder nur noch in Länder vermitteln,
mit deren Regierungen bzw. bevollmächtigten Adoptionsbehörden
sie ein entsprechendes Abkommen geschlossen hat. Damit will Peru
im Sinne der Haager Konvention regeln, wer im Herkunftsland und
im Aufnahmeland die Verantwortung für die Vermittlung trägt und
welche Verfahrenswege einzuhalten sind, damit die Kinder bei einer
grenzüberschreitenden Adoption vor Kinderhandel und Mißbrauch
geschützt werden. Zwischen Peru und Deutschland gibt es ein solches

Abkommen noch nicht. Daher kommen offiziell keine peruanischen Kinder in die Bundesrepublik, und der Caritasverband hat z. Zt. in diesem Bereich seine Arbeit einstellen müssen. Wir haben jedoch ein Interesse, weiterhin an der seriösen und fachlich verantwortbaren Vermittlung peruanischer Kinder mitzuarbeiten und sind an der Suche nach neuen Lösungen im o. g. Sinne beteiligt.

Caritasverband für die Diözese
Hildesheim e. V.
– Adoptionsvermittlung –
Mühlenstraße 24
31134 Hildesheim

Eltern für Kinder e. V.

von Helmut Schildkamp

Der Verein «Eltern für Kinder» ist relativ jung, doch die Arbeit, der er sich widmen will, wird von seinen Mitgliedern schon seit vielen Jahren geleistet. Bei der Vermittlung von mehr als 2500 Adoptivkindern nach einem gewachsenen, bewährten, anerkannten Verfahren wurden wertvolle Erfahrungen gesammelt und auch im Laufe der Jahre umgesetzt.

Gründung und Aufgabe

Den Rahmen für die Vermittlung von verlassenen, ausgesetzten, ungewollten Kindern aus Ländern der Dritten Welt an deutsche Adoptiveltern bot bisher das Kinderhilfswerk «terre des hommes», das jedoch Pfingsten 1987 entschied, seine Vermittlungsarbeit drastisch zu verringern, weil die Auslandsadoptionen nicht geeignet seien, die Probleme in den Ländern der Dritten Welt zu lösen.

Zahlreiche Mitarbeiter von «terre des hommes», vor allem aus dem Kreis der Adoptiveltern, sahen daraufhin die Hilfe für bereits verlassene, elternlose Kinder, so wie sie bisher geleistet wurde, gefährdet. Um dennoch diese Arbeit in der bewährten Weise fortsetzen zu können, gaben sich diese Eltern einen neuen organisatorischen Rahmen.

Sie wollen wie bisher nach Eltern für Kinder suchen, die neue Eltern brauchen. «Eltern für Kinder» erhebt nicht den Anspruch, Probleme in den Ländern der Dritten Welt grundsätzlich lösen zu wollen. Der Verein will seine Sorge um das Schicksal elternloser Kinder in wirksame Hilfe für einzelne, hilfsbedürftige Kinder umsetzen. Daneben will sich der Verein auch – in realistischer Einschätzung seiner eigenen Kräfte und Einflußmöglichkeiten – darum bemühen, vorbeugende Hilfe dort zu leisten, wo sie Verlassenheit von Kindern verhindern könnte.

Aus der Satzung:
«Zweck des Vereins ist die persönliche Sorge für verlassene Kinder. Der Verein sucht das Recht eines jeden Kindes auf Eltern zu verwirklichen. Dieser Zweck wird erfüllt durch

- *Zusammenarbeit mit Partnern, die sich um den Erhalt oder den Neubeginn einer verantwortungsvollen Elternschaft im Geburtsland des Kindes und im Ausland bemühen.*
- *Adoptionsvermittlung gemäß dem geltenden Adoptionsrecht.*
- *Aufklärung der Öffentlichkeit über die Probleme verlassener Kinder.*
- *Unterstützung der gesellschaftlichen Integration der nach Deutschland vermittelten Kinder.»*

Der Vereinswechsel von «terre des hommes» zu «Eltern für Kinder» war für viele Eltern nicht leicht, schmerzlich, aber doch unvermeidlich. Für sie gehört die Adoptionsarbeit als Hilfe für verlassene Kinder zu einem als richtig erkannten und erlebten Dasein im Zusammenleben mit Adoptivkindern aus der Dritten Welt. Gemeinsam mit ihren Kindern sind diese Eltern froh darüber, daß ihren Kindern ein hoffnungsloses Schicksal in den Heimen erspart bleiben konnte. Doch damit wollen sich diese Eltern nicht zufriedengeben. Sie hoffen, daß eine derartige Hilfe für noch viele verlassene Kinder möglich ist, und sie wollen sich an dieser Hilfe beteiligen.

Wertvorstellungen

In der derzeitigen öffentlichen Diskussion über Auslandsadoptionen werden zum Teil Wertvorstellungen vertreten, denen wir nicht folgen können.

Überbetonung der politischen Argumente

Von vielen Menschen in der Bundesrepublik wird die Formel der nationalen Kräfte eines Entwicklungslandes nachgebetet: «Erst hat die weiße Welt unsere Arbeitskraft und unsere Bodenschätze genommen, jetzt nimmt sie noch unsere Kinder.» Kritiklos wird hier das nationale Argument dem individuellen Argument übergeordnet.

Die Frage lautet doch: Institutionelle Lösung (d. h. Heimunterbringung im Heimatland) oder – notfalls – neue Eltern anderswo? Es ist schon fraglich, ob ein Kind in einem Land beheimatet sein kann, das die Kindheit in diesem Land nur in einer Art «Kinder-Gefängnis» erleben darf und das daraus mit ca. vierzehn Jahren ausgestoßen zu der untersten gesellschaftlichen Schicht seines Landes zählt.

Für die Adoptiveltern kann das Kind nicht Mittel zum Zweck gesellschaftspolitischer Veränderungen sein. Ihr Handeln ist primär auf das Kind als Individuum gerichtet. Insofern unterscheidet sich diese Einzelfallhilfe, wenngleich sie auch immer gesellschaftspolitische Aspekte hat, von der gesellschaftspolitisch-entwicklungspolitischen Projektarbeit, für die der gesellschaftliche Zusammenhang definitionsgemäß Priorität besitzt.

Vor dem Hintergrund, daß Inlandsadoption derzeit nur in geringer Zahl möglich ist und ein Heimschicksal nur die schlechtere Alternative sein kann, gleichgültig, wo das Heim ist und wer es trägt, bewerten auch wir die Adoption – aus der Sicht der leiblichen Eltern und des Kindes – als Notlösung. Wir erkennen darin aber gleichzeitig gesellschaftspolitisch eine wichtige fortschrittliche Komponente: In einer Zeit, die endlich dabei ist, politische und wirtschaftliche Grenzen abzuschaffen, ist es die Bereitschaft, über die Grenzen der Blutsbindung hinweg die Schranken von Kasten, Klassen, Rassen und Nationalitäten zu überwinden.

Kritiklose Anerkennung der Inlandsadoption

Abgesehen von möglichem Mißbrauch wie z. B. Dienstbotenadoption oder Abrichtung von Adoptivkindern zum Betteln, werden häufig nur solche Kinder im Inland Eltern finden, die ganz klein, ganz gesund und möglichst im Aussehen den Wertmerkmalen der Gesellschaft entsprechen. Es mag auch durchaus gelingen, ein mutiges Elternpaar zu finden, das sich offen zu seinem Adoptivkind bekennt; ob dieses Kind aber in der Sippe und in der Gesellschaft geachtet wird, bleibt fraglich.

Überforderung lediger Mütter

Oft wird gefordert, die leibliche Mutter materiell zu unterstützen, damit sie ihr Kind behalten kann. Armut ist jedoch nur selten der ausschlaggebende Grund für die Abgabe des Kindes. In vielen Fällen, ganz besonders, wenn es sich um Gesellschaften mit engen moralischen Grenzen und um ledige Mütter handelt, ist die nichteheliche Geburt ein Stigma für die Mutter, und sie wünscht sich nichts sehnlicher, als von dieser Tat freizukommen. Wir halten es für vermessen, den sozusagen Stigmatisierten die gesellschaftliche Vorreiterrolle aufzubürden, die vielleicht erst in Jahrzehnten zur vollen Achtung der ledigen Mütter führen mag.

Hintanstellen der Einzelfallhilfe

Wer neben dem Schicksal einzelner Kinder die weltweit große Gruppe verlassener Kinder im Auge hat, wird vielleicht angesichts der geringen Möglichkeiten der Hilfe verzweifeln. Er wird versuchen, die Situation durch integrierte Hilfe gegenüber dieser Gruppe zu verändern. Das ist gut und richtig.

Doch bleibt die Notwendigkeit der Einzelfallhilfe bestehen. Wer dieses «Sowohl – als auch» negiert oder gar behindert, muß sich vorwerfen lassen, daß langfristige Entwicklungsprojekte unter Verzicht auf kurative Hilfe menschenverachtend sein können.

Unsere Arbeit konkret:
Auswahlverfahren, Vermittlung, Nachbetreuung

«Eltern für Kinder», der Name dieses Vereins benennt sein Programm: *Wir suchen Eltern für Kinder, denen Eltern fehlen. Es geht nicht um den Service der Baby-Vermittlung für Ehepaare, die keine Kinder bekommen können.*

Das heißt, wir wollen *verlassene Kinder mit neuen Eltern versorgen, wenn sie sonst im besten Fall verwahrt in kirchlichen oder staatlichen Heimen ohne familiäre Beziehungen verelenden würden, sowie Problemkindern helfen, die körperlich, psychisch und kognitiv in ihrer Entwicklung gestört sind und die deshalb die Geborgenheit in einer familiären Beziehung brauchen.*

Jedes Kind braucht eine Familie oder familienähnliche feste Bezugspersonen, die ihm Sicherheit und die notwendigen Bedingungen für eine ungestörte körperliche und psychisch-kognitive Entwicklung gewähren. Heime können diese «Nestwärme» nicht bieten.

Wir verstehen uns dabei als Anwalt des Kindes, um in dieser Situation seine Interessen nach den gegebenen Möglichkeiten zu vertreten. Wir bemühen uns darum, für das Kind eine neue Familie zu finden. Unsere Suche gilt stets geeigneten, belastbaren, verständigen, liebevollen Eltern, nicht aber pflegeleichten, niedlichen, problemlosen Säuglingen für interessierte Paare. Dabei sind wir bestrebt, die Vermittlung nach einem optimalen, den Kindesinteressen gerecht werdenden Verfahren durchzuführen.

Weil unkontrollierte Adoptionsvermittlung ohne durchschaubares Verfahren und sorgfältige Elternauswahl schwer von nachfrageorientierter Babysuche und Kinderhandel zu unterscheiden sind, weil die Übergänge zu kriminellem Handel fließend sind, ohne daß sie von gutwilligen Adoptionsbewerbern erkannt werden können, warnen wir ausdrücklich vor Privatadoptionen. Das bedeutet aber nicht, daß wir den guten Willen derjenigen kritisieren, die sich im Interesse der Kinder auf privatem Wege um eine Adoption bemüht haben.

Dabei handelt es sich oft genug um Kinder, denen nur auf diesem Wege geholfen werden kann. Unabhängig von unserer Warnung vor den möglichen Gefahren der Privatadoption fühlen wir uns aber verantwortlich für die Begleitung und Unterstützung der Kinder, die durch Privatadoptionen eventuell isoliert hier aufwachsen.

Es ist nicht zu bezweifeln, daß Kinder für ihre Entwicklung Eltern brauchen. Andererseits gibt es in Deutschland genügend Eltern, die sich um Elternschaft für ein Kind – gleich welcher Hautfarbe – bemühen. Primär mag ihr Wunsch auf ein Kleinkind oder einen Säugling ausgerichtet sein. «Eltern für Kinder» schildert die vorherrschende Lage der Kinder in der Dritten Welt und sucht durch *Information* ein Umdenken zu bewirken.

Wichtig ist dabei, daß die Information in einer differenzierten Zeitabfolge erfolgt: erst schriftlich, dann im Gruppengespräch, später im Einzelgespräch mit erfahrenen Adoptiveltern, dann in Zusammenarbeit mit einem Psychologen, der auf diesem Gebiet besondere Erfahrung hat. Nur so kann die Selbstprüfung der Eltern Erfolg haben. Wichtig ist dabei auch, daß die Eltern zu jedem Zeitpunkt, ohne das Gesicht zu verlieren, sich eingestehen können, dieser Aufgabe nicht gewachsen zu sein. Das geschieht ganz einfach dadurch, daß sie den nächsten Schritt, zu dem sie aufgefordert werden, nicht tun. Eine letzte Entscheidung eines unabhängigen Gremiums innerhalb des Vereins gibt die Sicherheit, daß wir nur solche Eltern «*den Kindern empfehlen*», die geeignet sind, einem Kind, gleich welcher Herkunft, unter Achtung seines bisherigen Lebensweges eine Entwicklung zu ermöglichen, die seinen Bedürfnissen und Fähigkeiten entspricht.

In der Dritten Welt gibt es eine Fülle verantwortungsvoller Heimleitungen, Richter, Sozialarbeiter, denen es trotz der Übermacht der Not darum geht, für einzelne Kinder die rechten Eltern zu finden. Diese Menschen sind unsere Partner. Das, was wir zu leisten vermögen, ist, ihnen dabei zu helfen, für das eine oder das andere der ihrer Sorge unterstellten Kinder die rechten Eltern zu finden, ihnen das Versprechen geben zu können, daß nach erfolgter Adoption diese Kinder und ihre Eltern in unserem Lande nachbetreut werden, um so das Hineinwachsen in unsere Familien und in unsere Kultur zu erleichtern.

Wir sind der Überzeugung, daß viele kinderlose Ehepaare über die Not der Kinder nicht ausreichend unterrichtet sind und daß auf Grund einer solchen Information eine Modifizierung des Kinderwunsches möglich ist. Wer nach den Erfahrungen, die ihm zuteil wurden, aufgrund persönlicher Bequemlichkeit den Weg der Privatadoption geht, sieht sich häufig in der Einschätzung der Schwierigkeiten getäuscht. In einem Faltblatt, das wir über die Jugendämter allen eine

Auslandsadoption erwägenden Eltern zugänglich machen, betonen wir die Risiken einer Privatadoption und machen ihnen die Grenzen zum Kinderhandel klar. Sollten sie sich auf das Angebot eines Kinderhändlers einlassen, so müßte ihnen eine Mitwirkung am Kinderhandel angelastet werden.

Eine Vorverurteilung von kinderlosen Ehepaaren, wie sie sehr häufig in der Öffentlichkeit z. Z. betrieben wird, halten wir für zutiefst unseriös.

Wer lediglich von einem unabwendbaren Zug zum Säugling spricht, muß sich fragen lassen, ob er selbst denn eine entsprechende Information zur Kindesaufnahme entschlossener Eltern im Interesse der zu versorgenden Kinder geleistet hat. Es ist uns wichtig, «lieber eine Kerze zu entzünden, als nur der Finsternis zu fluchen».

Unser *Auswahl- und Vorbereitungsverfahren* hat sich seit Jahren bewährt. Die Aufnahme eines fremdländischen Adoptivkindes sehen wir als ein «Projekt in der Familie». Wir halten es für wichtig, daß Adoptionsbewerber schon in der Vorbereitungsphase durch Austausch mit erfahrenen Adoptiveltern den Umfang der Anforderungen an sie kennenlernen. Unsere zahlreichen kleinen Elternkreise in der Bundesrepublik und einzelne erfahrene Elternpaare leisten diese Arbeit, die selbst ein Sozialarbeiter oder ein Psychologe ohne Adoptionserfahrung nur schwerlich leisten kann. Sobald ein Elternpaar «einem Kind empfohlen» werden kann, erhält es Kontakt-Anschriften von Eltern und Elternkreisen, auf die es zugehen sollte, so daß schon vor dem Abholen des Kindes ein soziales Netz für das Kind geknüpft ist.

Die «Reise zum Kind», d. h. das *Abholen des Kindes im Herkunftsland*, halten wir für einen wichtigen Akt im Adoptionsgeschehen, auf den wir nur in Ausnahmefällen verzichten wollen. Unsere Partner in den Herkunftsländern der Kinder lernen die von uns empfohlenen Eltern kennen. Die Eltern erfahren etwas von dem Umfeld, das ihr Adoptivkind bisher getragen hat. Adoptiveltern berichten uns immer wieder, daß diese Tage im Herkunftsland des Kindes ihnen ein besonders beeindruckendes Erlebnis waren. Häufig begründet es ein weiteres Engagement für Hilfe der Eltern an dem Herkunftsort ihres Kindes. Gewiß ergeben sich wertvolle Hilfen für das Verständnis des Kindes.

Ist das Adoptivkind hier in der Familie, eröffnen sich eine Fülle unvorhersehbarer Fragen und Probleme, die eine *Nachbetreuung* notwendig machen. Für Kind und Eltern ist es wesentlich, Hilfe durch die zu erhalten, die ähnliches schon früher erlebt haben. In besonders schwierigen Fragen ist es vonnöten, Fachleute hinzuzuziehen: Jedem Elternpaar stehen der beratende Psychologe aus dem Auswahlverfahren sowie die Sozialarbeiter der Geschäftsstelle zur Verfügung.

Für den «Normal-Fall» gilt folgende Regel: Große Elterntreffen oder Kinderfeste können der Kontaktanbahnung dienen; langfristige, regelmäßige Verbindungen lassen sich jedoch nur in einem kleinen Kreis Schicksalsverbundener pflegen, wenn das nötige Vertrauen zueinander gewachsen ist. Adoptiveltern sind aus Verantwortung gegenüber ihrem Kind dazu aufgefordert, mit anderen Eltern in ähnlicher Lage von sich aus Kontakt aufzunehmen, schon, um ihrem Kind die Erfahrungen von Freunden in gleicher Lage zu geben.

Alle Elternkreise sind zudem angehalten, im örtlichen Rahmen Einladungen an Eltern auszusprechen, die ihr fremdländisches Kind im Wege einer Privatadoption oder durch eine andere Vermittlungsstelle erhalten haben. Die Offenheit aller Elternkreise ist eine wesentliche Hilfe für die Kinder, auf welchen Wegen sie auch neue Eltern gefunden haben.

Finanzierung

Wer das Recht des einzelnen Kindes auf Eltern verwirklichen will, braucht fachkundige Sozialarbeiter mit Erfahrung im Adoptions- und Pflegekinderwesen. Nur so können einem Kind wieder Eltern gegeben werden, die es verstehen, die seine Verlassenheitserlebnisse liebevoll mit ihm aufarbeiten, die es in dieser fremden Welt als verläßliche Freunde begleiten. Kinder ohne Eltern leben in jedem Land der Erde. Sie aufzusuchen, die Möglichkeiten der Hilfe zu erkunden, erfordert Reisen, kostet Geld.

Somit ist «Eltern für Kinder» ein Verein mit erheblichem «Verwaltungsaufwand»: 100 Prozent der Mitgliederbeiträge sowie viele Spenden sind dafür erforderlich. Doch der hohe Vereinsbeitrag ist nicht mit dem eines Klubs gleichzusetzen: Hier ist es ein Garantiebeitrag, damit verlassene Kinder neue Eltern finden können. Die Mitglieder des Vereins sind neben ihrem ehrenamtlichen Einsatz auch «Garanten der Hilfe». Deckt der Beitrag die Verwaltungskosten, ist der Verein von der Zahl der Vermittlungen unabhängig. Mit größerer Geduld kann die sachgerechte Lösung für das verlassene Kind gesucht werden.

Für dieses Finanzkonzept braucht «Eltern für Kinder» Mitglieder – Garanten für Hilfe –, die sich über den Einsatz ihres Beitrages im klaren sind. Vielleicht erscheint dann der von der Gründerversammlung festgesetzte, relativ hohe Beitrag von 30 DM pro Monat verständlich: «Jeden Tag eine D-Mark, damit Hilfe möglich wird.»

Eltern für Kinder e. V.
Bochumer Straße 18
45276 Essen

Zentraler Evang. Fachdienst für interstaatliche Adoptionsvermittlung beim Evang. Verein in Düsseldorf-Wittlaer

von Volker Krolzik

Interstaatliche Adoptionsvermittlung ist für die Mitarbeiterinnen und Mitarbeiter dieser Adoptionsvermittlungsstelle ein altes Thema, das sie schon vor über 40 Jahren intensiv beschäftigt hat: Nach Ende des Zweiten Weltkrieges wurden bis hinein in die siebziger Jahre Hunderte von deutschen Kindern dunkler Hautfarbe durch die bis 1981 unserem Fachverband angeschlossene Adoptionszentrale des Diakonischen Werkes der Evangelischen Kirche in Deutschland in geeignete Adoptivfamilien im Ausland vermittelt. Es handelte sich dabei vor allem um Familien aus Dänemark und anderen skandinavischen Ländern, die schon damals unbelasteter und vorurteilsfreier dunkelhäutigen Kindern begegneten, als das in Deutschland zu dieser Zeit üblich war. Die meisten der vermittelten Kinder stammten aus nichtehelichen Beziehungen deutscher Frauen mit dunkelhäutigen Besatzungssoldaten. War es im Nachkriegsdeutschland sowieso schwer, ein nichteheliches Kind als alleinerziehende Frau großzuziehen, so sahen sich die Mütter sog. «negroider Mischlingskinder» ganz besonderen Diskriminierungen ausgesetzt, die sie häufig zu einer Adoptionsfreigabe ihres Kindes veranlaßten. Zu einigen dieser Mütter und einer größeren Anzahl erwachsener Adoptierter aus Dänemark haben wir heute im Zuge der Nachforschungen nach den biologischen Wurzeln der Adoptierten und ihrer Identitätsfindung wieder Kontakt. Als dann während der achtziger Jahre mit zunehmender Intensität innerhalb der evangelischen Kirche und ihrer Diakonie die Frage der Beteiligung evangelischer Adoptionsdienste an interstaatlichen Adoptionsvermittlungen von Kindern aus der sog. Dritten Welt diskutiert wurde, war es verständlich und logisch, daß vor allem unser Fachverband von verschiedenen Seiten zu einer eindeutigen Stellungnahme und auch zu einer Beteiligung an solchen Vermittlungen gedrängt wurde.

Die Diskussionen im Vorfeld

Staatliche Stellen und halbstaatliche Organisationen wiesen immer wieder auf den besorgniserregend großen schwarzen und grauen Markt in der Auslandsvermittlungsarbeit hin, dem möglicherweise durch Vereinbarungen mit den wichtigsten Herkunftsländern das Wasser abgegraben werden könne. Für das schon damals angestrebte Haager Übereinkommen zum Schutz von Kindern bei internationalen Adoptionen war und ist es erforderlich, daß eine ausreichende Anzahl qualifizierter Fachdienste in Deutschland sich dieser Aufgabe annimmt. Eine angemessene Förderung solcher Fachdienste durch die öffentliche Hand ist dringend zu fordern.

Nach mehrjährigen intensiven Diskussionen im Vorfeld hat der Evangelische Verein für Adoptions- und Pflegekindervermittlung 1987 schließlich folgende **Kriterien für eine evangelische interstaatliche Adoptionsvermittlung** entwickelt:

> #### Auftrag
> Im Mittelpunkt einer Auslandsvermittlungsarbeit der Diakonie müssen das hilfebedürftige Kind und die Beseitigung seiner Not stehen.

Umsetzung

Für die Bemühungen, die mit den jeweiligen Partnern in den Herkunftsländern gemeinsam getragen werden, gilt folgender Prioritätenkatalog:

1. *Vorbeugung der Verlassenheit von Kindern,*
2. *Wiedereingliederung in die Herkunftsfamilie,*
3. *Vermittlung in eine Dauerpflege- oder Adoptivfamilie im Lande selbst,*
4. *interstaatliche Adoption.*

Partner

Evangelische Auslandsvermittlungsstellen dürfen nur mit solchen Partnern zusammenarbeiten, die im Lande selbst aktiv und wirkungsvoll an der Beseitigung der Not alleinstehender Kinder arbeiten. Sie müssen vorrangig die inländischen Lösungsmöglichkeiten, wie z.B. Inlandsadoptionsprojekte oder den Aufbau von Pflegekinderdiensten, fördern. Dabei kann die Diakonie ihre Partner mit fachlichem Rat und finanziell unterstützen.

Zahl der Kinder

Da den alleinstehenden Kindern vorrangig im Herkunftsland selbst geholfen werden soll, wird die Zahl der durch evang. Stellen vermittelten ausländischen Kinder begrenzt sein.

Umfang der Arbeit

Neben der Vorbereitung und Durchführung der Adoptionsvermittlung muß auch die Nachbetreuung durch Einzelberatung und Gruppenarbeit in den Händen des jeweiligen evang. Fachdienstes liegen. Er kann dabei allerdings mit örtlichen Dienststellen der Diakonie oder ehrenamtlichen Helfern zusammenarbeiten. Die begleitende Beratung dieser Helfer muß sichergestellt sein.

Ausstattung und Unabhängigkeit der Stellen

Evangelische Auslandsvermittlungsstellen müssen fachlich und personell gut ausgestattet sein. Ein erweiterter Auftrag hat einen erhöhten Aufwand zur Folge. Die Unabhängigkeit der Adoptionsvermittler von Interessen der Bewerber oder Adoptiveltern muß gewahrt sein.

Auf Bitten der Bundesregierung beauftragte das Diakonische Werk der Evang. Kirche in Deutschland 1991 den Evang. Verein für Adoptions- und Pflegekindervermittlung Rheinland e. V. mit der Einrichtung eines bundesweit tätigen Zentralen Evang. Fachdienstes für Interstaatliche Adoptionsvermittlung.

In Zusammenarbeit mit dem äthiopischen Ministerium für Arbeit und Soziales wird seit Anfang 1991 durch diesen Fachdienst eine kleine Zahl äthiopischer Findelkinder, für die in ihrer Heimat keine adäquate Versorgungsmöglichkeit besteht, in geeignete deutsche Adoptivfamilien vermittelt. Bei der vorausgehenden Beratung der Adoptionsbewerberpaare sowie bei der Nachbetreuung der Adoptivfamilien bedienen wir uns eines relativ gut ausgebauten Netzes von Kontakteltern des Vereins «Kinder unserer Welt» und arbeiten bei der Überprüfung der Bewerberpaare und der Abwicklung der deutschen Nachadoption eng mit den Adoptionsdiensten der Jugendämter und freier Träger vor Ort zusammen. Die ehrenamtlichen Kontakteltern werden von den Fachkräften unseres Adoptionsdienstes regelmäßig geschult und beraten.

Bei den aus Äthiopien vermittelten Kindern handelt es sich überwiegend um Findelkinder, die gesundheitlich schwer beeinträchtigt sind und in ihrem von Hunger und Bürgerkrieg schwer gebeutelten Land keine Überlebenschance hätten. Die Mehrzahl von ihnen ist unter fünf Jahren alt. Jedoch werden auch einzelne sechs- bis zwölfjährige Kinder vermittelt. Alle Kinder haben gravierende Mangelerfahrungen physischer wie psychischer Art. Manche haben traumatische Kriegserlebnisse zu verarbeiten. In allen Fällen sind nach der Ankunft in Deutschland medizinische Behandlungen erforderlich; in vielen Fällen ist eine langfristige therapeutische Begleitung und Behandlung des betroffenen Kindes notwendig. Dabei ist es sicher eine besondere Belastung, daß häufig Kennenlern- und Anpassungsphase von Kind und neuer Familie mit einem mehrwöchigen Krankenhausaufenthalt zusammenfällt.

Für diese schwer belasteten Kinder werden besondere, sehr belastbare, gelassene, geduldige und hoffnungsvolle Eltern gebraucht.

Z. Zt. besteht eine Kooperationsvereinbarung des Zentralen Evang. Fachdienstes für interstaatliche Adoptionsvermittlung lediglich mit der Regierung Äthiopiens. Mit einem weiteren Land wird eine solche Vereinbarung angestrebt. Außerdem wirkt der Fachdienst in Einzelfällen auch an Adoptionsvermittlungen aus anderen Ländern mit.

Dieses Auslandsengagement ist allerdings der kleinste Zweig der Arbeit des Evangelischen Vereins für Adoptions- und Pflegekindervermittlung Rheinland e. V., der auch in Zukunft vorrangig die Vermittlung und Begleitung älterer oder behinderter Kinder in geeignete Pflege- oder Adoptivfamilien betreibt.

Unsere Beratungs- und Vermittlungsarbeit nehmen wir in enger Kooperation mit den örtlichen evangelischen Adoptions- und Pflegekinderdiensten wahr und verstehen sie als Ergänzung zu den einschlägigen Angeboten der Jugendämter.

Beratung unfreiwillig kinderloser Paare

Ein wichtiger Schwerpunkt der Arbeit konfessioneller Vermittlungsdienste, und besonders auch unseres Fachdienstes, liegt in der Beratung unfreiwillig kinderloser Paare – unabhängig davon, ob diese zu einer Adoptionsvermittlung führt oder nicht. Die besondere Schärfe auch des Problems des Mißbrauchs von Auslandsadoptionen liegt ja darin, daß in den Industrienationen die Zahl unfreiwillig kinderloser Paare ständig wächst und bisher nicht ausreichend viele fachlich qualifizierte Beratungs- und Hilfsangebote zur psychischen Bearbeitung dieses Schicksals vorgehalten werden. Seit Jahren fordern wir deshalb, daß die Mitarbeiter aller Adoptionsdienste für diese noch neue Aufgabe durch entsprechende Fortbildung qualifiziert werden müssen und daß die Effektivität dieser Dienste nicht mehr an *Vermittlungs*zahlen gemessen wird. Als Fachverband der Diakonie haben wir dazu unseren Beitrag durch Tagungen und Fortbildungsveranstaltungen geleistet. Immer wieder bitten wir Bund und Länder darum, die Übernahme dieser neuen Beratungsaufgabe durch Adoptionsdienste zu fördern und so zur Prävention illegaler Adoptionsvermittlungen beizutragen.

Der Evangelische Verein wird durch einen ehrenamtlichen, multiprofessionell zusammengesetzten Vorstand geleitet und unterhält eine Geschäftsstelle, die mit hauptamtlichen Fachkräften besetzt ist. Ihre Adresse lautet:

Evangelischer Verein für
Adoptions- und Pflegekindervermittlung Rheinland e. V.
Einbrunger Str. 82
40489 Düsseldorf-Wittlaer

Internationaler Sozialdienst, Deutscher Zweig e. V.

von Ingrid Baer

Beim Internationalen Sozialdienst (ISD) handelt es sich um die deutsche Zweigstelle eines internationalen Gesamtverbandes (International Social Service).

Der Verein wurde 1924 aus Anlaß der nach dem Ersten Weltkrieg einsetzenden Migrationsbewegungen gegründet. Er entwickelte sich als Verbindungsstelle zwischen Ausland und Heimat bzw. umgekehrt. Damaliger Name: Familiendienst für Ausgewanderte. Gegen Ende des Zweiten Weltkriegs mußte der Familiendienst für Ausgewanderte seine Tätigkeit nahezu vollständig einstellen. Der Wiederaufbau der deutschen Zweigstelle erfolgte mit Hilfe der Zentrale in Genf zu Beginn der fünfziger Jahre. 1956 wurde der Verein mit dem neuen Namen, Internationaler Sozialdienst, Deutscher Zweig, wieder als e. V. eingetragen. Er hat heute achtzehn Einzelmitglieder und zehn Mitgliedsorganisationen (im wesentlichen die Zentralen der großen Wohlfahrtsverbände und die kommunalen Spitzenverbände). Die Zahl der Mitarbeiter/innen beträgt derzeit 35.

Der ISD ist institutioneller Zuwendungsempfänger des Bundes, d. h. dieser garantiert im wesentlichen die Finanzierung. Zuständiges Ministerium ist das Bundesministerium für Familie und Senioren. Neben dem umfassenden Bundeszuschuß werden in geringem Umfang Länderzuschüsse gezahlt. Die Jugendämter und Gerichte zahlen pro Fall, den sie an den ISD zur Bearbeitung überweisen, eine Gebühr.

Das Generalsekretariat des Gesamtverbandes hat seinen Sitz in Genf. Es gibt 17 nationale Zweigstellen des Gesamtverbandes – eine davon ist der ISD –, weiterhin zwei eng angeschlossene Büros. In den Ländern, in denen keine eigenen Stellen des ISD existieren, wird mit festen Korrespondenten zusammengearbeitet, die jeweils zentrale Fachstellen des betreffenden Landes sind. Die Zusammenarbeit erfolgt mit über 100 Ländern der Erde.

Ziele der Arbeit und Verbandszweck

Die Ziele der Arbeit und der Verbandszweck sind bei allen Zweigstellen des ISD gleich. Laut Satzung geht es darum,

- durch Zusammenarbeit in mehreren Ländern solchen Menschen zu helfen, die infolge freiwilliger oder erzwungener Wanderung in persönliche oder familiäre Schwierigkeiten geraten sind;
- vom internationalen Gesichtspunkt die Voraussetzungen und Folgen der grenzüberschreitenden Wanderung und ihre Wirkung auf Einzelpersonen und das Familienleben zu prüfen und gegenüber den verantwortlichen Stellen geeignete Empfehlungen abzugeben.

Das bedeutet, daß der ISD in Fällen eingeschaltet wird, in denen eine Einzelperson oder eine Familie ein soziales Problem hat, das über den nationalen Bereich hinausgeht. Hierbei kann es sich um eine Vielzahl von Fallkonstellationen handeln: Es können z. B. Familien durch die Migration getrennt sein und in verschiedenen Ländern leben, es kann sich um Trennungs- und Scheidungssituationen von Eltern handeln, um Auswanderer, die in das Heimatland zurückkehren möchten, um die Unterbringung eines alleinstehenden Kindes oder um eine Vielzahl anderer Problemkonstellationen, die gar nicht einzugrenzen sind. Häufig handelt es sich um Situationen, in denen mit einer Fachstelle im Ausland zusammengearbeitet werden muß, um eine Problemlösung zu erreichen, wobei man sich des Netzwerkes des ISD bedient. Dieser schaltet zur Zusammenarbeit diejenige örtliche Fachstelle in dem betreffenden Land ein, die am besten geeignet ist, bei dem Fall mitzuarbeiten.

Durch diese Verbindungsfunktion zwischen in- und ausländischen Fachstellen in der Sozialarbeit und insbesondere in der Jugendhilfe hat der ISD eine wichtige Koordinierungsfunktion, und in Anbetracht der vielen in der Bundesrepublik lebenden Ausländer hat seine Arbeit eine erhebliche praktische Bedeutung für die Betroffenen und die Hilfeträger, die derartige Einzelfälle zu lösen haben.

Seinem zweiten Satzungsziel wird der ISD gerecht, indem Anregungen zu Verfahrens- oder Gesetzesänderungen gegeben werden, bzw. zu entsprechenden Entwürfen Stellung genommen wird. Auf internationaler Ebene wird an der Erarbeitung internationaler Empfehlungen und Konventionen mitgewirkt.

Der Bereich der interstaatlichen Adoptionsvermittlung

Im Bereich der internationalen Adoption hat der Verband traditionell besondere Aufgaben: Wenn ein Kind von einem Land in ein anderes auf Dauer verpflanzt wird, so sind besondere Vorkehrungen erforderlich, um den Schutz des Kindes abzusichern. Als in den fünfziger und sechziger Jahren eine große Zahl von Kindern aus Deutschland ins Ausland adoptiert wurde (vgl. Exkurs zu Kap. II), wurde das Prinzip entwickelt, daß in allen derartigen Fällen eine internationale soziale Fachstelle einzuschalten sei, die dafür sorgt, daß im Herkunfts- und im Aufnahmeland des Kindes die notwendigen Absicherungen für seinen Schutz getroffen werden und daß alle Beteiligten vor Ort fachliche Beratung und Hilfe erhalten.

Seit Jahrzehnten ist es nunmehr so, daß nur noch wenige Kinder aus Deutschland ins Ausland zur Adoption kommen (außer Verwandtenadoptionen), wohl aber zahlreiche Kinder aus dem Ausland in die Bundesrepublik.

Die Aufgaben haben sich aber dadurch nicht grundsätzlich geändert. Der ISD berät im Inland Adoptionsbewerber für ein ausländisches Kind, er gibt ihnen und den Jugendämtern und Vormundschaftsgerichten Informationen über Voraussetzungen und Verfahrensablauf einer Adoption in den verschiedenen Ländern.

Über seine ausländischen Zweigstellen und Korrespondenten versucht der ISD – soweit es die dortigen Strukturen möglich machen –, dafür zu sorgen, daß die zuständigen Fachstellen eingeschaltet werden, die das Wohl des Kindes absichern, die ausländischen Eltern beraten und das rechtliche Verfahren durchführen. Das hat sich als besonders schwierig in Lateinamerika erwiesen, aufgrund der dezentralen Bearbeitung von Auslandsadoptionen in den meisten dortigen Ländern.

Mit einigen Ländern hat der ISD Adoptionsprogramme entwickelt. Er ist zentrale Adoptionsvermittlungsstelle für Indien, Rumänien, neuerdings auch für Ecuador. In der Zusammenarbeit mit den Philippinen und mit Thailand ist der ISD ebenfalls zentrale Adoptionsvermittlungsstelle, wobei es sich ganz überwiegend um Verwandtenadoptionen handelt.

Die Zusammenarbeit mit osteuropäischen Ländern muß erst schrittweise entwickelt werden, aufgrund der dort erst langsam sich entwickelnden sozialen Strukturen der Jugendhilfe. Der ISD trägt dazu bei durch Weitergabe seiner Erfahrungen an die dortigen Fachstellen und Beratung vor Ort, soweit dies möglich ist.

Bei der Vermittlung von älteren und/oder behinderten Kindern hat der Internationale Sozialdienst große Zurückhaltung walten lassen. Bei älteren Kindern erschien mehr noch als bei Kleinkindern der Grundsatz wichtig, daß Lösungen für die Unterbringung im eigenen Land – selbst wenn es keine Adoptionen sein können – in der Regel zu bevorzugen sind und daß die Integration des älteren Kindes in ein fremdes Land und in völlig neue familiäre Verhältnisse eine große Belastung für das einzelne Kind darstellt. Die Vermittlung von behinderten Kindern wurde von seiten des ISD des öfteren angeregt, stieß aber bei den ausländischen Partnern auf nur geringes Interesse. Es bestehen gewisse Vorbehalte, behinderte Kinder ins Ausland zur Adoption zu vermitteln.

Nicht zu vergessen ist bei der Frage nach der Möglichkeit der Adoption eines ausländischen Kindes der Kostenfaktor. Während der Internationale Sozialdienst erhebliche öffentliche Zuschüsse erhält und deshalb nur einen geringen Kostenbeitrag in Rechnung stellen muß, erhalten die ausländischen Adoptionsvermittlungsstellen oft keine staatlichen Zuschüsse. Sie müssen ihre Tätigkeit durch Gebühren, die sie den Adoptivfamilien in Rechnung stellen, finanzieren. Weiterhin entstehen Kosten für Übersetzungen, öffentliche Beglaubigungen sowie für die Abholung des Kindes, evtl. auch ein Auslandsaufenthalt der Adoptiveltern.

Die Zusammenarbeit mit ausländischen Partnern erfolgt entsprechen der Struktur des Verbandes entweder über eigene Zweigstellen des Internationalen Sozialdienstes oder über einen festen Korrespondenten. Dieser muß die Voraussetzungen einer sozialen Fachstelle des betreffenden Landes erfüllen.

Internationaler Sozialdienst – ISD –
Deutscher Zweig e. V.
Am Stockborn 5–7
60439 Frankfurt/M.

pro infante. action: kind in not e. v.

von Bernd Wacker

«pro infante» wurde 1977 in Maria Laach, dem Ort eines traditionsreichen Benediktinerklosters in der Nordeifel, gegründet; die staatliche Anerkennung als Adoptionsvermittlungsstelle erfolgte im Februar 1980. Kopf, Herz und Seele der Organisation ist bis heute Frau Clara Wiedeking, ausgebildete Volksschullehrerin und Mutter von 17 Adoptivkindern, die sich schon Ende der sechziger / Anfang der siebziger Jahre aktiv für verlassene Kinder in Indien einsetzte. Ihre Arbeit im vorliegenden Buch selber darzustellen, lehnte sie allerdings ab.

«pro infante», so das Faltblatt, das interessierte Bewerberpaare auf Anfrage erhalten, zu den Anliegen und Prioritäten des Vereins, «unterstützt arme, kinderreiche Familien in den Entwicklungsländern durch eine monatliche Zuwendung in Höhe von 70 DM oder durch eine einmalige Beihilfe zum Existenzaufbau (z. B. Kauf eines Webstuhles oder Fischerboots in Höhe von 800 bis 1000 DM). pro infante baut in der Dritten Welt Stützpunkte, in denen verlassene Kinder vorübergehend aufgenommen werden können, bis für sie eine Wiederaufnahme in ihre eigene Familie möglich ist. pro infante hilft werdenden Müttern, die in Not sind. Für sie werden deshalb Entbindungsstationen eingerichtet. Kinder, die nicht bei ihren Müttern bleiben können, werden nach Möglichkeit im Land selbst oder in Ausnahmefällen nach Deutschland vermittelt.»

Bis Ende 1989 kamen 772 (beinahe) ausschließlich indische Kinder in die Bundesrepublik Deutschland (1989: 133). Dabei handelte es sich um 661 Kleinkinder im Alter bis zu zwei Jahren, 72 Kinder im Alter von zwei bis fünf Jahren sowie 27 Kinder, die älter als fünf, und 12 Kinder, die älter als zehn Jahre waren. Die Mehrzahl der in den letzten Jahren vermittelten Kinder stammt aus einem Heim der Friedensnobelpreisträgerin Mutter Teresa, die anderen aus den pro infante-Säuglingsstationen in Ullal bei Mangalore und Solur bei Bangalore. 1993 gab es einen nach Angaben des Vereins auf ca. zwei Jahre beschränkten generellen Bewerberannahmestopp; die Anzahl der Bewerbungen sei nämlich in letzter Zeit so gestiegen, daß man nicht in der Lage sei, weitere Bewerbungen in absehbarer Zeit zu berücksichtigen.

«pro infante» legt Wert darauf, daß Ehepaare, sofern sie ein Kind im Alter von über 18 Monaten vermittelt bekommen, dieses Kind in Indien selber abholen. Die Adoptionskosten belaufen sich inklusive aller Notar-, Gerichts- und Paßgebühren sowie der Aufwendungen für den Unterhalt des Kindes im Abgabeland zur Zeit auf etwa DM 5500,–. In diesem Betrag sind die Flugkosten nicht enthalten.

Immer wieder begegnet man dem Gerücht, «pro infante» vermittle Kinder ausschließlich an katholische Bewerber. Dem ist nicht so, auch wenn die Interessenten im «Fragebogen zur Adoption eines Kindes aus Indien» ausdrücklich aufgefordert werden, Angaben zur religiösen Form ihrer Eheschließung («r. k. – ev. – ökum. – nein») zu machen und Frau Wiedeking darüber hinaus nicht verschweigt, daß ihr jene Familien zur Aufnahme eines verlassenen Kindes besonders geeignet erscheinen, an deren kirchlich-konfessioneller Bindung kein Zweifel bestehen kann. Überhaupt dürften die Auswahlkriterien von «pro infante», die in der hier gebotenen Kürze sachgerecht darzustellen nicht möglich ist, (auch praktizierenden Christen) zu mancher Frage Anlaß geben. Jedenfalls sei in diesem Zusammenhang ausdrücklich auf Clara Wiedekings «Erlebnisse und Gedanken zur Auslandsadoption» (Wiedeking 1988) verwiesen, die für sich selber sprechen.

pro infante
action: kind in not e. v.
Bahnstraße 68
47906 Kempen – St. Hubert

Sozialdienst katholischer Frauen – Zentrale e. V. – Zentrale Fachstelle für Adoptions- und Pflegekinderdienste in katholischer Trägerschaft

von Jacqueline Kauermann-Walter und Sabina Dörfling

Der Sozialdienst katholischer Frauen (SkF) verfügt über langjährige Erfahrungen in dem Arbeitsfeld Adoption und Pflegekinderdienst. In den letzten zwei Jahren arbeiteten einige Fachdienste punktuell in der Auslandsadoptionsvermittlung, indem sie Bewerber, die ein ausländisches Kind in ihre Familie aufnehmen wollten, informierten und berieten. Die Haltung der überwiegenden Zahl der katholischen Fachdienste gegenüber der Auslandsadoption war lange von der Auffassung geprägt, kirchliche Entwicklungshilfeprogramme seien eine adäquate Hilfe, den Kindern im Land selbst eine Lebensperspektive zu eröffnen. Die Realität der steigenden Zahl von privaten Auslandsadoptionen sowie das Ausmaß des Kinderelends in Afrika, Lateinamerika und Asien initiierten einen Umdenkungsprozeß. Zudem wurde der SkF von verschiedenen Seiten gebeten, den Schritt in Richtung der Bereitstellung eines qualifizierten Beratungs- und Vermittlungsangebots zu tun.

Im Herbst 1990 kam es zu einem ersten Kontakt des SkF mit der Präsidentin der bolivianischen Jugendbehörde. Im Dezember desselben Jahres lag dem SkF die offizielle Kooperationsanfrage der bolivianischen Jugendbehörde vor. Der Vorstand der SkF-Zentrale entschied einstimmig, eine bilaterale Vereinbarung zu zeichnen. Seit dem 1. Januar 1992 ist die SkF-Zentrale anerkannte Auslandsadoptionsvermittlungsstelle.

Diesem Entschluß gingen intensive Diskussionen um das Für und Wider der Beteiligung an der Auslandsadoptionsarbeit voraus. Als Ergebnis der Beratungen läßt sich folgende Position skizzieren: Die Auslandsadoption ist nicht die Lösung, um die Not einer Vielzahl von Kindern in der sogenannten Dritten Welt zu beheben, weil sie sie nicht ursächlich beseitigt. Allerdings kann sie eine begründete Hilfe für ein einzelnes Kind sein. Dabei hat die Auslandsadoption nachrangigen Charakter. Wenn ein Kind nicht in seiner Herkunftsfamilie auf-

wachsen kann, hat die Unterbringung in einer Adoptiv-·oder Pflegefamilie im Land selbst Priorität. Darüber hinaus ist es dem SkF ein
Anliegen, in Kooperation mit den bolivianischen Partnern an Lösungsmöglichkeiten für die Betreuung, Versorgung und Begleitung
verlassener bzw. alleinstehender Kinder in Bolivien mitzuarbeiten.
Die Überlegungen hierzu befinden sich allerdings noch im Anfangs-
stadium.

1992 wurde schließlich die Vereinbarung zwischen der bolivian-
schen Jugendbehörde «Organismo nacional del menor, mujer y familia – ONAMFA» und der SkF-Zentrale gezeichnet. Aufgrund der No-
vellierung des bolivianischen Jugendrechts und der Umstrukturie-
rung der Jugendbehörde wurde 1993 ein neues, fünf Jahre gültiges
Abkommen geschlossen. Die gesetzlichen Regelungen des bolivian-
schen Jugendrechts sowie die bilaterale Vereinbarung legen die Voraussetzungen und Kriterien fest, nach denen eine Auslandsadoption
vollzogen werden kann. Für eine internationale Adoption werden
nur erklärtermaßen elternlose Kinder vorgesehen. Die Jugendgerichte bestimmen die Kinder, die für eine Auslandsadoption in Frage
kommen. Sie wird nur dann durchgeführt, wenn nach Abschluß des
Verfahrens zur Feststellung der Verlassenheit das Kind rechtmäßig
zur Adoption freigegeben worden ist und ihm im Herkunftsland
keine angemessenen Hilfen zuteil werden können. Das schließt auch
die Abklärung der Möglichkeit einer Inlandsadoption ein.

Organisationsstruktur

Die zentrale Fachstelle für alle Adoptions- und Pflegekinderdienste in
katholischer Trägerschaft bei der SkF-Zentrale in Dortmund hat die
Leitung und Gesamtverantwortung für die Auslandsadoptionsarbeit.
Sie ist u. a. zuständig für die Entwicklung und Durchführung der
fachlichen Konzeption, die inhaltliche Schulung der Fachkräfte, die
Vermittlung rechtlicher Kenntnisse, die Einhaltung der Auflagen der
bolivianischen Jugendbehörde, die Unterstützung bei der Abfassung
psycho-sozialer Entwicklungsberichte und gutachtlicher Stellung-
nahmen. Die Auslandsadoptionsarbeit ist von der zentralen Fachstelle regional koordiniert worden. Zur Zeit haben elf anerkannte
örtliche Adoptionsvermittlungsstellen in katholischer Trägerschaft
(Sozialdienst katholischer Frauen, Caritasverband) einen Sozial-

dienst «Auslandsadoptionsarbeit» eingerichtet. Sie übernehmen die Auswahl geeigneter Adoptiveltern und deren fachliche Begleitung. Die zentrale Fachstelle hat mit den beteiligten Fachdiensten zwei regionale Arbeitskreise (Nord und Süd) sowie einen gemeinsamen überregionalen gebildet. Regelmäßige Treffen gewährleisten den nötigen fachlichen Austausch.

Vermittlungskonzept

Die zentrale Fachstelle entwickelte ein Konzept für die Bewerberarbeit im Bereich der Auslandsadoption, das sich in fünf Phasen gliedert. Die Teilnahme daran ist für Bewerber verpflichtend.

1. Informationsveranstaltung

Die Veranstaltung dient dazu, Bewerber allgemein über eine Auslandsadoption, Hintergründe und vorliegende Erfahrungen zu informieren. Darüber hinaus wird Wert darauf gelegt, ihnen einen Einblick in die sozio-ökonomischen und kulturell-politischen Gegebenheiten und Strukturen Boliviens zu vermitteln und ihnen zu verdeutlichen, um welche Kinder es sich bei den zur Vermittlung stehenden handelt (Hautfarbe, Alter, psychische und physische Beeinträchtigung).

Abschließend wird über den Verfahrensweg informiert. An einer solchen Veranstaltung können bis zu 40 Personen teilnehmen.

Erste Erfahrungen haben gezeigt, daß diese Veranstaltung wichtig ist, um den Bewerbern bereits im Vorfeld ein einigermaßen realistisches Bild von dem zu vermitteln, was mit einer Auslandsadoption verknüpft ist. Einige Bewerber entschieden sich nach der Veranstaltung für einen «Rückzug» aus dem Verfahren bzw. für eine «Bedenkzeit».

2. Einzelgespräche

Mit Bewerbern, die an der Informationsveranstaltung teilgenommen und für sich entschieden haben, den Weg der Auslandsadoption weiter zu verfolgen, finden dann vier oder fünf Einzelgespräche mit den jeweils regional zuständigen Sozialarbeitern statt. Die Gespräche dienen dazu, zu einer Einschätzung der Adoptionseignung der Bewerber zu gelangen.

Die Sozialarbeiter bereiten auf der Grundlage der Auswertung der Einzelgespräche den Sozialbericht vor, der die nachvollziehbare fachliche Begründung für die Entscheidung der Sozialarbeiter liefert.

3. Themenorientierte Gruppenarbeit

In der Gruppenarbeit werden für die Bewerber wichtige Fragen und Themen zur Adoption eines ausländischen Kindes im Kreis von anderen Bewerberpaaren behandelt. Hier haben sie noch einmal Gelegenheit, sich, gestützt auf die Gruppenerfahrung, für oder gegen das Adoptionsvorhaben zu entscheiden. An der Durchführung dieser Veranstaltung sind auch Paare beteiligt, die bereits ein bolivianisches Kind adoptiert haben und ihre Erfahrung einbringen.

4. Adoptionsvermittlung

5. Begleitung der Adoptivfamilien

Die Initiierung von Selbsthilfegruppen der Adoptivfamilien (Elternkreise) gehört zu dem wichtigsten nachgehenden Aufgabenkomplex der Sozialarbeiter. Das beinhaltet, Hilfestellung und Anregungen zu geben, damit sich Selbsthilfeaktivitäten entfalten können.

Sozialdienst katholischer Frauen
– Zentrale e. V.
Referat: Kinder- und Jugendhilfe, Auslandsadoption
Agnes-Neuhaus-Str. 5
44135 Dortmund

terre des hommes Deutschland e. V.

von Peter Eisenblätter

Das *internationale Kinderhilfswerk terre des hommes (tdh)* wurde 1959 in der Schweiz gegründet. Der Journalist Edmond Kaiser, der bereits im Zweiten Weltkrieg in der Widerstandsbewegung gegen die deutsche Besetzung Frankreichs gekämpft hatte, beobachtete mit

Entsetzen die Brutalität im französischen Kolonialkrieg gegen Algerien und rief daraufhin ein Hilfsprogramm zur Rettung der vom Tode bedrohten algerischen Kinder ins Leben. Nach einem Buch des Schriftstellers Antoine de Saint-Exupéry nannte er seine Initiative «terre des hommes», was sinngemäß bedeutet: «Erde der Menschlichkeit».

Gründung und Aufgabenstellung

1967 schloß sich in Stuttgart eine engagierte Gruppe dieser Initiative an und gründete den Verein *terre des hommes Deutschland e. V.* Ihre ersten Aktionen bestanden aus Hilfsmaßnahmen für Kinder, die Opfer der Kriege in Biafra und in Vietnam geworden und z. T. schwer verletzt waren.

Weitere tdh-Bewegungen entstanden in den darauffolgenden Jahren auch in anderen europäischen Ländern. Sie arbeiten heute jeweils selbständig, aber in Form einer Föderation zusammen.

Ein wichtiges Bindeglied dieser Föderations-Zusammenarbeit ist die gemeinsame Charta, die unter anderem das Eintreten für *verlassene Kinder* als eine der Hauptaufgaben von tdh bezeichnet. – Die *Internationale Föderation Terre des Hommes* hat vor einigen Jahren den Beraterstatus bei den Vereinten Nationen erhalten und damit gleichzeitig die Möglichkeit, die Bedürfnisse notleidender Kinder und ihrer Familien auch in entsprechenden UN-Entscheidungsgremien zur Sprache zu bringen.

terre des hommes Deutschland fördert heute vor allem kleinere, den örtlichen Möglichkeiten angepaßte Projekte in Asien, Afrika und Lateinamerika mit dem Ziel, den Betroffenen die Selbsthilfe zu erleichtern und sie bei der Verwirklichung ihrer eigenen Rechte zu unterstützen. Unsere finanzielle Hilfe geht an *einheimische* Partner in der sogenannten Dritten Welt, die diese Arbeit selbst durchführen. Das geschieht z. B. mit Gesundheitsstationen, Bildungsprojekten, Kinderschutzzentren, Ernährungsprogrammen, Produktionsgemeinschaften, Rehabilitationsmaßnahmen für kranke und kriegsverletzte Kinder, Programmen für alleinlebende Mütter sowie weiteren familienorientierten Maßnahmen zur Vorbeugung gegen die Verlassenheit von Kindern und nicht zuletzt mit der Förderung von inländischen Adoptionsprogrammen.

Von unseren Projektpartnern haben wir im Laufe der Jahre gelernt, daß die traditionelle Einstellung, wonach die reichen Länder des Nordens den armen Ländern des Südens lediglich bei deren Entwicklung helfen müßten, schon längst nicht mehr stimmt, sondern daß wir hier im reichen Norden erst einmal uns *selbst* «entwickeln» müssen, wenn eine gerechtere Welt erreicht werden soll. Es ist vielfach unser *eigener* Lebensstil, der diesem Ziel im Wege steht. Unser verschwenderischer Umgang mit den natürlichen Ressourcen, unser Festhalten an einer Weltwirtschaftsordnung, welche letztlich nur die Reichen begünstigt, vergrößert das Elend der Armen dort. – Das betrifft auch sehr konkrete Verhaltensweisen, wie z. B. den *Sextourismus* und die *Kinderprostitution*, die Ausbeutung von *Kinderarbeit* und den *Kinderhandel*. Allen diesen Praktiken ist gemeinsam, daß Menschen aus den reichen Ländern ihre eigenen Wünsche auf Kosten von Menschen in den armen Ländern befriedigen und deren Elend damit vergrößern.

Deshalb unterstützt tdh nicht nur die Arbeit seiner Projektpartner in der Dritten Welt (d. h. im Süden), sondern bemüht sich auch um das, was wir «Entwicklung für den Norden» nennen. Entsprechend unseren Aufgaben als internationales Kinderhilfswerk versuchen wir, zur Verwirklichung der Kinderrechtskonvention der Vereinten Nationen von 1989 beizutragen und dabei besonders auch für die Kinder einzutreten, die Opfer von Kinderprostitution, Kinderarbeit und Kinderhandel geworden sind – oder zu werden drohen.

Konsequenzen aus 25 Jahren Arbeit für verlassene Kinder

Aus dem oben Gesagten dürfte klargeworden sein, daß *terre des hommes Deutschland* weitaus mehr ist als eine staatlich anerkannte Adoptionsvermittlungsorganisation.

Zwar gehörten die Auslandsadoptionen seit der Gründung von tdh zu seinen wichtigsten Aufgaben. tdh war die erste deutsche Organisation, die Auslandsadoptionen aus Entwicklungsländern durchführte. Aus dem vom Krieg zerrütteten Vietnam vermittelten wir von 1969 an die Adoption von Kindern nach Deutschland, die dort keine Überlebenschancen mehr hatten. Nach vielen Kämpfen mit den Behörden wurde unser Adoptionsreferat in den siebziger Jahren endlich als Vermittlungsstelle für Auslandsadoptionen staatlich anerkannt. Wir haben bis heute ca. 3000 Kinder aus asiatischen und lateinamerikanischen Ländern nach Deutschland vermittelt, und die Erfahrungen, die wir zusammen mit den Adoptivfamilien und den Adoptivkindern (von denen viele bereits erwachsen sind) gemacht haben, sind insgesamt sehr positiv.

Aber wir haben im Laufe der Zeit eben auch viel dazugelernt, sowohl von unseren Projektpartnern als auch von den gesellschaftspolitischen Veränderungen hier bei uns in den Industrieländern. Dadurch hat sich unsere ursprüngliche Adoptionsarbeit grundlegend gewandelt und ist zu *der Arbeit für verlassene Kinder* geworden, die wir heute tun.

Ein sehr *erfreuliches* Ergebnis dieser Entwicklung besteht darin, daß unsere Partner zunehmend mehr und bessere Lösungen für verlassene und von Verlassenheit bedrohte Kinder in den Herkunftsländern selbst fanden.

Zu den besonders *schmerzhaften* Seiten dieses Lernprozesses jedoch gehört, daß in der zweiten Hälfte der siebziger Jahre bei uns ebenso wie in ganz Europa, in den USA und Australien ein wahrer Run auf Adoptivkinder einsetzte, der mit einer ganz neuen Motivation für die Adoption einherging. Vorher war der Kinderwunsch von Adoptionsbewerbern meistens durch ein hohes Problembewußtsein, durch humanitäre ebenso wie durch politische Beweggründe mitgeprägt gewesen, so daß viele Paare sich spontan auch zur Aufnahme eines älteren Kindes bereit gefunden hatten. Seit den siebziger Jahren jedoch nahm die Zahl von Ehepaaren, die unfreiwillig kinderlos blieben und in Deutschland immer weniger Chancen auf eine Adoption hatten, stetig zu. Der Wunsch nach einem eigenen, möglichst problemlosen (und oft möglichst hellhäutigen) Baby oder Kleinkind begann zu überwiegen, und zwar als Ersatz für ein leibliches oder ein in Deutschland adoptierbares Baby.

Bis heute hat sich diese Entwicklung fortgesetzt und zu den Problemen mit Privatadoptionen und mit Kinderhandel geführt, die im vorliegenden Buch ausführlich dargestellt sind. Sie hat uns dazu gezwungen, im Interesse der betroffenen Kinder den Kampf gegen jede Form des Kinderhandels aufzunehmen. Sie hat uns aber auch dazu gebracht, unsere eigene Arbeit zugunsten verlassener Kinder in der Dritten Welt gründlich zu überdenken und neu auszurichten:

Seit Mitte der achtziger Jahre begannen wir deshalb die Vermittlung von Säuglingen und Kleinkindern einzuschränken und uns statt dessen verstärkt um die Adoption von älteren und behinderten Kindern (für die es so gut wie *keine* Nachfrage gibt) zu bemühen.

Gleichzeitig intensivierten wir die Förderung von Alternativen für verlassene Kinder in den Herkunftsländern selbst und konzentrierten uns besonders auf Programme zur Vorbeugung gegen die Verlassenheit und bei solchen Kindern, die ihre Eltern bereits verloren haben, auf Programme zur familiären Reintegration und zur Inlandsadoption.

Im Laufe des Jahres 1994 werden wir *alle* Auslandsadoptionsvermittlungen einstellen und uns statt dessen noch stärker um die genannten Alternativen für verlassene Kinder bemühen, und zwar besonders aus zwei Gründen:

Erstens ist damit zu rechnen, daß die Bundesrepublik Deutschland die 1993 in Den Haag verabschiedete Konvention über Auslandsadoptionen unterzeichnen und ratifizieren wird, womit bessere Vermittlungsstandards in Kraft treten und dem privaten Adoptionsmißbrauch ein Riegel vorgeschoben werden kann; die Adoptionsvermittlung von Säuglingen und Kleinkindern durch tdh wird dann nicht mehr notwendig sein.

Und *zweitens* gibt es in einigen Herkunftsländern inzwischen auch für die älteren und behinderten Kinder familienorientierte Lösungsansätze, die aus unserer Sicht einer Auslandsadoption vorzuziehen sind.

terre des hommes Deutschland e. V.
Postfach 4126
49031 Osnabrück

Der «kleine» Unterschied.
Wieso Adoptionen aus dem Ausland vor besondere Probleme stellen und besondere Vorbereitung brauchen

von Bernt-Christoph Lämmel und Rüdiger Hilpert

Auf den ersten Blick scheint der einzige Unterschied zwischen einer Inlands- und einer Auslands-Adoption darin zu liegen, daß es sich bei dem adoptierten Kind um ein fremdländisches handelt. Hinsichtlich der gesetzlichen Voraussetzungen und der Verfahrensbestimmungen ist in beiden Fällen deutsches Adoptionsrecht anzuwenden. Auch dürften bei der Elternauswahl und Eignungsprüfung die Anforderungsprofile sich entsprechen. Näher betrachtet wird jedoch die Andersartigkeit im Vergleich zur Adoption eines deutschen Kindes augenfällig.

Besonderheiten bei Adoptionen aus der Dritten Welt

Es handelt sich um ein *fremdländisches* Kind, das heißt um ein Kind, dem man vielleicht ansieht, daß es nicht aus dem Inland kommt, sondern einem anderen Kulturkreis zugehörig ist. Dies gilt ebenso für die in der Zwischenzeit zahlreichen beispielsweise aus Rumänien nach Deutschland verbrachten Kinder. Jeder wird damit konfrontiert, daß dieses Kind offensichtlich nicht biologisches Kind der dazugehörigen Eltern ist. Die Andersartigkeit weckt im sozialen Umfeld kontroverse Empfindungen und Gefühle, die von überbetonter Zuwendung bis zur fremdenfeindlich geprägten Ablehnung reichen. Diese offensichtliche Fremdartigkeit eines Kindes z. B. aus der Dritten Welt läßt eine Fülle von Besonderheiten vermuten, auf die Fachkräfte der Adoptionsvermittlungsstellen und Eltern sich einstellen müssen.

Für die Fachkräfte bedeutet dies, bei der Elternauswahl und Feststellung der Eignung für die Annahme eines fremdländischen Kindes noch zusätzliche Anforderungen stellen zu müssen. Dazu gehören in erster Linie:

- Offenheit und die erhöhte Bereitschaft, sich auf das Risiko einzulassen, ein fremdes Kind an- und aufzunehmen, über dessen Herkunft, Gesundheitszustand und Eigenschaften, wenn überhaupt, nur unzuverlässige Informationen bekannt sind;

● die Bereitschaft, sich mit dem Herkunftsland, dessen Kultur, Geschichte und wirtschaftlicher Situation sowie mit den Lebensbedingungen und Gewohnheiten der dort lebenden Menschen auseinanderzusetzen und auch diesem Land offen gegenüberzustehen;

● besondere Flexibilität und Belastbarkeit, die Konfrontation mit möglicherweise erheblichen Eingewöhnungsschwierigkeiten des Kindes zu ertragen;

● Offenheit und ehrliche Bereitschaft, das Kind im Laufe seines Heranwachsens darin zu unterstützen, eine positive Einstellung zu seinem Herkunftsland zu gewinnen. Dies gilt auch für Kinder, die als Säuglinge in die Familien kommen. Hier gilt es dann, die schwierige Balance zu halten, eine Identität zu finden, in der die Anteile des Herkunfts- und des Aufnahmelandes ihre Berücksichtigung finden;

● die Fähigkeit und Kraft, den Kindern zu helfen, Diskriminierungen zu bewältigen, und ihnen frühzeitig Selbstbewußtsein und Stolz auf ihre ethnische Herkunft zu vermitteln (vgl. auch Kühl 1987, 445).

Aber auch die Fachkräfte in den Adoptionsvermittlungsstellen selber müssen in der Lage sein, auf diese Besonderheiten einzugehen. Dies setzt zunächst voraus, daß die Vermittlungsfachkraft selbst bereit ist, sich auf diese personifizierte Fremdheit einzulassen und offen mit der Andersartigkeit, die gerade das Kind aus der Dritten Welt mitbringt, umzugehen. Eine Ausländer ablehnende oder auch nur distanzierende Haltung dürfte sich negativ auf die Beratung und Betreuung von Bewerbern auswirken. Andererseits darf die Fachkraft bei aller Aufgeschlossenheit und positiven Einstellung gegenüber der Annahme eines ausländischen Kindes nicht übersehen, welche Motive bei den Bewerbern für die Adoption ausschlaggebend sind. Mitleid mit diesen Kindern darf nicht zu sozialpädagogisch unverantwortlichen Vermittlungen führen. Beratung, Vorbereitung und Betreuung der Bewerber werden wesentlich geprägt von der eigenen Einstellung zur interkulturellen Adoption und von der Fähigkeit, die Konfrontation mit Fremdartigkeit zu bewältigen.

Fachkräfte, die sich hier überfordert fühlen und diese Offenheit nicht aufbringen, sollten sich deshalb nicht am Zustandekommen derartiger Adoptionen beteiligen.

Neben den äußerlichen Auswahlkriterien wie Alter oder wirtschaftliche Situation und personen- oder partnerbezogenen Kriterien sind insbesondere die Beweggründe für die Adoption eines fremdländischen Kindes zu hinterfragen und die elterliche Kompetenz vor dem Hintergrund der oben aufgelisteten Risiken abzuklären. Diese spezifischen Kriterien sollten auch bei der Beratung und Vorbereitung von Adoptiveltern Berücksichtigung finden.

Da in der Regel nichts über das Kind und seine Herkunft bekannt und eine Kontaktanbahnung nicht möglich ist, sollte die besondere Sorgfalt bei der Überprüfung der Eignung von Bewerbern oberstes Gebot sein.

Für die Eignungsfeststellung steht zunächst das übliche Instrumentarium zur Verfügung. Dies sind Bewerbergespräche beim Hausbesuch oder in der Dienststelle. Informationsveranstaltungen und Gruppenarbeit mit Adoptionsbewerbern sind auch heute noch eher die Ausnahme und werden lediglich bei einigen personell gut ausgestatteten, zumeist großstädtischen Adoptionsvermittlungsstellen angeboten. Allerdings sind solche Angebote vorwiegend auf Bewerber um ein inländisches Kind zugeschnitten, die besondere Auslandsproblematik bleibt außen vor. Differenzierte Bewerberauswahl und Beratungsverfahren, wie sie u. a. bei «Eltern für Kinder» und bei «terre des hommes» betrieben werden, kommen lediglich für Paare zum Zuge, die dort bereits nach einer Vorentscheidung als Bewerber angenommen worden sind.

Bei einer durch Privatinitiative in Gang gebrachten Auslandsadoption bleibt der Jugendbehörde selbst in der Regel nur die Möglichkeit, sich so früh wie möglich einzuschalten und in der herkömmlichen Weise die Adoption vorzubereiten. Der eingehenden *Bewerberberatung* kommt dann besondere Bedeutung zu. Dazu gehören auch Informationen über das in Aussicht genommene Herkunftsland des künftigen Adoptivkindes, Informationen über das dort praktizierte Verfahren zur Adoptionsvermittlung und, soweit es möglich ist, Informationen über die gesetzlichen Bestimmungen und die rechtlichen Folgen einer Auslandsadoption nach dem Herkunftsrecht des Kindes. Unerläßlich sind auch Hinweise über die kriminellen Praktiken des Kinderhandels und illegale Vorgehensweisen im Herkunftsland, die darauf aus sind, eine Auslandsadoption mit finanzieller Hilfe zu ermöglichen – dies auch im Hinblick darauf, daß die Familien später den Fragen nach dem «gekauften» Kind nicht ausweichen können. Auch Hinweise zur Herkunft des Kindes – Situation der Mutter oder der Familie – müssen gegeben werden. Die Eltern sind darauf vorzubereiten, sich mit den zu erwartenden Eingewöhnungsschwierigkeiten ihres Kindes (Gesundheits- und Schlafstörungen, Eßstörungen und Störungen des Sozialverhaltens) auseinanderzusetzen.

Eine intensive Vorbereitung der emotionalen Annahme eines solchen Kindes ist unerläßlich. Ergänzende Maßnahmen für eine fachgerechte Begleitung der Familie während der Annahmezeit und eine Nachbetreuung nach erfolgtem Annahmebeschluß sind zu treffen, um Eltern und Kindern das Aneinandergewöhnen und Zurechtfinden im sozialen Umfeld zu erleichtern.

Die einzelne Fachkraft – in vielen Jugendämtern ist, wenn überhaupt, nur eine Person ausschließlich für die Adoptionsvermittlung zuständig – dürfte angesichts dieser Fülle zusätzlicher Aufgaben der Auslands-Adoption resignieren und sich auf das Notwendigste beschränken, obwohl gerade in diesen Fällen eine gut vorbereitete und langfristige fachliche Beratung erforderlich ist. Dies führt dann zu verständlichem Unmut und Unzufriedenheit mit der eigenen Situation, was sich zwangsläufig auch belastend auf den Umgang mit diesen Bewerbern auswirken dürfte.

Besonderheiten des Auswahl-/Beratungsverfahrens?

Um Bewerbern und Vermittlungsstellen aus dieser Situation herauszuhelfen und dem gesetzlichen Auftrag von § 9 AdVermiG Genüge zu tun, wonach die «gebotene vor- und nachgehende Beratung und Unterstützung» zu leisten ist, wurde im Saarland gemeinsam von der zentralen Adoptionsstelle des Landesjugendamtes und sieben von acht Jugendämtern das *Konzept dieses Bewerberseminars* entwickelt. Die Teilnahme daran ist unverzichtbare Bedingung für Bewerber, die sich an die Jugendbehörde wegen eines Adoptionseignungsberichtes («home study») für die Annahme eines fremdländischen Kindes wenden.

Seit November 1987 haben insgesamt 20 Seminare stattgefunden, an denen je nach regionaler Herkunft die Fachkräfte der beteiligten

Jugendämter und der zentralen Adoptionsstelle mitwirkten. Daran haben bisher 160 Ehepaare teilgenommen. Mehr als die Hälfte von diesen Paaren hat zwischenzeitlich ausländische Kinder aufgenommen. Einem weiteren Viertel etwa konnten inländische Kinder, zum Teil sogenannte schwervermittelbare Kinder aus dem überregionalen Vermittlungsausgleich der bundesdeutschen zentralen Adoptionsstellen vermittelt werden.[1] Das durchschnittliche Alter der Bewerber zum Zeitpunkt der Teilnahme lag bei den Frauen bei 35 und bei den Männern bei 37 Jahren und damit etwas höher, als dies bei Bewerbern um deutsche Adoptivkinder der Fall ist.

Anlaß für die Erarbeitung eines derartigen Seminars war einerseits die oben angedeutete Unzufriedenheit der Fachkräfte, nur ungenügend die Problematik des Adoptivkindes aus dem Ausland und die besonderen Erwartungen deutscher Bewerberehepaare in ihrer Beratung berücksichtigen zu können, andererseits die Erfahrung, daß die spätere pädagogische Situation des Kindes in der deutschen Familie in den herkömmlichen, auf die inländische Adoptionsvermittlung ausgerichteten Auswahl- und Beratungsverfahren zuwenig Berücksichtigung findet. Insbesondere mußte aus Mangel an Personal- und Sachmitteln in den örtlichen Vermittlungsstellen eine intensive Vorbereitung der Bewerber unterbleiben, die als Prävention gegen die erfahrungsgemäß latent anfällige Struktur dieser andersartigen Adoptionsverhältnisse unbedingt erforderlich ist. Da auch der Anteil an Auslandsadoptionen an der Gesamtzahl der Fremdadoptionen in den vergangenen 10 Jahren stetig zugenommen hat, die Abwicklung über in Deutschland anerkannte international tätige Organisationen dagegen der gesteigerten Nachfrage nicht standhalten konnte, haben zwischenzeitlich Adoptionen aufgrund von Privatkontakten ein Übergewicht erlangt. Die vorhandenen, im Inland tätigen Organisationen können nach wie vor nur für eine vergleichsweise geringe Anzahl von Bewerbern tätig werden und müssen diese auf längere Wartezeiten verweisen.

Um hier Abhilfe zu schaffen, den Bewerbern den Druck der Warte-

---

1 Dieser Nebeneffekt hat sich vor allem nach der Wiedervereinigung von Ost- und Westdeutschland ergeben, denn bei nicht wenigen der schwer zu vermittelnden Kinder aus der ehemaligen DDR hat es sich um Mischlingskinder gehandelt.

zeit zu nehmen und den Fachkräften das Gefühl von mehr Kompetenz zu vermitteln, wurde dieses Seminar entwickelt, das auch auf Erfahrungen der Adoptionszentrale des Stadtjugendamtes Saarbrücken und seines psychologischen Dienstes zurückgreift, die mit der Veranstaltung von Seminaren für Bewerber um deutsche Säuglinge und ältere Kinder erworben worden sind.

Mit diesem Seminar soll zudem erreicht werden, den Versuchen von Bewerbern zuvorzukommen, durch private Kontaktaufnahme in Ländern der Dritten Welt oder Osteuropas die Auswahl- und Überprüfungsverfahren deutscher Vermittlungsstellen zu umgehen. Gerade auf diesem Weg kommen des öfteren Bewerber zum Erfolg, die von den örtlich zuständigen Vermittlungsstellen nicht oder nur sehr bedingt für geeignet gehalten werden.

Ziel des Seminarangebots ist darüber hinaus, daß bei den Bewerbern die Erkenntnis wächst, sich in Krisensituationen die notwendige Hilfe bei den dafür fachlich kompetenten Stellen holen zu können, Situationen, mit denen bei der Annahme von Kindern aus der Dritten Welt häufiger zu rechnen ist als bei Inlandsadoptionen.

Die unerläßliche qualifizierte Vorbereitung der Ehepaare, insbesondere auf die Schwierigkeiten, die entstehen können, wenn ein Kind aus dem Ausland in die Familie aufgenommen wird, kann nur dann mit einiger Aussicht auf Erfolg angeboten werden, wenn dafür die Voraussetzungen geschaffen sind. Auf sich selbst gestellt, sind jedoch viele Fachkräfte überfordert und können mangels ausreichender personeller und sachlicher Ausstattung der Vermittlungsstellen sich nur auf die Fertigung der oft knapp gehaltenen Sozialberichte und auf die dazu notwendigen Gespräche oder Hausbesuche beschränken. Das hierzu entwickelte Seminarkonzept soll eine Ergänzung zu diesem Verfahren darstellen und folgende Zielsetzungen verwirklichen:

● Kompetente und intensive Vorbereitung und Beratung der Adoptionsbewerber
Diese sollen zunächst die erforderlichen konkreten Informationen über die rechtliche, soziale, physische und psychische Situation der Kinder erhalten, die in die Bundesrepublik vermittelt werden sollen. Außerdem sind Informationen wichtig über die Erfahrungen bei der Vermittlung selbst, mit der Eingewöhnung der Kinder und

Informationen über die spätere soziale und kulturelle Integration. Unerläßlich ist auch ein behutsames Vertiefen der Motive, Wünsche und Erwartungen der Bewerber im Hinblick auf das gewünschte Kind sowie die Erörterung ihrer Vorstellungen zur familiären Integration des Kindes und zu seiner Erziehung. Den Bewerbern soll damit eine Hilfe gegeben werden, rechtzeitig evtl. vorhandene Mißverständnisse aufzuklären, zu erkennen und dadurch Erwartungshaltungen abzuklären und möglicherweise zu korrigieren.

- Objektive Beurteilung der Bewerber hinsichtlich ihrer Eignung
  Gerade bei der Adoptionsvermittlung müssen von den Fachkräften zwei Zielsetzungen miteinander verknüpft werden, die gegensätzliche Verhaltensmuster auslösen. Einerseits verlangt die Beratung von Bewerbern, daß zwischen Fachkraft und Bewerbern Vertrauen geschaffen wird, was notwendige Voraussetzung für die Offenheit zwischen den Beteiligten ist. Andererseits löst jedoch die Eignungsüberprüfung und damit der Überprüfungsvorgang selbst eher absicherndes und zurückhaltend taktierendes Verhalten aus. Bewerber haben wahrscheinlich dann weniger Angst davor, sich durch Offenheit etwa Nachteile einzuhandeln, wenn sie davon ausgehen können, daß sie objektiv behandelt werden. Diese Erwartung erscheint am ehesten dann realistisch, wenn Bewerber sich nicht vom subjektiven Urteil einer einzigen Person abhängig fühlen, sondern erkennen, daß mehrere Beurteiler sich gemeinsam um eine zutreffende Einschätzung bemühen.

- Gleichbehandlung aller Bewerber
  Eine umfassende Beratung und objektive Überprüfung der Bewerber muß als Angebot allen Betroffenen zur Verfügung stehen. Jedes Bewerberehepaar hat Anspruch auf die gleiche Beratung und Überprüfung, weshalb die Teilnahme am Bewerberseminar für alle Bewerber um ein ausländisches Kind verbindlich sein muß.

- Qualifizierung der Fachkräfte
  Durch die Arbeit im Team erhält die Beurteilungstätigkeit eine andere Qualität, weil hier die Möglichkeit besteht, durch ständige Rückmeldung bei den Teammitgliedern sich der Schlüssigkeit der

eigenen Beurteilung und Einschätzung von Bewerbern zu vergewissern.

Organisation und Durchführung des Seminars:

Je nach Bedarf werden vier bis fünf Seminare pro Jahr durchgeführt an 2 ⅓ Tagen während der Wochenenden oder in Verbindung mit Feiertagen. Dies geschieht mit Rücksicht auf die berufstätigen Bewerber, denen es so eher möglich ist, sich Zeit für das Seminar zu nehmen. Zur Teilnahme melden die verschiedenen Vermittlungsstellen ihre Bewerber an, von denen entsprechend der Reihenfolge der Anmeldung sieben bis acht Ehepaare berücksichtigt werden können. Durchgeführt wird das Seminar jeweils von Fachkräften des Landesjugendamtes und der Jugendämter, deren Bewerber am Seminar teilnehmen. In der Regel werden zusätzlich vom Landesjugendamt Honorarkräfte, z. B. ein Psychologe und ein Jurist, hinzugezogen. Da auch in Kleingruppen gearbeitet werden muß, wird ein Betreuerschlüssel von eins zu drei bzw. eins zu vier Teilnehmern angestrebt. Demnach können bei höchstens acht Bewerberehepaaren pro Seminar bis zu vier Jugendämter mit jeweils einer Fachkraft vertreten sein. Als Veranstaltungsorte kommen Bildungsstätten mit Übernachtungsmöglichkeiten und geeigneten Gruppenräumen in Betracht, in denen auch die Möglichkeit vorhanden ist, sich zum persönlichen Gespräch zurückzuziehen. Die Kosten für Unterbringung und Verpflegung sind von den Teilnehmern zu tragen. Für die Dienstleistungen der Fachkräfte (Reisekosten, Sachkosten und für Arbeitsmaterialien und indirekte Personalkosten für den Freizeitausgleich) kommen die beteiligten Vermittlungsstellen auf.

Die Teilnehmer haben die Kosten selbst zu tragen, weil es sich hier um ein Angebot der Jugendhilfe handelt, für die Vermittlung eines ausländischen Kindes tätig zu werden. Dazu besteht nach deutschem Recht keine unmittelbare Pflicht der Jugendhilfeträger, anders als bei elternlosen deutschen Kindern. Hier muß die Jugendbehörde als Adoptionsvermittlungsstelle tätig werden, weshalb in solchen Fällen entstehende Kosten für die Bewerberüberprüfung von ihr zu übernehmen sind.

Die organisatorische Planung und Vorbereitung des Seminars obliegt der zentralen Adoptionsstelle des Landesjugendamtes. Alle teilnehmenden Ehepaare erhalten von hier eine ausführliche Einladung.

Die inhaltliche Vorbereitung der Seminare erfolgt durch jene Fachkräfte, die an der Durchführung mitwirken. Ständige Teilnehmer sind die Mitarbeiter der zentralen Adoptionsstelle – zwei Sozialarbeiter; ferner ist die Teilnahme eines Juristen und eines Psychologen/einer Psychologin unverzichtbar. Die Fachkräfte der jeweils beteiligten Jugendämter, in der Regel Sozialarbeiter und Sozialpädagogen, wechseln je nach Teilnahme der Bewerber, so daß davon auszugehen ist, daß alle Sozialarbeiter der mitwirkenden Jugendämter, soweit sie für die Adoptionsvermittlung zuständig sind, seit Beginn der Seminare im Team mitgearbeitet haben.

Die Seminare beginnen in der Regel freitags um 17.00 Uhr und enden sonntags gegen 14.00 Uhr.

Inhalte des Seminars:

Zum Programm gehören drei Informationseinheiten zu rechtlichen Problemen und Verfahrensfragen, zur Situation der Kinder in ihren Herkunftsländern und zu den Problemen adoptierter Kinder aus der Dritten Welt in Deutschland.

Die Gesprächsthemen für drei Gruppensitzungen beschäftigen sich mit Motiven und Erwartungen der Teilnehmer hinsichtlich der Annahme eines fremdländischen Kindes. Ergänzt wird das Programm durch eine «Kennenlern-Runde» als Einstieg in das Seminar und eine «Schluß-Runde», in der ein Resümee gezogen wird, sowie durch zwei Abende mit «zwanglosem Beisammensein» und die gemeinsam eingenommenen Mahlzeiten.

In den drei Kleingruppen arbeiten jeweils ein oder gemeinsam zwei Betreuer.

In der Informationsrunde am Nachmittag des zweiten Tages wirken bis zu drei Familien mit, die bereits Kinder aus dem Ausland adoptiert haben und für Nachfragen zur Verfügung stehen. Die Betreuung der Kinder während dieser Diskussionen wird von Praktikantinnen der Sozialarbeit übernommen.

Zwischen den Gruppensitzungen und Informationsrunden ist genügend Zeit zur Verfügung für die Aussprache zwischen den Fachkräften. Die Auswertung der Seminare wird in engem zeitlichem Zusammenhang, wenn möglich am Tag unmittelbar nach dem Seminar vorgenommen. Dabei kommt es vor allem darauf an, ausführlich Informationen und Eindrücke auszutauschen, damit die einzelne zuständige Fachkraft in die Lage versetzt wird, über ihr Bewerberehepaar eine differenzierte Beurteilung zu erstellen.

Bewertung der Seminare:

Aus der Sicht der teilnehmenden Fachkräfte gibt es derzeit im Repertoire der Vermittlungsstellen öffentlicher Jugendhilfeträger kein wirkungsvolleres Instrument, das es ermöglicht, Bewerber auf ökonomische Weise gleichzeitig intensiv zu informieren und zur Selbstreflexion anzuregen. Zugleich bietet es der gutachtlich tätigen Adoptionsvermittlungsfachkraft eine hervorragende Chance, Bewerber kennenzulernen, in der Gruppenarbeit Motivationen zu erschließen und damit einhergehend die eigene Fachlichkeit zur Geltung zu bringen sowie die Fachkompetenz zu erweitern. Das Seminar ist deswegen zu einem unverzichtbaren Bestandteil der Bewerberauswahl geworden, weil es dem jeweiligen Teammitglied höchstmögliche Sicherheit bei der Erstellung der gutachtlichen Äußerung und des Adoptionseignungsberichtes gewährleistet.

Von nicht unwesentlicher Bedeutung für den Wert und die Akzeptanz eines Seminars sind die Aussagen der Teilnehmer am Ende jeder Veranstaltung. Nicht immer gelingt es, die Zustimmung aller Beteiligten sofort zu erreichen. Dies hat verschiedene Gründe:

- Wie dargelegt, müssen die Teilnehmer die Unkosten selbst tragen. Anders als bei Auswahlverfahren für Bewerber um Kinder aus dem Inland, für die Bewerber gesucht und vorbereitet werden müssen, handelt es sich bei diesem Seminarangebot zunächst um eine Serviceleistung der Adoptionsvermittlungsstellen (die allerdings bereits präventive Züge trägt, weil sie zum Gelingen der beabsichtigten Kindesaufnahme beitragen soll). Ein unmittelbarer Bedarf, der Jugendhilfeträger zur Bereitstellung von Haushaltsmitteln veranlaßt, wird weithin zumeist noch nicht erkannt.

- Es bleibt für viele Ehepaare nach wie vor emotional unannehmbar, zuweilen auch kränkend, daß ihr Vorhaben, ein Kind aus dem Ausland zur Adoption nach Deutschland zu holen, von der Zustimmung Dritter abhängig ist.

- Es besteht zwischen Teamern und Teilnehmern dieser Seminare von vornherein eine andere Beziehungsdynamik als im Vorfeld der üblichen Adoptionsvermittlung im Inland. Tiefenpsychologisch gesehen werden Adoptionsvermittler als Elternfiguren erlebt. Im ersten Falle werden sie, sofern Aussicht auf die Vermittlung eines Kindes besteht bzw. realisiert wird, als gute, versorgende Eltern wahrgenommen. In unserem Falle, da wir in der Regel nicht selbst ein Kind vermitteln, sondern lediglich als Prüfungsinstanzen zwischengeschaltet sind (die Vermittlung erfolgt in der Regel durch ausländische Stellen), dürfte unsere Rolle innerpsychisch als die von strengen oder gar restriktiven Eltern wieder erlebt werden.

Diese Beziehungsdynamik wird dadurch erfahrbar, daß nicht selten dem Team mehr oder weniger trotziger Widerstand entgegengebracht wird, ja von einzelnen Paaren der Verdacht geäußert wird, man wolle ihnen den Kinderwunsch in diesen Seminaren ausreden, oder sich die irrtümliche Wahrnehmung einstellt, man wolle die Adoptionsinteressenten bevormunden.

- Auf gleicher Ebene liegt auch die Kritik vieler Teilnehmer, die Teammitglieder verhielten sich zu distanziert. Dies ist jedoch eine allgemeine Wahrnehmung von Betroffenen, die in gruppendynamischen Prozessen im Verhältnis zu Gruppenleitern immer wieder neu entsteht und auf die nicht dadurch angemessen reagiert werden kann, daß sich Teammitglieder noch mehr persönlich einbringen. Dies stünde auch im Widerspruch zur fachlichen Rolle und hätte nicht die zusätzlich erwünschte Änderung im Verhalten oder der Einstellung von Bewerbern zur Folge.

Trotz dieser kritischen Einwände kann festgestellt werden, daß zwischenzeitlich 80 Prozent der Teilnehmer die Seminare für eine sinnvolle Einrichtung halten, nachdem sie an ihnen teilgenommen haben. Interessanterweise wird nach Ablauf einer gewissen Zeit auch von einem großen Teil der kritischen 20 Prozent im nachhinein doch noch Zustimmung zur Konzeption des Seminars signalisiert, insbesondere dann, wenn die Teilnehmer ihre eigenen Erfahrungen im Ausland gemacht haben. Dann kommt oft die Rückmeldung, daß tatsächlich die Schwierigkeiten erlebt wurden, die im Seminar vorab dargestellt worden sind. Die Teilnahme am Seminar wird im nachhinein als eine wichtige Entscheidungshilfe gewertet. Es kann vermutet werden, daß auch jene, die sich letztendlich gegen die Auslandsadoption oder gegen die Aufnahme eines fremden Kindes überhaupt entschieden haben, eine individuell richtige Entscheidung getroffen haben. Viele ehemalige Seminarteilnehmer erhalten nach geraumer Zeit, dann, wenn sich ihre Absicht der Aufnahme eines ausländischen Kindes realisiert hat, Gelegenheit, erneut – diesmal als Beratungseltern zusammen mit ihren Kindern – am Seminar teilzunehmen.

Rechtliche Verbindlichkeit der Teilnahme:
Im Saarland ist 1993 ein Ausführungsgesetz zum Kinder- und Jugendhilfegesetz in Kraft getreten, das der zentralen Adoptionsstelle beim Landesjugendamt die vorrangige Zuständigkeit bei allen Adoptionen von ausländischen Kindern zuweist. Aufgrund einer hierzu getroffenen Vereinbarung mit den örtlichen Adoptionsvermittlungsstellen wird auch die Teilnahme von allen Adoptionsbewerbern um ausländische Kinder an einem dieser Seminare vor Erstellung eines sogen. Adoptionseignungsberichtes als verbindlich angesehen. Eine Mitarbeit im Seminar durch beide Ehepartner ist grundsätzlicher Bestandteil des üblichen Auswahl- und Beratungsverfahrens im Vorfeld der Aufnahme eines ausländischen Kindes. Die Weigerung der Teilnahme am Seminar durch Bewerber führt folgerichtig zur Ablehnung der weiteren Betätigung einer hiesigen Adoptionsvermittlungsstelle, so daß das Ziel, ein ausländisches Kind aufzunehmen, auf legalem Wege nicht erreicht werden kann.

Bei der Erstellung eines Adoptionseignungsberichts für Bewerber um ein noch nicht bekanntes fremdländisches Kind handelt es sich um eine Ermessensentscheidung der Verwaltung der Jugendbehörde, die gerichtlich nur daraufhin zu überprüfen ist, ob Ermessensfehler vorliegen (Flamm/Gastiger 1975, 46 ff).

Die Rechtsgrundlage für die Durchführung sachdienlicher Ermittlungen bei Adoptionsbewerbern ist § 7 AdVermiG. Allerdings regelt diese Vorschrift nur den Fall, daß eine Jugendbehörde oder eine Adoptionsvermittlungsstelle für elternlose Kinder geeignete Bewerber sucht. Bei einem Großteil von Bewerbern um ausländische Adoptivkinder handelt es sich jedoch um Antragsteller, die sich von vornherein und ausschließlich um die Aufnahme eines im Ausland lebenden Kindes bemühen, das dem Jugendamt noch nicht bekannt ist. Da es vorrangig Aufgabe der Jugendbehörde ist, für deutsche elternlose Kinder tätig zu werden, besteht kein Anspruch für Bewerber auf Überprüfung bzw. Durchführung von sachdienlichen Ermittlungen gem. § 7 AdVermiG, wenn es sich um ein Adoptivkind aus dem Ausland handelt.

Die zentrale Adoptionsstelle des Landesjugendamtes ist im Sinne des Gleichbehandlungsprinzips der Verwaltung gehalten, ein derartig stringentes Verfahren vorzugeben. Dies dient dem Schutz des bislang erreichten Standards und nicht zuletzt dem Wohl des Kindes. Die Erfahrung lehrt, daß gerade die übereilt getroffene Entscheidung von Ehepaaren, ein Kind aus dem Ausland zu adoptieren, in vielen Fällen zum Scheitern führt. Durch die verbindliche Verpflichtung zur Teilnahme am Seminar wird verhindert, daß Mitarbeiter von Adoptionsvermittlungsstellen unter Druck gesetzt werden und kurzfristig Gefälligkeitsbescheinigungen oder Berichte erstellen. Das zwischengeschobene Beratungsverfahren in Seminarform dient nicht allein zur Vorbereitung der Bewerber für die Aufnahme eines Kindes, sondern ist darüber hinaus bereits als Vorbereitung für die Erstellung der später anfallenden gutachtlichen Äußerung gegenüber dem Vormundschaftsgericht gem. § 56 d FGG nutzbringend.

Zusammenfassend ist festzustellen, daß die Art der Durchführung von sachdienlichen Ermittlungen, sei es in Form von Einzelgesprächen im Rahmen von Hausbesuchen oder in der Dienststelle, sei es im Rahmen von Gruppenverfahren, wie dem saarl. Bewerberseminar, im Ermessen der Adoptionsvermittlungsstelle liegt. Es besteht lediglich Anspruch auf fehlerfreie Ermessensausübung und auf Gleichbehandlung, nicht jedoch auf Erstellung eines Adoptionseignungsberichtes zur Vorlage bei ausländischen Stellen.

Dennoch hat man sich dazu entschlossen, geeignete Bewerberpaare in ihrem Vorhaben soweit wie möglich zu unterstützen dadurch, daß man ihnen zusagt, auf dem Wege zur Vermittlung eines Kindes behilflich zu sein und auch hinterher nach Aufnahme eines Kindes ggfls. beratend zur Seite zu stehen.

Die im Saarland gehandhabte Praxis ist bundesweit eine der wenigen präventiven Jugendhilfeleistungen im Rahmen der Adoptionsvermittlung von Kindern aus dem Ausland und läßt sich einordnen in den Zusammenhang der allgemeinen Förderung der Erziehung in der Familie, wie sie in § 16 KJHG ab 1. Januar 1991 vorgesehen ist.

Exkurs:
Zur Entwicklung der Auslandsadoptionen in Österreich

von Elisabeth Lutter

Adoptionen von Kindern aus dem Ausland stellten bis vor wenigen Jahren in der österreichischen Statistik nur eine marginale Größe dar. Bis heute gibt es keine zentrale Stelle oder Organisation, die für diesen Aufgabenbereich speziell zuständig ist.

Eine gewisse Anzahl von indischen Kindern aus den Heimen des Ordens der Mutter Teresa wird zwar in letzter Zeit von österreichischen Eltern adoptiert; für die Durchführung dieser Adoptionen bedarf es jedoch ausschließlich – wie für österreichische Kinder – einer Pflegebewilligung des zuständigen österreichischen Jugendamtes sowie eines aktuellen Sozialberichts – den Rest der administrativen Abwicklung besorgen der Orden und die Behörden in Indien. Das Kind kann etwa ein Jahr nach Einbringung des Ansuchens von den Adoptiveltern aus dem indischen Heim abgeholt werden.

Diese Situation änderte sich schlagartig mit der «Wende» in den Staaten des ehemaligen Ostblocks und der Öffnung der Grenzen. Die Begleiter der Hilfsgüter-Konvois entdeckten die Kinderheime der kommunistischen Regime mit ihren für westliche Begriffe schier unvorstellbaren Kinderzahlen und Lebensbedingungen. Berichte und Bilder erreichten über die Massenmedien breite Bevölkerungskreise und lösten eine Flut des Mitleids und der Hilfsbereitschaft aus: Die Not dieser «vergessenen» Kinder und die Frustration oft jahrelang vergeblich wartender Adoptionsbewerber trafen aufeinander, die gleichzeitige Erfüllung von Kinderwunsch und Kindeswohl durch Adoption solcher Kinder schien offenkundig. Allein im größten österreichischen Bundesland, Niederösterreich, gaben nun von rund 400 Adoptionsbewerbern mehr als die Hälfte an, daß sie auch ein ausländisches Kind annehmen würden.

Sehr rasch wurde aber – zumindest den Fachkräften – klar, welche Komplexität an ethischen, rechtlichen, psychologischen und organisatorischen Fragen sich rund um diese Adoptionen auftat, ganz zu schweigen von der Gratwanderung zwischen humanitärer Motivation und den verschiedensten Formen des Kinderhandels. Dazu kam das zunächst fast völlige Fehlen geeigneter Rechtsgrundlagen, dann deren ständige Veränderung im Herkunftsland der Kinder. Die österreichischen Behörden – Ministerien wie Jugendämter – konnten kaum die Flut der Anfragen bewältigen bzw. den jeweils aktuellen Informationsstand ermitteln. Es gab keine allseitig-kompetente offizielle Koordinationsstelle.

In dieser Situation entwickelten private Organisationen eine Reihe von Aktivitäten – freilich in sehr unterschiedlicher Qualität und Kontinuität: kurzlebige Aktionsgruppen (z. B. der österreichischen Hochschülerschaft) mit hohem Engagement, aber ohne jugendwohlfahrtliche Fachlichkeit, entstanden ebenso wie Schwerpunkteinsätze der großen Wohlfahrtsverbände (z. B. Caritas, Diakonie, Malteser u. a.) und private Einzelinitiativen. Hauptsächliche Zielrichtung dieser Hilfen war Rumänien.

Zwei Langzeitprojekte müssen wegen der sich daraus ergebenden Adoptionen besonders erwähnt werden: einerseits die «Patenschaftsvereinigung Tirol – Rumänien», die von der Kinderklinik des Landeskrankenhauses Innsbruck ausging und sich langfristig der Sanierung eines Kinderheims in Nordrumänien annahm; andererseits die Wiener «Initiative Pflegefamilien», die als privater, professioneller Jugendwohlfahrtsträger mit angeschlossener Beratungs- und anerkannter Adoptionsvermittlungsstelle Siebenbürgener Kinderheime mit Hilfsgütern unterstützte und parallel dazu für einzelne der dort untergebrachten Kinder im Auftrag der Heimleitung Adoptiveltern suchen und vorbereiten sollte.

Zwischen der rumänischen Revolution Ende 1989 und der Erlassung des neuen rumänischen Adoptionsrechts im Juni 1991 wurden über Vermittlung des Wiener Vereins ca. 25 Heimkinder in österreichische Adoptivfamilien vermittelt (eines auch nach Südtirol und eines nach Deutschland). Über den Gesundheitszustand und den Entwicklungsstand dieser Kinder zum Zeitpunkt der Vermittlung sowie über deren Integration und Rehabilitation in den Adoptivfamilien wurde eine Begleitstudie am psychologischen Institut der Universität Wien durchgeführt. Die Adoptivfamilien stehen weiter mit dem Verein in Verbindung und erhalten beratende Hilfen und Begleitangebote, so etwa ein halbjährliches Kontakttreffen zum Erfahrungsaustausch unter Begleitung von zwei Sozialarbeiterinnen.

Nach der Erlassung des neuen rumänischen Adoptionsgesetzes und der Schaffung des staatlichen Rumänischen Adoptionskomitees (RAC) bewarben sich der Wiener und der Tiroler Verein um die Anerkennung durch Rumänien zur Weiterführung der Adoptionsprogramme. Der Wiener Verein erreichte diese schließlich im Oktober 1992 mit Unterstützung des österreichischen Außenministeriums und ist seither die einzige Vermittlungsstelle Österreichs für Adoptivkinder aus Rumänien. In einem ausführlichen Arbeitsvertrag wurden die Richtlinien für die Durchführung solcher Adoptionen festgeschrieben. Der Vertragsinhalt wurde durch den Verein sämtlichen österreichischen Landesregierungen mitgeteilt und diese um entsprechende Kooperation ersucht. In Bukarest konnte eine rumänische Anwältin als Kontaktperson zu den Heimen und Behörden vor Ort gewonnen und unter Honorarvertrag genommen werden. Ein ausführliches Informationsblatt für Adoptionsbewerber wurde erstellt und wird laufend aktualisiert. Alle Adoptionsbewerber müssen zu persönlichen Beratungsgesprächen in die Wiener Beratungsstelle kommen, bevor der Verein die Entscheidung über die Eröffnung eines Vermittlungsverfahrens trifft. Die Durchführung ist meist langwierig. Auch hier ist inzwischen mit einer Wartezeit von ca. einem Jahr zu rechnen. Etwa 12 bis 14 Adoptionen können jährlich durchgeführt werden.

Parallel zu der Arbeit mit den Adoptionsbewerbern und der Zusammenarbeit mit den zuständigen Jugendämtern hat der Verein bereits im Spätherbst 1991 – zusammen mit der niederösterreichischen Landesregierung – erstmals in Österreich eine interdisziplinäre Fachtagung zu Fragen der Auslandsadoption veranstaltet, der im Spätherbst 1994 anläßlich des Internationalen Jahrs der Familie eine Nachfolgeveranstaltung folgen wird. Ethische Fragen zur Wahrung der Identität ausländischer Adoptivkinder wurden ebenso erörtert wie psychologische Probleme der Rehabilitation von schwerstem Hospitalismus in Verbindung mit Dystrophie und chronischen Erkrankungen, rechtliche und administrative Schwierigkeiten, die Sinnhaftigkeit und Umsetzungsmöglichkeiten internationaler Übereinkommen, das Dilemma zwischen «letzter Chance» für konkret betroffene Kinder und «neokolonialistischen» Auswirkungen des verstärkten Trends zur Auslandsadoption, aber auch Modelle flankierender «Entwicklungshilfe» zur Verbesserung der Situation der Kinder vor Ort.

Die Tagungsbeiträge wurden in einer Dokumentation (Huber-Semrad/Lutter 1993) veröffentlicht und stellen die einzige aktuelle österreichische Fachliteratur zu diesem Fragenkomplex dar. Die Schaffung einer zentralen Anlauf- und Informationsstelle für Auslandsadoptionen wurde gefordert – ihre Realisierung steht zwar noch aus, ist aber offensichtlich nur mehr eine Frage der Zeit. Die Quartalsschrift des Vereins «Initiative Pflegefamilien» veröffentlicht laufend Fach- und Erfahrungsmaterial über das Projekt Rumänien.

Seit Mitte 1993 ist ein neues Modell «Transfer von Social Knowhow» angelaufen: die Elemente des vom Verein seit 15 Jahren entwickelten «Wiener Modells der Pflegeelternschulung, -beratung und interdisziplinären Zusammenarbeit» wurden für die Bedürfnisse von ungarischen Pflegeeltern und ihren Betreuerinnen adaptiert und werden nun von den ungarischen Trainerinnen auch an die Kinderbetreuerinnen der rumänischen Heime im ungarischsprachigen Siebenbürgen vermittelt: Durch die «Nachrüstung» des bisher völlig ungeschulten rumänischen Heimpersonals soll eine Verbesserung der Betreuungssituation der ihm anvertrauten Kinder erreicht werden. Mit dem Honorar für die ungarischen Trainerinnen finanzieren diese ihrerseits neue Projekte der Fremdunterbringung in Ungarn, derzeit befristete Krisenpflegeplätze, für die noch keine staatlichen Mittel zur Verfügung stehen.

Ein enger Erfahrungsaustausch wurde auch zwischen dem Wiener Verein und Kroatien entwickelt: Die Autorin des «Wiener Modells» und IFCO-Vertreterin bei den Internationalen Organisationen, Dr. Elisabeth Lutter, wurde als Co-Direktorin des Inter-University Centers Dubrovnik für Sozialarbeit mit Schwerpunkt auf der Entwicklung des Pflegekinderwesens nominiert. Eine Adaptierung des in Rumänien praktizierten Adoptionsmodells für die Kriegswaisen des Balkankonfliktes und die verlassenen Kinder der vergewaltigten Frauen konnte jedoch, obwohl vom österreichischen Familienministerium unterstützt, nicht in die Praxis umgesetzt werden.

Schließlich hat über Anregung des Wiener Vereins im Herbst 1992 in Sofia eine UNICEF-Tagung stattgefunden, zu der aus allen Nachfolgestaaten der ehemaligen Ostblockländer je zwei Vertreter der öffentlichen sowie der privaten Jugendwohlfahrt eingeladen waren, um ihnen Modelle der familiennahen Fremdunterbringung von Kindern als Alternative zur bisher üblichen Massenverwahrung in Kinderhei-

men bzw. zur Auslandsadoption vorzustellen, d. h., Anstöße zur Etablierung eines Pflegefamilienwesens vor Ort zu geben: Das «Wiener
Modell» fand regen Zuspruch – in Ungarn wurde es bereits übersetzt
und vom Sozialministerium zur Reformgrundlage gemacht. Die im
Herbst 1994 in Berlin stattfindende Europäische Pflegesorgekonfe-
renz der IFCO wird eine Fortsetzung der Kommunikation und Kooperation mit den Vertretern der osteuropäischen Staaten bringen.

Somit scheint sich der wenngleich späte Einstieg Österreichs in die
Diskussion um die Fragen der Auslandsadoption zu einem sehr ver-
antwortungsbewußten, engagiert-kreativen Prozeß zu entwickeln, in
welchem vor allem von privater professioneller Seite entscheidende
Beiträge erfolgen.

Bundesverband österr. Pflege- und
Adoptivelternvereinigungen
Rodlergasse 15
A-1190 Wien

VII.

Privatadoption – weiterhin unverzichtbar?

Das Problem
der sogenannten Privatadoption

von Bernd Wacker

Für Hanna und Ruth

Wie kaum ein anderes der in diesem Buch behandelten Themen sonst zieht das Thema «Privatadoption» Emotionen auf sich. Von den einen in die Nähe des Kinderhandels gerückt, von den anderen als bitter notwendige Form humanitären Engagements verteidigt, führen die unter diesem Stichwort verhandelten Fragen nicht nur in Adoptiveltern- und Bewerberkreisen immer wieder zu hitzigen Debatten, sondern haben auch im Vorfeld der Verabschiedung des *Haager Übereinkommens über die internationale Zusammenarbeit und den Schutz von Kindern auf dem Gebiet grenzüberschreitender Adoptionen* vom 29. Mai 1993 für erheblichen Konfliktstoff gesorgt (vgl. Kap. IX, S. 264 f). Doch worum geht es überhaupt?

Was heißt «Privatadoption»

Ein relativ gut situiertes deutsches Ehepaar wünscht sich nach jahrelangem Aufbau seiner Existenz sehnlichst ein Kind und stellt fest, daß es leibliche Kinder nicht (oder nur mit großem Risiko) bekommen kann. Es entschließt sich deshalb zur Adoption und wendet sich ans Jugendamt, wo es die enttäuschende Nachricht erhält, daß es kaum Aussichten hat: 20 Paare bewerben sich gleichzeitig um ein Adoptivkind. Das Ehepar sucht nun nach weiteren Lösungsmöglichkeiten und erinnert sich dabei, daß es in den vielen armen Ländern der Welt doch Millionen von Kindern gebe, die verlassen sind und Eltern brauchen. Aus anderen Quellen er-

fährt es, daß eine Auslandsadoption über anerkannte Vermitt-
lungsstellen schwierig und auch sehr langwierig sei, daß jedoch
auch andere, direktere Wege zum Ziel führen: Man habe da diese
oder jene Adresse im Bekanntenkreis; auch die Kirchen oder ein-
zelne Botschaften könnten weiterhelfen... (vgl. terre des hommes
1989, 2 f).

Seit Jahren kommen auf diese oder ähnliche Weise, d. h. ohne Beteiligung staatlicher bzw. staatlich anerkannter Fachstellen einerseits *und*
unter Ausschluß professioneller Kinderhandelsagenturen andererseits Kinder aus dem Ausland zur Adoption in die USA und nach
Westeuropa. Denn was soll daran verdammenswert sein, den eigenen
tief verwurzelten Kinderwunsch auf eine Weise zu erfüllen, die geeignet scheint, gleichzeitig das Elend anderer Menschen zu verringern? Eine zu allen kriminellen Praktiken entschlossen auf Distanz
gehende, privat durchgeführte Auslandsadoption – drängt sie sich
nicht gleichsam von selbst auf? Was also hat sie bei Experten in den
Ruf gebracht, «im Vorfeld des kommerziellen Handels mit der Ware
Kind angesiedelt zu sein» (Kühl 1987, 443)?

Wer sich nicht mit der polemischen Antwort zufriedengeben will,
hinter solchen Einschätzungen verberge sich nichts als die entwick-
lungspolitische Ideologie einer Gruppe fanatischer Adoptionsgegner
oder, so noch häufiger zu hören, die wohlfeile Moral ehemaliger Bewerber, die ihre Schäfchen selber längst im trockenen und darum gut
predigen hätten, der tut gut daran, sich die zwischen den verschiedenen Fachvermittlungsstellen seit einiger Zeit geführte Diskussion, deren Ergebnisse und noch offenen Fragen wenigstens in den Grundzü-
gen zu vergegenwärtigen.

Illegale und legale Formen

Gemeinsam gehen alle oben (vgl. Kap. VI) vorgestellten Fachdienste
davon aus, daß vor Privatadoptionen im strikten Sinne, d. h. vor der
Beschaffung eines Kindes aus dem Ausland ohne vorherige Einschaltung des Jugendamtes sowie einer hiesigen autorisierten Vermittlungsstelle und eines kompetenten, vertrauenswürdigen Partners vor
Ort, dringend zu warnen ist. Denn eine solche Adoption, die ohne
Mitwirkung bzw. Billigung der im Herkunfts- wie im Aufnahmeland

laut Gesetz einzuschaltenden Behörden/freien Träger zustande kommt, ist nach geltendem Recht illegal (vgl. dazu genauer Kap. IX) – und das aus gutem Grund. Zum einen nämlich entziehen sich Paare, die ihren Kinderwunsch auf solche Weise zu befriedigen suchen, jeglicher ihre Privatsphäre überschreitenden Prüfung der Frage, ob sie als Adoptiveltern überhaupt geeignet sind. Mit anderen Worten: Um der möglichst schnellen und problemlosen Durchsetzung *ihres* Interesses willen weigern sie sich, das bei Auslandsadoptionen verstärkt gegebene Risiko, den Bedürfnissen «ihres» Kindes am Ende gar nicht gerecht werden zu können, durch gezielte Vorbereitung soweit wie möglich zu verringern. Zum anderen, und das ist hier wichtiger, nehmen sie, gewollt oder ungewollt, die Möglichkeit in Kauf, daß das Kind, das ihnen als adoptierbar übergeben wird, gar nicht verlassen ist, sondern erst für sie «besorgt» wurde. Jedenfalls dürften nur die wenigsten Adoptionsbewerber in unseren Breiten ausreichende Kenntnis der örtlichen Gegebenheiten und Hintergründe des jeweiligen Herkunftslandes haben, um hinreichend beurteilen zu können, ob der ihnen behilfliche Anwalt, Notar oder Sozialarbeiter denn auch wirklich in einer Weise arbeitet, die Zweifel an der Verlassenheit des Kindes bzw. an seiner Freigabe zur Adoption durch die Mutter bzw. die befugte Stelle von vornherein ausschließt. Kurz: Um des Wohles des Kindes und der Achtung vor den Rechten seiner leiblichen Mutter/Eltern willen ist frühzeitige Kontaktaufnahme mit den entsprechenden Stellen schlechthin unerläßlich.

An der Frage allerdings, ob dieser von allen Fachdiensten einmütig vertretene Grundsatz nun bedeute, daß bei Auslandsadoptionsvorhaben außer dem Jugendamt immer auch eine der staatlich anerkannten Vermittlungsstellen eingeschaltet werden müsse, oder ob es, wie der «Internationale Sozialdienst» glaubt, auch genüge, wenn die Bewerber vorher nur mit der Adoptionsstelle des Jugendamtes Kontakt aufnehmen, scheiden sich die Geister. Strittig ist dabei wohlgemerkt nicht, daß es sich (vorausgesetzt, die Gesetze des Herkunftslandes werden beachtet) auch im letzteren Fall um eine den gesetzlichen Mindestanforderungen Rechnung tragende Form der Adoption handelt, daß es also durchaus eine legale Form der Privatadoption gibt; umstritten ist allein die Frage, ob nicht auch das jeweilige (örtliche) Jugendamt mit der Betreuung eines solchen Privatadoptionsbegehrens total überfordert ist. Das gilt vor allem für die Vorbereitung und

Betreuung der Bewerber. «Die Erstellung des Adoptionseignungsberichts durch das Jugendamt», so hält u. a. «Eltern für Kinder» fest, «reicht nicht aus. (...) Gerade im Fall der Auslandsadoption ist eine sachgerechte Auswahl und sorgfältige Beratung der Adoptionsbewerber von besonderer Bedeutung. Es kann zu unerwarteten Schwierigkeiten kommen, z. B. wegen abweichender Hautfarbe und Physiognomie des Kindes, wegen besonderer Verhaltensweisen, Sprache und Krankheiten, wegen nicht erwarteter feindseliger Einstellungen und Reaktionen des sozialen Umfeldes im Kindergarten oder in der Schule, in der Nachbarschaft oder in der Gemeinde, wegen der sich ändernden Sensibilität des Kindes im Laufe seiner seelischen und körperlichen Entwicklung und damit seiner Reaktionsweisen auf das sich entwickelnde und sich ändernde Selbst- und Fremdbild sowie der zahllosen Enttäuschungen und unerfüllten Erwartungen, die bei seinen Eltern eintreten können (nicht müssen)» (Eltern für Kinder 1989, 3). Solche Bedenken im Blick auf die begrenzten Möglichkeiten eines Jugendamtes gelten aber erst recht für die Beurteilung der Situation des Kindes im Herkunftsland. Denn selbst wenn die Vermittlung durch den jeweiligen Privatkontakt juristisch korrekt vonstatten geht, bewegen sich auch solche Adoptionen bisweilen in einer Grauzone, die generell zur Vorsicht Anlaß geben sollte. In manchen Fällen sind privat adoptierte Kinder gleichsam indirekt gekauft, ohne daß dies den gutgläubigen Adoptiveltern und deutschen Behörden je offenbar wird. Es sind dann auf einmal hohe Summen an «Gebühren» für Anwalt und Gericht zu zahlen, Auslagen für nicht vorhersehbare Sonderleistungen zu begleichen und, auch das natürlich nicht kostenlos, die noch fehlenden Papiere dieser oder jener Behörde beizubringen. Wer nicht zahlt, riskiert, unverrichteter Dinge wieder nach Hause fahren zu müssen. Wer aber zahlt, signalisiert damit, daß er das ökonomische Prinzip «Je knapper, desto teurer» akzeptiert. Der betreffende Behördenangestellte wird dem nächsten Bewerberpaar dementsprechend noch mehr Geld abverlangen, und der freundlich vermittelnde Kontaktmann gerät zumindest in Gefahr, in Hospitälern, Heimen und den Elendsvierteln der Städte auf Babysuche zu gehen (Kühl 1987, 442 f).

Diesen Markt-Mechanismus vor Augen, betont auch der «Internationale Sozialdienst», es sei für interstaatliche Adoptionen ganz wesentlich, daß im Herkunftsland des Kindes eine dort anerkannte Vermittlungsstelle eingeschaltet ist, die die Verantwortung für die Adoption trägt. Dabei weist er jedoch zugleich darauf hin, daß es selbst für einen internationalen Verband schwierig sei festzustellen, ob die ausländische Stelle (z. B. auch ein Kinderheim), die bereit ist, den Bewerbern ein Kind zu vermitteln, dort als Adoptionsvermittlungsstelle überhaupt legal arbeiten darf (Baer 1989). Was aber heißt das anderes, als daß auch solche Privatadoptionsbemühungen, die nach geltendem Recht formal nicht zu beanstanden sind, dennoch Gefahr laufen, den Voraussetzungen einer verantwortungsvoll durchgeführten Adoption eines Kindes aus der sog. Dritten Welt nicht gerecht zu werden. Die Warnungen der Vermittlungsstellen vor jeder Art von Privatadoption sind darum nur zu berechtigt.

Adoption mit Hilfe kirchlicher Kontakte

Doch ist gerade an diesem Punkt der Überlegung genaues Zusehen angebracht. Denn stimmt es wirklich, daß einzig und allein «terre des hommes», «Eltern für Kinder», der «Internationale Sozialdienst» oder andere Fachstellen aufgrund ihrer teilweise langjährigen Kenntnis und Zusammenarbeit mit bestimmten Partnern im Heimatland des Kindes auf eine seriöse Adoptionsvermittlung Anspruch erheben können? Kommen denn nicht, anders gefragt, Privatadoptionen aus der Dritten Welt ganz überwiegend durch die Mitwirkung von in diesen Ländern tätigen kirchlichen Institutionen oder humanitären Hilfswerken zustande (bzw. durch einzelne, sie unterstützende Personen), so daß auch hier davon auszugehen ist, daß das Wohl des einzelnen elternlosen Kindes und nicht die Interessen der kinderlosen Bewerber aus Deutschland im Mittelpunkt der Vermittlungsarbeit stehen?

Überlegungen dieser Art, wie sie jüngst noch etwa von der Bundesregierung (Antwort 1990, 3) formuliert wurden, sind nicht einfach von der Hand zu weisen; kein Zweifel kann ja bestehen, daß gerade kirchliche Institutionen und Heime in der Dritten Welt ehrlich bemüht sind, den ihnen anvertrauten Kindern zu ihrem Recht zu verhelfen.

Und doch sind auch mit diesem Hinweis die Bedenken keineswegs vom Tisch. Denn auch wenn die Privatvermittlung beispielsweise durch ein Kinderheim in Trägerschaft eines katholischen Ordens zustande kam, ist die schon angesprochene Frage nach der zureichenden Vorbereitung und nachfolgenden Betreuung der Bewerber noch keineswegs beantwortet, zumal dann, wenn auf die vorherige Kontaktaufnahme mit dem Jugendamt verzichtet und, wie es in der Vergangenheit nicht selten der Fall war, der Eignungsbericht durch die Empfehlung etwa des örtlichen Pfarrers ersetzt wurde. Darüber hinaus ist, darauf weisen etwa «terre des hommes» oder der «Zentrale Evang. Fachdienst» hin, wie bei jedem anderen Partner, so auch im Fall kirchlicher Einrichtungen die Frage zu prüfen, ob denn das in Frage kommende Heim mehr tut, als sich an der ihm durch die Situation traditionell zugemuteten Verwaltung der Armut und des Verlassenseins von Kindern zu beteiligen. Konkret: Welche institutionalisierten Anstrengungen etwa unternimmt die vermittelnde kirchliche Einrichtung, um der Verlassenheit von Kindern in ihrem Einzugsbereich vorzubeugen, verlassene Kinder in ihre Familie zu reintegrieren oder eine neue Familie im Land für sie zu finden? Wenn dies alles nicht geschieht, woran liegt das? Sind hier allein Gründe der traditionell kirchlich-caritativen Mildtätigkeit von oben nach unten ausschlaggebend, fehlt das entsprechende Personal, oder spielt im Einzelfall die finanzielle Abhängigkeit auch kirchlicher Einrichtungen von den Spenden der Adoptierenden eine Rolle? Wer solche Nachfragen für unangebracht hält, sollte immerhin berücksichtigen, daß keines der großen deutschen kirchlichen Hilfswerke für die Dritte Welt wie «Misereor», «Missio», «Adveniat» oder «Brot für die Welt» in der Adoptionsvermittlung tätig ist und daß darüber hinaus in den deutschsprachigen Ländern bis vor kurzem (vgl. Kap. VIII) keine zentrale kirchliche Vermittlungsstelle existierte; nichtsdestoweniger waren es in der Vergangenheit immer wieder über kirchliche Kanäle (Pfarrer, Ordenshäuser etc.) eingefädelte Privatadoptionen, die die Mitarbeiterinnen und Mitarbeiter manches (Landes-)Jugendamtes im nachhinein vor schwierige Probleme stellten. Dabei gab es auch den einen oder anderen Fall, in dem sich selbst kirchliche Würdenträger nicht scheuten, ihre Sicht der «Sache» auf Chefebene gegen die Bedenken der befaßten Sozialarbeiterin durchzusetzen. Gerade angesichts solcher bis in die Gegenwart reichenden «wilden» kirchlichen Vermittlungstätigkeiten (vgl. Antwort 1990, 20f, 26f, 29f; Klinkhammer 1990, 77; Kühl 1987, 445) ist die Schaffung zentraler kirchlicher Fachdienste nur zu begrüßen.

Privatadoptionen weiterhin unverzichtbar?

Exakte Daten und nähere Erkenntnisse über die sozialen Hintergründe der Adoption von Kindern aus der Dritten Welt sind, darauf hat u.a. Rolf P. Bach hingewiesen (vgl. Kap. IV), bisher kaum bekannt, geschweige denn erforscht. Was die hier relevanten Fragen angeht, leben wir, so Bach, «in einer sozialwissenschaftlich-statistischen Wüste». Die einzige auf die Bundesrepublik bezogene diesbezügliche Studie, die 1988 von der Zentralen Adoptionsstelle der vier norddeutschen Länder (GZA) in Hamburg vorgelegt wurde, hält fest, daß von 1984 bis einschließlich 1987 nur 45 Prozent aller interstaatlichen Adoptionen durch staatliche, staatlich anerkannte oder registrierte Adoptionsvermittlungsstellen im In- oder Ausland vermittelt wurden. Heute dürfte, so Bach, der Anteil dieser Vermittlungen noch geringer geworden (...), d.h. umgekehrt: die Quote illegaler und legaler Privatadoptionen deutlich gestiegen sein (Bach 1988, 18).

Wer auf diesen Befund aufmerksam macht, darf nicht verschweigen, daß nicht nur vom «Bundesverband der Adoptiv- und Pflegeeltern», sondern etwa auch von Mitarbeitern von «Eltern für Kinder» bei Gelegenheit zu hören ist, angesichts der großen Zahl verlassener Kinder in der Dritten Welt, der gegenüber sich die jährlichen z.Z. gut 200 Vermittlungen der bundesdeutschen Fachdienste beinahe zynisch ausnähmen, seien Privatadoptionen bei all ihrer Problematik immer noch unverzichtbar – ein Argument, das auf den ersten Blick alle Plausibilität für sich hat.

Macht man sich jedoch die Mühe, etwas genauer hinzusehen, wird die Schwierigkeit dieser Argumentation sehr schnell sichtbar. Denn man braucht an der unvorstellbar großen Zahl notleidender und verlassener Kinder (im weitesten Sinne) nicht zu zweifeln, wenn man zunächst einmal festhält, daß es auch international so gut wie keine sozialwissenschaftlichen Erhebungen gibt, anhand deren über die Zahl der Kinder, die der (Auslands-)Adoption bedürfen, dazu freigegeben sind und dafür faktisch in Betracht kommen, verläßliche Aussagen zu machen wären. Treffend formuliert die Direktorin des «Internationalen Sozialdienstes» in Deutschland: «Genaue Zahlen fehlen, aber derzeit schätzt die Weltgesundheitsorganisation die Zahl der Kinder, die jährlich an Unterernährung oder an mangelnder medizinischer Versorgung sterben, auf rund 17 Millionen! Dies ist eine erschreckend hohe Zahl. Dennoch ist klar, daß längst nicht alle diese Kinder für eine Adoption in Frage kommen. Die allermeisten von ihnen leben – und hungern – mit ihren Eltern, und die ganze Familie ist in großer wirtschaftlicher Not. Die Familie aber würde sich dennoch nicht von ihren Kindern trennen, sondern versuchen, mit ihnen zu überleben» (Baer 1989, 2). Sind die entsprechenden Zahlen also schlicht und einfach Ansichtssache? Kann die insbesondere von «terre des hommes» vertretene These, die Nachfrage nach gesunden, möglichst hellhäutigen Säuglingen und Kleinkindern sei erheblich größer als die Zahl zur Verfügung stehender Kinder, einen größeren Anspruch auf Wahrheit erheben als die Gegenthese von der bleibenden Notwendigkeit des Engagements auch an den autorisierten Vermittlungsstellen vorbei?

Beide Thesen bedürfen dringend einer die Evidenz bloß zufälliger Eindrücke hinter sich lassenden, sorgfältigen sozialwissenschaftlichen Überprüfung. Auch wenn es ernstzunehmende Einwände gibt[1], wird man bis auf weiteres von der Tatsache ausgehen dürfen, daß beinahe alle autorisierten Vermittlungsdienste direkt oder indirekt darauf hinweisen, wie groß die Konkurrenz der in der internationalen Vermittlungsszene offiziell engagierten Organisationen inzwischen geworden ist, wenn es darum geht, ihre Klientel mit Kindern zu versorgen. So weist «terre des hommes» darauf hin, daß etwa in Kolumbien heute weit über hundert ausländische Adoptionsorganisationen registriert sind. «Und fast alle würden gerne noch mehr Auslandsadoptionen vermitteln als bisher» (Eisenblätter 1988, 3). Und die Mitbegründerin von «pro infante» berichtet, daß sich in Indien Sozialarbeiter aller Herren Länder um adoptierbare Kinder regelrecht schlagen, bei ver-

---

1 Vgl. Klinkhammer 1990, bes. 65–72 u. 204 f. Leider finden sich hier – wenn sie denn überhaupt bekannt sind – keine Angaben bezüglich der Zahl und Arbeit der doch wohl auch in Peru zu vermutenden internationalen Adoptionsagenturen und -organisationen. Der Hinweis der Autorin, «in Anbetracht der (...) großen Anzahl an verlassenen Kindern in Peru wie auch in anderen Ländern der sog. Dritten Welt» sei «zu fragen, ob das Überangebot an Adoptionsinteressenten auch dann noch ein Überangebot bleibt, wenn die Fachkräfte zur Adoptionsvermittlung eine Erweiterung erfahren würden» (205), wäre ja erst dann sinnvoll zu diskutieren, wenn deutlich wäre, wie viele Kräfte tatsächlich schon heute in der Adoptionsvermittlung aus den betreffenden Ländern tätig sind.

schiedensten Heimen vorstellig werden, um Kontrakte und Verträge zu schließen. «Abends in den Hotels vergleichen sie ihre ‹Beute›, besprechen die neuesten ‹Preise›» (Wiedeking 1988, 12).

Die Behauptung, ohne Privatadoptionen seien auch heute noch (kleine, gesunde) Kinder aus den unterentwickelt gehaltenen Ländern der Dritten Welt unmittelbar vom Verhungern oder einem schlimmen Heimschicksal bedroht, dürfte also zumindest in dieser generellen Form nicht länger aufrechtzuerhalten sein. Damit ist nicht bestritten, daß es in der Vergangenheit immer wieder einzelne Fälle gegeben hat, in denen beherzte Privatinitiative verlassenen Kindern – gerade auch kranken oder behinderten – buchstäblich das Leben gerettet hat. Es wird wohl auch in Zukunft Situationen geben, die um des Kindes willen rasches, entschlossenes Handeln von Privatleuten notwendig machen. Doch dürfte es sich hier im strikten Sinne um Ausnahmefälle handeln; wer von ihnen ganz generell auf die bleibende Notwendigkeit von privat initiierten Auslandsadoptionsbemühungen schließen zu können glaubt, muß sich fragen lassen, welchen argumentativen Stellenwert er umgekehrt der zu vermutenden vergleichsweise hohen Zahl gescheiterter Privatadoptionen zuzumessen bereit ist. Das private Bemühen um die Adoption eines Kindes aus der Dritten Welt dürfte *im Normalfall* einzig und allein dann notwendig und ethisch vertretbar sein, wenn nicht nur feststeht bzw. gewährleistet ist,
- daß das Kind tatsächlich verlassen ist,
- daß alle Alternativen vor Ort ausgeschöpft sind,
- daß das Adoptionsverfahren in seinem Herkunftsland korrekt erfolgt und
- daß sich die potentiellen Eltern hinsichtlich ihrer Erwartungen, Motive und Belastbarkeit einer qualifizierten Prüfung unterzogen haben,

sondern wenn darüber hinaus auch der – erfolglos gebliebene – Versuch unternommen wurde,
- neben dem Jugendamt die übrigen einschlägigen Vermittlungsstellen in der Bundesrepublik auf die Situation des Kindes in seinem entsprechenden Umfeld nachdrücklich aufmerksam zu machen.

Auch wenn die Erfüllung dieser Bedingungen manchem zunächst unzumutbar erscheint: Hilfe für verlassene Kinder, die ihren Namen verdient, ist billiger nicht zu haben!

Ein Recht auf Kinder gibt es nicht

Die Arbeit der Adoptionsvermittlungsstellen in der Bundesrepublik erscheint manchen Zeitgenossen vor allem in einem Punkt besonders fragwürdig: Einerseits ja lehnen es alle autorisierten Fachdienste heute ab, als «Baby-Agentur» für unfreiwillig kinderlose Paare zu fungieren; einige der renommiertesten dieser Stellen haben darüber hinaus ihre Vermittlungstätigkeit weitestgehend eingeschränkt oder auf Kinder konzentriert, an denen der Durchschnitt der Adoptionsinteressenten wenig Gefallen findet, weil es sich bei ihnen um ältere, chronisch kranke oder behinderte Kinder handelt; andererseits aber sind es gerade diese Organisationen gewesen, die als erste eindringlich auf die blühenden Geschäfte des internationalen Kinderhandels aufmerksam gemacht und die steigende Zahl von Privatadoptionen moniert haben. Handelt es sich hier nicht um einen offensichtlichen Widerspruch? Ist nicht, so der «Bundesverband der Pflege- und Adoptiveltern», dem Grundsatz zu folgen, «daß die Privatadoption nur in dem Maße zurückgedrängt werden darf, wie gleichzeitig die Alternative der verantwortungsvoll geregelten Vermittlung durch die legitimierten Organisationen angeboten wird»? Läßt sich, mit anderen Worten, den vielen zweifelhaften und kriminellen Praktiken auf diesem Gebiet das Wasser abgraben nur durch «wiederum verstärkte Adoptionsvermittlung» (Kunz 1990, 21)?

Was jedoch, so ist zurückzufragen, würde es bedeuten, die Zahl der Adoptionsvermittlungen (von Säuglingen und Kleinkindern) aus Ländern der Dritten Welt in die Bundesrepublik wieder zu erhöhen? Wem käme das in erster Linie zugute? Wäre dadurch wirklich Kindern geholfen, die sonst ohne Hilfe blieben? Oder anders gefragt: Steht hinter dem Hinweis auf die Alternative «Steigerung der Vermittlungszahlen oder Akzeptation der wachsenden Zahl von Privatadoptionen» im Kern nicht vielmehr das Interesse, auch die «krummen Wege» der Kinderbeschaffung als menschlich-allzumenschlich zu rechtfertigen? Denn immerhin, so erfährt man: «Die Natur hat dafür gesorgt: Wir alle haben ein angeborenes Kindchenschema. Kleine Hunde, kleine Katzen, kleine Kinder sind für uns ‹goldig›. Sie lösen bei uns Erwachsenen einen Reiz aus, dieses ‹goldige› Lebewesen zu umsorgen. (...) Eine Frau und ein Mann in unserem Kulturkreis, die keine Kinder haben, wollen unter Umständen ihr angeborenes

Kindchenschema voll erfüllen. Dafür nehmen sie es auch in Kauf, daß dies u. U. viel Geld kosten kann. Lieber verzichten sie auf andere Dinge» (Schreiner 1990).

Selbst wenn man diese Formulierungen als Erinnerung an ein gattungsgeschichtlich überkommenes anthropologisches Grundmuster zu akzeptieren bereit ist, bleibt festzuhalten, daß auch der sehnlichste Kinderwunsch moralisch keineswegs dazu berechtigt, ihn auf jede mögliche Art und Weise zu erfüllen. Die Tatsache eines «angeborenen Kindchenschemas» dispensiert nicht davon, im Bemühen um die Adoption eines Kindes jenes Maß an Sorgfalt walten zu lassen, das den Rechten und der Würde dieses Menschen allein angemessen ist. Das oft zu hörende Argument, nur mit einem entsprechend großen Angebot der seriösen Fachdienste ließe sich die große Zahl unverantwortlicher Privatadoptionen wirkungsvoll reduzieren, übersieht darüber hinaus einen weiteren wichtigen Punkt. In der hier waltenden Logik nämlich läge es, die Aufgaben der anerkannten Fachstellen fortan auf Beratung und Vermittlung zurückzuschneiden, die Bewerber*auswahl* aber, die ja immer die Ablehnung nicht geeignet erscheinender Paare einschließt, ab sofort strikt zu untersagen. Denn wie reagieren, was tun diese abgelehnten Bewerber? Werden nicht viele von ihnen versuchen, ihren über Jahre und viele «Niederlagen» und Enttäuschungen hinweg hartnäckig verfolgten Kinderwunsch auf andere Weise zu befriedigen? Wie viele solcher nicht angenommener Bewerberpaare somit dann doch noch zu «ihrem» Kind gekommen sind, ist in keiner Statistik verzeichnet.

Es bleibt dabei, auch wenn es für viele ungewollt kinderlose Menschen in ihrer konkreten Lage schmerzlich ist und unannehmbar erscheint: *Kinder haben ein Recht auf Eltern, ein Recht auf Kinder aber gibt es nicht*! Es dürfte zu den wichtigsten und menschlich anspruchsvollsten Aufgaben der anerkannten Adoptionsvermittlungsstellen gehören, darauf immer wieder hinzuweisen.

Die «Fragen von morgen»

Die zahlreichen Presseberichte, Radiofeatures und Fernsehsendungen der letzten Jahre, die sich kritisch mit der Realität der Kinderbeschaffung aus den Ländern Osteuropas und der Dritten Welt auseinandersetzten und dabei auf die Vorarbeiten einiger Adoptions-

Ein Kind
um jeden Preis?

Wir Mitarbeiter, Mitarbeiterinnen und Freunde
des Kinderhilfswerks terre des hommes sind
betroffen, daß die wachsende Not von Kindern in
der Dritten Welt zunehmend von Menschen in
den reichen Industrieländern ausgenutzt wird.
Mehr und mehr unfreiwillig kinderlose Ehepaare
versuchen, sich an den legalen Vermittlungsorganisationen vorbei ein Kind aus den armen Regionen der Erde zu beschaffen.
Die steigende Nachfrage insbesondere nach
gesunden Babys eröffnet nicht zuletzt skrupellosen Kinderhändlern einen Markt.
Wir mahnen, den eigenen Kinderwunsch nicht
rücksichtslos zu befriedigen. Der Kinderwunsch
ist legitim, aber es gibt keinen Rechtsanspruch
auf Kinder!
Wir warnen davor, Wege zu beschreiten, bei
denen nicht von vornherein erkennbar ist, ob die
Kinder von ihren Müttern wirklich verlassen
beziehungsweise zur Adoption freigegeben sind.
Wir setzen uns dafür ein, daß die über legale Vermittlungsstellen wie terre des hommes adoptierten Kinder davor geschützt werden, als "gekaufte
Kinder" zu gelten. Auslandsadoptionen im
geprüften Einzelfall sind auf absehbare Zeit leider
unverzichtbar.
Wir fordern die Bundesregierung auf, die von
terre des hommes vorgeschlagenen Maßnahmen
aufzunehmen: Kinderhandel darf nicht länger
mehr nur ein Vergehen sein, sondern muß ein
Straftatbestand werden! Adoptivkinder dürfen
nur über legale Vermittlungsstellen in die Bundesrepublik kommen!
Es darf nicht länger möglich sein, sich ein Kind
"auf eigene Faus" oder "um jeden Preis" zu
besorgen!
**Kinder haben ein Recht auf Eltern
Erwachsene aber haben keinen Anspruch auf Kinder!**

vermittlungsorganisationen und engagierter Fachleute aus den staatlichen Jugendämtern zurückgreifen konnten, haben dem Idyll einer heilen Adoptionswelt, bevölkert von geretteten Waisenkindern und selbstlos um das Wohl dieser «armen Würmchen» besorgten deutschen Eltern, erhebliche Kratzer beigebracht. Inzwischen allerdings droht das Pendel ins andere Extrem umzuschlagen; immer mehr Adoptiveltern sehen sich dem Verdacht ausgesetzt, ihre Kinder gekauft oder auf andere anrüchige Art und Weise beschafft zu haben. Sind also, wie der «Bundesverband der Pflege- und Adoptiveltern» behaup- tet, «unsere Bürger (...) überfordert, die Differenzierung zwischen seriöser Vermittlung, verantwortungsvoller Privatadoption und Kinderhandel aufzunehmen, einzuordnen und zu bewerten» (Kunz 1990, 21), und sollte darum eine öffentliche Erörterung dieser diffizilen Materie nicht besser unterbleiben?

Antworten auf solche Fragen sind müßig, steht es doch hierzulande (zumeist) längst nicht mehr in der Macht einer einzelnen Interessengruppe, darüber zu befinden, ob eine bestimmte Thematik in die Öffentlichkeit gehört oder nicht. Und das ist gut so! An der geduldigen öffentlichen Auseinandersetzung und dem beharrlichen Bemühen, sie zu versachlichen und zu «vermenschlichen», führt für Adoptiveltern – gleich auf welchem Weg sie adoptiert haben – schon darum kein Weg vorbei, weil die in der Öffentlichkeit erörterten Probleme von heute die Fragen ihrer Kinder von morgen sein werden. Dieser «Fragen von morgen» und der mit ihnen verbundenen Erwartung einer ehrlichen Antwort sollte sich bewußt sein, wer sich heute mit dem Gedanken trägt, ein Kind aus dem Ausland nach Deutschland zu holen...

VIII

Auslandsadoption
muß überflüssig werden.
Alternativen im Herkunftsland

Bemühungen um Wiedereingliederung in die Herkunftsfamilie

von Peter Eisenblätter

Aus dem, was in den letzten Kapiteln beschrieben wurde, ist vielleicht schon deutlich geworden, daß die Auslandsadoption verlassener Kinder aus Ländern der Dritten Welt sowie des ehemaligen Ostblocks *nicht* die *endgültige* Lösung im Kampf gegen die Verlassenheit darstellen kann. Wenn sich andere Wege finden lassen, die der Verlassenheit von Kindern vorbeugen und die solchen Kindern, welche bereits verlassen worden sind, zu ihrer Ursprungsfamilie oder zu einer Ersatzfamilie in ihrem eigenen Land verhelfen, müssen diese Wege begangen werden, weil sie im Interesse der Kinder den absoluten Vorrang haben. In eben diesem Sinne kann das Hauptziel aller Aktivitäten zugunsten verlassener Kinder eigentlich nur sein, diese vorrangigen Lösungen in den Ländern der Dritten Welt selbst zu fördern und längerfristig die Auslandsadoption überflüssig zu machen.

In einigen Ländern bemühen sich Organisationen, die mit verlassenen Kindern zu tun haben, intensiv um die Wiedereingliederung (Reintegration) einzelner Kinder in ihre Herkunftsfamilie. Sofern das gelingt, ist für die betreffenden Kinder natürlich die *beste* Lösung verwirklicht. Daß die Zusammenführung mit den *leiblichen* Eltern jeder Suche nach *Ersatz*-Eltern im In- oder Ausland, also der Inlandsadoption ebenso wie der Auslandsadoption, vorzuziehen ist, bedarf keiner weiteren Begründung. Man muß sich freilich gleichzeitig vor Augen halten, daß derartige Reintegrationserfolge grundsätzlich auf Einzelfälle beschränkt bleiben werden – und warum das so ist.

Wie weiter oben schon ausgeführt (vgl. Kap. III), ist die Verlassenheit eines Kindes zumeist das Ergebnis eines längeren und tragischen Prozesses, der in der Armut seine Grundwurzeln hat, der aber auch zur Zerrüttung von Familien und schließlich dazu führen kann, daß Eltern *weder* materiell *noch* emotional in der Lage sind, ihr Kind bzw. ihre Kinder zu behalten. Es hängt jeweils von dem Grad des familiären Auflösungsprozesses ab, ob eine Reintegration möglich oder sinnvoll ist. Bei der Mehrheit von Kindern, die verlassen wurden, erscheint dies als unrealistisch.

Wenn eine Reintegration gelingen soll, müssen nahezu optimale Vorbedingungen erfüllt sein. Es genügt nicht nur, die leiblichen Eltern ausfindig zu machen (was zumindest bei ausgesetzten Kindern schon äußerst schwierig und meist unmöglich ist), sondern es müssen auch sehr gute Voraussetzungen dafür vorliegen, daß sich die soziale und ökonomische Lage der Familie (oder der Teilfamilie) stabilisieren kann. Und selbst wenn man dies überhaupt langfristig prognostizieren könnte, bedürfte es dann noch eines intensiven Prozesses der Sozialarbeit einschließlich Beratungs-, möglichst auch Therapieangeboten für die Familie, außerdem in vielen Fällen zumindest zeitweise finanzieller Unterstützung, um Krisen wenigstens am Anfang auffangen zu können.

Anders ausgedrückt: Die Wiedereingliederung verlassener Kinder wird letztlich wohl immer auf Einzelfälle beschränkt bleiben. Weder die Sozialbehörden in Ländern der Dritten Welt noch die größten und erfahrensten Hilfsorganisationen könnten es schaffen, diese Art intensivster Sozialarbeit für die große Masse verlassener Kinder umzusetzen. Dazu fehlen in jeder Hinsicht die Ressourcen.

Mit dem Stichwort «Wiedereingliederung» werden seit einiger Zeit aber auch solche Maßnahmen bezeichnet, die eine andere als die soeben genannte Gruppe von Kindern betreffen. Dabei geht es um Kinder, die noch nicht de facto verlassen worden sind, nämlich um noch ungeborene oder gerade eben geborene Kinder, meistens von ledigen Müttern.

Eine Reihe von Organisationen in Ländern der Dritten Welt, die mit verlassenen Kindern zu tun haben, führt sogenannte Mütterprogramme durch. Hier können vor allem alleinlebende schwangere Frauen Beratung erfahren, finden Unterkunft, werden bei der Geburt unterstützt, erhalten Hilfestellungen in beruflichen Fragen usw. Das Ziel einer qualifizierten Beratung und Betreuung der Frauen ist eine ohne Druck gefundene und gereifte Entscheidung darüber, ob sie ihr Kind nach der Geburt behalten können oder abgeben müssen.

Viele Frauen, die bei den Organisationen Rat und Hilfe suchen, sind aufgrund ihrer sozialen und psychischen Situation anfangs fest entschlossen, ihrer Notlage durch die Abgabe ihres Kindes zu entkommen. Viele würden ihr Kind allerdings auch sehr gerne behalten, wenn sie die Aussicht hätten, die schwerwiegenden sozialen Konsequenzen einigermaßen zu bewältigen.

Terre des hommes arbeitet mit einigen Projektpartnern zusammen, die es sich zur Aufgabe gemacht haben, zur Lösung dieser Probleme beizutragen. Sie beraten nicht nur die Frauen selbst, sondern nehmen bei Bedarf auch Kontakt mit deren Familien auf, um sie miteinander zu versöhnen und Sanktionen seitens der Familie zu verhindern. Sie bieten den Frauen vor und nach der Geburt berufliche Fortbildungen und helfen bei der Arbeitssuche. Sie vermitteln bei Bedarf die neugeborenen Kinder vorübergehend in Pflegefamilien, um den Müttern mehr Raum für ihre Entscheidungsfindung und die Bewältigung ihrer Krise zu geben.

Mit Hilfe solcher Programme ist es in den letzten Jahren in zunehmendem Maße gelungen, daß Mütter auch nach der Geburt noch die ursprünglich getroffene Entscheidung, ihr Kind abzugeben, revidierten, daß diese Kinder also bei ihren Müttern reintegriert werden konnten.

Daß so etwas niemals erzwungen werden kann und daß diese Arbeit ein Höchstmaß an persönlich engagiertem, fachlich qualifiziertem und finanziellem Einsatz erfordert, versteht sich von selbst.

Festzuhalten bleibt: Reintegrations-Programme können das Schicksal einzelner verlassener Kinder grundlegend und optimal wenden. Die Wiedereingliederung eines Kindes bei seiner Mutter bzw. seiner Herkunftsfamilie ist grundsätzlich allen anderen Lösungen vorzuziehen. Deshalb müßten solche Programme noch viel stärker als bisher ausgebaut und gefördert werden. Nur sollte man sich darüber im klaren sein, daß Reintegrationen sowohl wegen der ihnen eigenen Problematik als auch wegen des hohen personellen und finanziellen Aufwands immer auf Hilfe in Einzelfällen beschränkt bleiben werden.

Wenn wir bei der Rehabilitation verlassener Kinder in ihren Herkunftsländern eine größere Breitenwirkung im Auge haben, dann ist an eine *weitere* Gruppe von Programmen zu denken, die hierzulande längst eine Selbstverständlichkeit sind, in Ländern der Dritten Welt aber noch viel Pionierarbeit erfordern: Programme zur *Inlandsadoption*, d. h. zur Adoptionsvermittlung von Kindern in ihrem eigenen Land.

Inlandsadoption.
Notwendigkeit und Problematik

von Annegret Winter-Stettin

In der UN-«Konvention über die Rechte des Kindes» wird dessen Grundrecht auf das Aufwachsen in seiner Familie und, falls dies nicht möglich ist, auf das Versorgtwerden mit einer Familie im eigenen Land betont. Eigentlich eine Selbstverständlichkeit, so sollte man meinen, doch wie bei so vielen Grundrechten sieht die Realität auch hier völlig anders aus. Nicht nur, daß die Zahl der verlassenen Kinder weltweit zunimmt, ihre Versorgung mit Ersatzfamilien im eigenen Land oder Kulturkreis ist in den meisten Ländern nichts weiter als ein Anspruch.

Zwar stehen dort Auslandsadoptionen oft genug im Kreuzfeuer der Kritik, aber mit der Empörung über den Export ‹ihrer› Kinder, die oft nichts anderes als die Befriedigung des Nationalstolzes ist, oder mit phantasievollen Spekulationen über den Mißbrauch der Adoptivkinder im Ausland (als Dienstboten, für pornographische Zwecke, Prostitution oder gar Organhandel) ist es dann auch getan. Die Alternative, nämlich die Suche nach Ersatzeltern für verlassene Kinder im eigenen Land, ist für viele Menschen dort noch immer ein unbekannter oder fremder Gedanke.

Dies ist aber sicher nicht bösem Willen oder mangelndem Mitgefühl der Menschen zuzuschreiben. In den meisten dieser Länder war vielmehr die Adoption verlassener Kinder nicht notwendig, da die Verlassenheit ein gesellschaftliches Phänomen ist, das erst in den letzten Jahren/Jahrzehnten größere Dimensionen angenommen hat. Verwaiste Kinder waren bis dahin (und sind auch heute noch) innerhalb der funktionierenden Großfamilie aufgehoben. Auch Kinder entfernter Verwandter hatten ihren Platz in der Großfamilie und wurden somit nicht zu verlassenen Kindern. Daß sie u. U. arbeiten mußten und am untersten Ende der Familienhierarchie standen, entspricht nicht unbedingt immer unseren Vorstellungen eines kindgemäßen Lebens, ist andererseits aber die zu respektierende Realität einer anderen Gesellschaft.

Gleichzeitig ist klar, daß das stetige Anwachsen der Zahl verlassener Kinder und der zunehmende Adoptionssog aus den Industriestaaten einer Antwort bedürfen. Es kann nicht gewartet werden, bis Adoption aus sozialen Motiven auch in der sog. Dritten Welt gleichsam von selbst gesellschaftsfähig wird, es bedarf vielmehr verstärkter Bemühungen auch von außen, um die Idee der Inlandsadoption populärer zu machen.

Wie ist dies möglich, mag man sich fragen. Können die Gesellschaften, die vor schier unüberwindlichen ökonomischen, sozialen und politischen Problemen stehen, sich denn tatsächlich auch noch der eigenen verlassenen Kinder annehmen? Gibt es nicht auch unüberwindbare kulturelle und religiöse Schranken und Vorurteile, die verhindern, daß verlassene Kinder aufgenommen und wie leibliche Kinder behandelt und geliebt werden? Und: Gab und gibt es hier und dort vielleicht immer noch die bedrückende Tatsache einer Inlandsadoption menschlich und juristisch zweiter Klasse, einer Adoption mithin, die unter dem Deckmantel der Alternative nur an der Ausbeutung der betroffenen Kinder für die eigenen Bedürfnisse Interesse zeigt?

Natürlich gibt es Probleme, Schwierigkeiten und Hindernisse; um so erfreulicher sind jedoch die ersten Erfolge, die das Bemühen um Ersatzeltern für Kinder in ihrem Heimatland zeigt. Und was den Mißbrauch von Inlandsadoptionen angeht: Jedes Bemühen um die Unterbringung eines verlassenen Kindes in einer Familie seines Heimatlandes wird sorgfältig zu prüfen haben, welches «Schicksal» diesem Kind hier zugedacht ist (für einen ersten Überblick über die Rechtslage in den in Frage kommenden Ländern vgl. Antwort der Bundesregierung auf die Große Anfrage... der Fraktion DIE GRÜNEN/ Drucksache 11/7618, 41–43). *Denn selbstverständlich ist «Inlandsadoption» kein Wert an sich; auch hier muß es vielmehr darum gehen, Eltern für Kinder zu finden und nicht umgekehrt.* Die folgenden Beispiele aus Eritrea, Indien, Korea und Brasilien können dies veranschaulichen.

Hilfe für verlassene Kinder in Eritrea

von Günther Wolf

Seit dem 24. Mai 1993 gibt es in Afrika einen neuen Staat, den 53. dieses Kontinents: Eritrea. Ein kurzer Blick auf die Geschichte: 1885 von den Italienern besetzt, dann zur Kolonie gemacht, fiel es im Verlauf des Zweiten Weltkriegs 1941 an die Engländer. 1950 beschloß die UNO, das Land mit Äthiopien zu einem Staatenbund zu vereinigen. 1962 wurde Eritrea von Äthiopien voll annektiert. Von 1961 bis 1991 dauerte der Kampf um die Unabhängigkeit. Vom 23. bis 25. April 1993 entschied sich Eritrea unter der Aufsicht internationaler Beobachter für die Unabhängigkeit. Am 24. Mai wurde Eritrea ein selbständiger Staat.

Eritrea hat 3,5 Millionen Einwohner; eine Million ist seit 1967 ins Ausland geflohen, davon 600 000 in den Sudan; kleinere Gruppen gibt es in Europa, in den USA und in Kanada. Etwa die Hälfte der Bevölkerung sind Christen. Darunter bilden die fast 100 000 Katholiken eine Minderheit. Fast ebenso stark wie die Christen sind die Muslime. Beide, Christen und Muslime, sind besorgt um die Jugend, denn ihr fehlt die religiöse Bindung nach 30 Jahren marxistischer Herrschaft.

Die katholische Kirche sieht sich in dieser schwierigen und zugleich hoffnungsvollen Lage besonders herausgefordert, zumal ihre Priester und Ordensleute in den Jahren der Diktatur und in den Wirren des Bürgerkriegs unerschrocken für die Menschen eingestanden sind. Das hat der katholischen Kirche des jungen Landes viele Sympathien eingebracht und ihren guten Ruf gefestigt, bedeutet aber auch eine neue Herausforderung.

Pater Luca Milesi, der Apostolische Administrator des Vikariats Asmara in Eritrea, schreibt: «Für Eritrea beginnt nun ein neuer Abschnitt der Geschichte. Alles muß von Null, von vorne aufgebaut werden, die Regierung, die Verwaltung, die Wohlfahrt. Die Menschen sind glücklich über diesen Frieden, nach 30 Jahren Entbehrung und Leiden. Mit großer Freude nehmen sie die Schwierigkeiten des Wiederaufbaus auf sich. Sie sind glücklich, daß es wieder Strom und Wasser gibt, wenn auch noch nicht regelmäßig, und Brot zu erschwinglichem Preis.

Wir beklagen über 50 000 Tote aus diesem Krieg. In jeder Familie gibt es Tote, Verwundete oder Vermißte. Ich kenne Familien, in denen drei, vier oder fünf Kinder bei Kampfhandlungen umgekommen sind.

Unsere besondere Aufmerksamkeit brauchen die Waisenkinder. Nach offiziellen Schätzungen sind es 27 000 bis 30 000, und mit den Flüchtlingskindern im Sudan sind es ca. 40 000.

Die Regierung tut, was sie kann. Die Kinder leben nahezu kaserniert, in manchen Fällen zu Hunderten.

Nun wurde die Kirche selbst von der Regierung gebeten zu helfen. Wir sind gerne dazu bereit, Lösungen für das Problem zu finden, sehen uns aber dabei vielen Schwierigkeiten gegenüber. Unsere Mittel, unser Personal, unsere Unterkünfte reichen nicht aus. Aber wir versuchen, unser Möglichstes zu tun.»

Überall wird der Wiederaufbau in Angriff genommen, sowohl auf dem Land wie auch in den Städten und in allen Bereichen des öffentlichen Lebens. Die Kirche leistet in echt menschlicher und christlicher Solidarität eine beispielhafte Arbeit für die Menschen in Not aus allen Rassen und Religionen.

Um in dieser bedrückenden Notlage Hilfe zu leisten, haben verschiedene öffentliche und private Hilfs- und Entwicklungs-Organisationen mobilisiert.

Die Hilfe der Päpstlichen Missionswerke

Die Päpstlichen Missionswerke (in Deutschland MISSIO Aachen und München sowie das Kindermissionswerk) unterstützen die Ortskirche von Äthiopien. Während MISSIO überwiegend pastorale Projekte mitträgt, unterstützt das Kindermissionswerk sowohl pastorale als auch soziale Projekte in den jungen Kirchen für Kinder und Jugendliche (der Anteil der sozialen Projekte liegt bei etwa 80 Prozent).

Da aber der Mensch ein ganzheitliches Wesen mit Leib und Seele und Mission von ihren Ursprüngen her als Vermittlung des ganzheitlichen Heils angelegt ist (und von den Ortskirchen in Afrika, Asien und Lateinamerika auch so praktiziert wird), dienen diese Mittel letztendlich immer der Sorge für den ganzen Menschen. Es geht um das Bezeugen der Frohen Botschaft in Wort und Tat. Es geht um ein Miteinander in der Weltkirche zum Wohle der Menschen.

Die Kinderhilfe Eritrea

Die Kinderhilfe Eritrea – das ist Unterstützung der Aktivitäten des Social-Welfare-Centers in Asmara (einer Einrichtung der Ortskirche also, in Trägerschaft des Apostolischen Administrators) unter Leitung der einheimischen Kapuziner. Besonders interessant ist die Unterbringung von Waisenkindern als Pflegekinder bei Familien, die zwar selber arm sind, den Kindern aber ein gewisses Maß an Geborgenheit und sozialer Einbindung geben können.

Die Anfänge der Kinderhilfe Eritrea (damals Kinderhilfe Äthiopien) liegen in den siebziger Jahren als Reaktion auf die erste große Hungersnot und den Bürgerkrieg. Es gingen nur kleinere Summen (bisher etwa 250 000 DM) nach Asmara, die zweckgebunden von Spendern gegeben wurden. Mit dem Geld konnte das Social-Welfare-Center Lebensmittel beschaffen und Kinder unterbringen.

Nach der Hungerkatastrophe und den kriegerischen Auseinandersetzungen fanden Kinder auf der Suche nach Hilfe den Weg nach Asmara. Die Ursachen ihrer Hilflosigkeit sind vielfältig: Kinder von Müttern, die von Prostitution leben, haben kein richtiges Zuhause. Kinder, die zum Betteln auf die Straße geschickt wurden, kamen mit zu wenig Geld zurück und wurden entweder von ihren Bezugspersonen oder eigenen Familienangehörigen geschlagen und schlecht behandelt. Darum haben sie ihr Zuhause verlassen und lebten auf der Straße. Andere haben ihre Eltern während der Hungerkatastrophe verloren. Ausgesetzte und allein gelassene Kinder ergänzen diese Aufzählung.

Neben den genannten Gründen hat natürlich auch der Übergang von der Großfamilie zu instabilen Kleinfamilien, der auch an Äthiopien und Eritrea nicht vorbeiging, ein übriges getan. Im damit einhergehenden Wertewandel sind viele Kinder buchstäblich auf der Strecke geblieben.

Wieder einmal sind Kinder – als schwächste Gruppe der Bevölkerung – die Leidtragenden bei den politischen Auseinandersetzungen des Landes; sie sind die wirklichen Opfer, die zwischen taktischen Manövern und strategischen Interessen der verfeindeten Gruppen zerrieben werden.

Der Dienst des Social-Welfare-Centers in Asmara

Abba Hebteghebriel, ein verantwortlicher Mitarbeiter des Social-Welfare-Centers in Asmara, berichtete schon vor der Unabhängigkeit über die Aufnahme von herumstreunenden, vernachlässigten Jungen, die er bei Familien untergebracht hat und für deren Unterhalt seine Einrichtung Zuschüsse leistet. Als Gegenleistung für die Aufnahme erhalten die Familien Nahrungsmittel.

Inzwischen haben die eritreischen und europäischen Kapuziner mehrere Familiengruppen aufgebaut, die etwa 100 Kindern Heimat geben. Viele weitere Kinder sind als Pflegekinder einzeln in Familien untergebracht. Diese Kinder haben wieder ein Zuhause gefunden.

Dazu kommt die Sorge für die Straßenkinder, vor allem Ernährungsprogramme und Maßnahmen zur Unterbringung.

Der Andrang der Kinder ist groß. Für verwaiste Mädchen wird Unterbringung in Familien gesucht. Sie bekommen bis zur Aufnahme in einer Familie wenigstens Nahrung und Kleidung.

Ein weiteres Problem sind die minderjährigen Mütter, Opfer der Armutsprostitution. Viele von ihnen mußten ihre Kinder buchstäblich auf der Straße zur Welt bringen. Solche Mütter mit ihren Babys werden derzeit vom Social-Welfare-Center betreut, brauchen Zuwendung und wollen versorgt sein.

Das Social-Welfare-Center hat am italienischen Krankenhaus in Asmara auch Betten belegt für unterernährte Kinder, die irgendwo verlassen aufgefunden wurden; zur Zeit sind es etwa ein Dutzend Babys, die eine kostspielige spezielle Pflege und Ernährung brauchen. Die Schicksale dieser Mütter und Kinder sind erschütternd, wie nachfolgendes Beispiel zeigt:

Zwölf Tage war das kleine Mädchen alt, als es zusammen mit seiner Mutter auf der Straße gefunden wurde. Beide waren krank. Sie wurden ins Krankenhaus von Asmara gebracht. Die junge Mutter hatte an der sudanesischen Grenze gearbeitet, dort im Dienst der Regierung Nahrungsmittel an Flüchtlinge verteilt. Sie wurde von einem Soldaten geschwängert. Als die Schwangerschaft sichtbar wurde, schickte man sie weg. Sie schlug sich nach Asmara durch. Ganz allein brachte sie ihr Kind zur Welt. Auf der Suche nach Hilfe brach sie dann auf der Straße zusammen. Mutter und Kind haben sich im Krankenhaus von den Strapazen erholt.

Fazit

Die Kinderhilfe Eritrea und ähnliche Projekte der Hilfswerke verstehen sich nicht als Katastrophenhilfe oder Entwicklungshilfe im engeren Sinn. Es ist zunächst Hilfe von Ortskirche zu Ortskirche, die das ganzheitliche Heil, die Sorge um den ganzen Menschen zum Ziel hat. Solche Hilfe trägt darüber hinaus zum Ausgleich zwischen reichen und armen Kindern bei, selbst wenn die Anfänge noch bescheiden sind.

Die Arbeit der jungen katholischen Kirche Eritreas – in diesem Falle konkret die Arbeit des Social-Welfare-Centers – versucht, Kinder wieder in Familien zu integrieren und ihnen zu helfen, damit sie *dort* leben können. Die Hilfe für Kinder in der eigenen Heimat, für ein Leben in Familien und weniger in Heimen, könnte *eine* Alternative zur Auslandsadoption darstellen und damit der Geschäftemacherei mit Adoption von Kindern aus den Ländern z. B. der sogenannten Dritten Welt entgegenwirken.

«Shreevatsa» – Kinder Gottes in Indien

von Annegret Winter-Stettin

«Shreevatsa» – Kinder Gottes –, so lautet der Titel eines fünfzehnminütigen Filmes, den 1984 ein bekannter indischer Regisseur für terre des hommes zum Thema Adoption produzierte. Wohl zum erstenmal wurde in diesem Film für die Adoption von indischen Kindern durch Inder geworben, darüber aufgeklärt und konkrete Möglichkeiten aufgezeigt. Nachdem die indische Regierung den Film als förderungswürdig akzeptierte, wurde er in die vierzehn Landessprachen übersetzt und für drei Monate in fast allen Kinos im Vorprogramm gezeigt. «Kinder Gottes» – als das gelten im Hinduismus zunächst einmal *alle* Kinder, denn sie werden als Segen und als göttlichen Ursprungs angesehen. Wie grausam muß jedoch für die Kinder und deren Mütter/Eltern die Realität sein, wenn sie trotz dieses Hintergrundes, aus welchen Gründen auch immer (vgl. Kap. III u. V), ausgesetzt, verlassen und abgegeben werden.

Für endgültig verlassene Kinder gibt es derzeit mehrere Möglichkeiten, ihnen auch in ihrem Heimatland zu helfen, ohne zu der letzten Alternative, dem Heimaufenthalt Zuflucht zu nehmen. Das Recht auf eine Familie gibt verlassenen Kindern zunächst und vor allem das Recht auf eine Ersatzfamilie, die ihnen möglichst den Status eines leiblichen Kindes verleiht. Vorrangig geht es also darum, verlassenen Kindern eine Adoptivfamilie zu suchen, und zwar in ihrem Heimatland. Genau diese Priorität setzte tdh vor 14 Jahren, als es seine Auslandsadoptionen zugunsten von Inlandsadoptionen in Indien einschränkte.

Nicht ohne Grund ist Indien das Land, in dem dieser Ansatz sehr erfolgreich durchgeführt werden konnte. Adoption ist für Indien durchaus keine importierte westliche Idee, sondern hat hier eine eigene Tradition. Neben der Versorgung verwaister Kinder innerhalb der Großfamilie war es schon immer üblich, Kinder aus kinderreichen Familien an kinderlose Ehepaare innerhalb der Verwandtschaft zu geben. Es ist für jeden gläubigen Hindu über die Sicherstellung seiner Altersversorgung hinaus notwendig, zumindest einen Sohn zu haben, denn dieser entzündet den Scheiterhaufen des Vaters nach dessen Tod. Nur wenn der älteste Sohn dieses Ritual vollzieht, kann die Seele des Verstorbenen in den Kreislauf der Wiedergeburten eingehen. So gibt es auch schon lange ein Hindu-Adoptionsgesetz, das dem Adoptivkind rechtlich einen ähnlichen Status verleiht wie einem leiblichen Kind. Einzelne Ehepaare, vor allem aus den Städten, wünschen sich heute aber auch einen Sohn, dessen Eltern nicht präsent sind und in Erziehungsfragen mitsprechen oder gar ihr Kind zurückfordern könnten. Immer mehr sind bereit, auch ein Kind unbekannter Herkunft aufzunehmen. So ist es auch nicht verwunderlich, daß es inzwischen in vielen Heimen Wartelisten indischer Ehepaare gibt, die ein Kind adoptieren möchten. Diese Tatsache, im Verbund mit der gleichzeitig stattfindenden kritischen öffentlichen Diskussion um Auslandsadoptionen und dem großen Nationalstolz der Inder führte schließlich dazu, daß 1984 auf Initiative fortschrittlicher Fachleute und Richter der Oberste Gerichtshof in Delhi die Empfehlung aussprach, Auslandsadoptionen nur dann zu genehmigen, wenn alle

Möglichkeiten, für das Kind eine indische Adoptivfamilie zu finden, ausgeschöpft wären. Innerhalb dieser Rahmenbedingungen war und ist die konkrete Durchsetzung allerdings ein mühsamer Weg, der von vielen engagierten Gruppen und Personen vor Ort begangen wird. Nicht immer stießen diese Bemühungen auf Gegenliebe oder Kooperation seitens der Heime. Leider geschah und geschieht es immer wieder, daß die Heime den weitaus lukrativeren Auslandsadoptionen Vorrang geben möchten und potentielle indische Adoptivbewerber ‹vergraulen›. Andere Heime haben oft nicht das passende Kind für die – oft noch wählerischen – indischen Adoptivbewerber, während gleichzeitig Heime im ländlichen Bereich genug vermittelbare Kinder, allerdings kaum Anfragen indischer Adoptivbewerber haben. Was lag also näher, als hier helfend einzugreifen und durch eine gezielte Koordination von ‹Angebot und Nachfrage› die innerindische Adoptionsszene in Gang zu bringen. Seit 1981 ist tdh, zunächst in eigener Regie und inzwischen mit der Unterstützung von insgesamt sieben Koordinationszentren sowie drei weiteren Adoptionsprojekten, in diesem Sinne tätig. Entsprechend den verschiedenen Ansätzen und Bedingungen der Projektpartner reicht deren Arbeit von der konreten Vermittlungsarbeit über Öffentlichkeitsarbeit in Presse und Fernsehen bis hin zur Lobbyarbeit bei der Regierung. Letzere ist besonders wichtig bei der Schaffung einer allgemeinen, säkularen Adoptionsgesetzgebung in Indien, denn rechtlich adoptieren können bisher nur Hindus. Alle anderen Religionsangehörigen können lediglich die Vormundschaft über ein Kind erlangen. Auch müßte die Hinduadoptionsgesetzgebung geändert werden, denn sie erlaubt nur die Adoption von maximal zwei Kindern unterschiedlichen Geschlechts, sofern nicht schon ein leibliches Kind vorhanden ist.

Unsere Projektpartner ‹Indian Association For Promotion of Adoption› (IAPA) in Bombay und ‹Shishuadhar› in Poona, die die Pionierarbeit in der innerindischen Adoptionsszene geleistet haben, können heute aufgrund der größeren Aufgeschlossenheit der städtischen Bevölkerung erstaunliche Erfolge in der Adoptionsvermittlung aufweisen. So vermittelt Shishuadhar allein im Raum Poona mehr als 200 Kinder jährlich an indische Familien. Der Projektpartner aus Bombay ist darüber hinaus sehr aktiv in der Öffentlichkeitsarbeit, indem er nationale Seminare organisiert, Fernseh- und Kino-

filme zur Werbung herstellen läßt, Kinderbücher über Adoptionen
sowie Handbücher für Adoptivinteressenten publiziert, Lobbyarbeit
bzgl. der Adoptionsgesetzgebung durchführt und ‹last not least› neue
Wege in der Vermittlung versucht. IAPA hat damit begonnen, ein
Pflegefamilienprogramm aufzubauen, damit verlassene Kinder gar
nicht erst ins Heim müssen, bevor Adoptiveltern für sie gefunden
werden. Natürlich ist der Gesundheits- und Entwicklungsstand solcher Kinder erheblich besser, und um so schneller findet sich für sie
eine Adoptivfamilie! Darüber hinaus koordinieren die IAPA, Shishuadhar sowie die tdh-Projektpartner wie die Voluntary Coordi-
nating Agencies (VCA) von Kerala, Gujarat, Orissa, Nagpur und Kol-
hapur die gesamten In- und Auslandsadoptionen ihrer jeweiligen
Bundesstaaten bzw. Regionen. Sie gewährleisten, daß für jedes ins
Ausland vermittelte Kind tatsächlich, in einem festgelegten Zeitraum
von 8–16 Wochen, nach indischen Adoptiveltern gesucht wird. Den
VCAs liegen die Listen sämtlicher Adoptivbewerber der Region / des
Bundesstaates vor sowie die Listen sämtlicher zur Adoption freigege-
bener Kinder in diesem Bereich. Auch Adoptionsanfragen indischer
Ehepaare aus anderen Bundesstaaten sowie im Ausland lebender Inder erreichen diese Stellen. Nur dann, wenn das zuständige VCA gegenüber dem örtlichen Vormundschaftsgericht bestätigt, daß es keine
indischen Eltern für ein bestimmtes Kind gefunden hat, gibt der Richter das Kind zur Auslandsadoption frei.

Inzwischen ist die Situation die, daß es für gesunde Kinder im Säug-
lings- und Kleinkindalter bei allen Projektpartnern Wartelisten indischer Adoptivbewerber gibt. Auch hat sich der anfangs vorherrschende Wunsch der Eltern nach einem Jungen erheblich zugunsten
von Mädchen verändert. Die Öffentlichkeits-, Aufklärungs- und Beratungsarbeit der tdh-Projektpartner haben bewirkt, daß zumindest
im städtischen Bereich eine Tochter genauso häufig erwünscht ist wie
ein Sohn. Daß auch indische Adoptiveltern wählerisch sind und
(noch) das gesunde, hellhäutige und möglichst junge Kind bevorzugen, ist ein Stück gesellschaftlicher Realität, von der sich die Adoptionsszene bei uns noch vor wenigen Jahrzehnten (und leider z. T.
auch noch heute) in nichts unterschied!

Doch trotz aller Erfolge, es gibt noch viel zu tun. Noch immer ist
die finanziell attraktivere Auslandsadoption für viele Heime ein Ausweg aus ihrer Finanzmisere, und auch viele ausländische Organisa-

tionen üben Druck auf die Heime aus, da sie der Nachfrage ihrer ‹Kunden› entsprechen wollen.

Gleichzeitig ist es wichtig für die indischen Adoptionsprojekte, den Verlauf oder die Qualität ihrer Vermittlungen im Blick zu behalten. Oft wird noch von ausländischer Seite kritisch angefragt, ob diese Inlandsadoptionen denn nicht verkappte ‹Dienstbotenadoptionen› seien, ein Argument, das sehr schnell entkräftet werden kann. Doch werden auch in Indien die Adoptivfamilien von den Vermittlungsstellen nachbetreut und bei Bedarf beraten. Es gibt auch bereits erste wissenschaftliche Untersuchungen über den Langzeiterfolg solcher Inlandsadoptionen mit durchaus positiven Ergebnissen. Daneben formieren sich inzwischen, entsprechend dem westlichen Vorbild, Adoptivelternkreise, in denen Eltern Erfahrungen austauschen und durch das offene Umgehen mit ihrer Adoption die beste Werbung in der indischen Gesellschaft machen.

Es sei noch kurz auf die weiteren Möglichkeiten hingewiesen, die verlassenen Kindern in Indien ebenfalls die Chance geben, in einer Familie aufzuwachsen. Eine 1993 vom renommierten ‹Tata Institute For Social Sciences› in Bombay im Auftrag von tdh durchgeführte Studie zur Situation älterer und behinderter verlassener Kinder in Indien weist darauf hin, daß im Ausbau des klassischen indischen Pflegefamilienmodells (d. h. der Vermittlung verlassener Kinder in verwandte Pflegefamilien) ein großes Potential liege, auch ältere und evtl. behinderte Kinder mit einer Familie auf Dauer zu versorgen. Das bisher von der indischen Regierung geförderte Pflegefamilienkonzept westlichen Modells (Pflegekinder in nicht-verwandte Familien) konnte sich in Indien nicht durchsetzen. Mit entsprechender finanzieller und fachlicher Unterstützung seien jedoch die traditionellen Formen der Unterbringung verlassener/verwaister Kinder in größerem Umfang möglich. Auch die Unterbringung sogenannter schwer vermittelbarer Kinder in kleinen familienähnlichen Einheiten (ähnlich dem SOS-Modell) sei eine Alternative, die angesichts des Ausmaßes des Problems der Verlassenheit in Indien nicht außer acht gelassen werden sollte.

Inlandsadoptionsarbeit in Korea

von Annegret Winter-Stettin

Die koreanische Gesellschaft ist noch immer stark vom Konfuzianismus und seinen traditionellen Werten und Normen bestimmt. Vor allen Dingen die Frau steht innerhalb dieser Tradition an letzter Stelle. Innerhalb der Familie hat sie keine Rechte und hat zunächst ihrem Vater, dann ihrem Ehemann und später ihrem Sohn zu gehorchen. Die Frau hat vor allem eine Aufgabe zu erfüllen – für den Fortbestand der männlichen Linie der Familie zu sorgen. Darüber hinaus ist sie ein «Nichts» und steht auf der untersten Stufe der gesellschaftlichen Rangordnung.

Andererseits ist Korea kein Entwicklungsland mehr, mit vorwiegend vorkapitalistischen Strukturen und den typischen Problemen der Unterentwicklung. Auch das Stadium des sog. ‹Schwellenlandes› hat die koreanische Wirtschaft inzwischen verlassen und sich in die Reihe der Industrienationen eingereiht. Die Zeiten, als Korea als sog. Billiglohnland vom internationalen Industriekapital gesucht wurde, sind, dank der Etablierung der Gewerkschaften, fast vorbei, doch noch immer zielt die koreanische Politik (durch die Schaffung von Freihandelszonen) darauf, möglichst viel ausländisches Kapital anzulocken.

Für die Mehrzahl der Koreaner bedeutet diese rapide Entwicklung, die sich vor allem in den Metropolen und Hafenstädten abspielt, keineswegs wachsenden Wohlstand und soziale Sicherheit. Im Gegenteil: Auch hier geht die zunehmende Verelendung auf dem Land mit dem Anwachsen eines Industrieproletariats in den Städten Hand in Hand. Vor diesem Hintergrund sind viele Familien auf dem Land geradezu darauf angewiesen, daß Familienmitglieder in die Stadt gehen, um dort als Fabrikarbeiter die auf dem Land verbleibende Familie zu unterstützen. In großem Maße sind dies auch junge Mädchen und Frauen, die in den Fabriken zu besonders schlechten Bedingungen angestellt werden. Die jungen Frauen arbeiten überwiegend zwölf Stunden am Tag, können bei der leisesten Form von Protest an die Luft gesetzt werden und müssen sich zusätzlich die menschenunwürdige Unterbringung in Wohnheimen gefallen lassen. Es ist nur zu verständlich, daß die Frauen in dieser Situation – die meisten von ihnen waren noch nie von ihrer Familie getrennt – leichtes Opfer ihrer Unerfahrenheit und auch von sexueller Belästigung und Ausbeutung werden. Die zunehmende Zahl unehelicher Mütter ist statistisch belegbar. Waren es 1982 noch 7500 unverheiratete Mütter, so gab es 1988 bereits 12 500.

Die tatsächliche Zahl unehelicher und ungewollter Schwangerschaften wird wohl noch höher sein, denn viele Schwangerschaften werden abgebrochen oder verheimlicht, damit den Frauen der Arbeitsplatz nicht verlorengeht. Auch in Korea wird die unverheiratete Mutter und ihr uneheliches Kind diskriminiert und isoliert, und leider ändert sich dies nur allmählich. Die koreanische Gesellschaft hat auf dieses soziale Problem in den Jahren seit dem Koreakrieg vor allem mit Auslandsadoptionen im großen Stil geantwortet. Zwar gab es in den letzten Jahren zunehmend kritische Stimmen in Korea selbst, doch die Reaktion der Regierung, die offiziell Inlandsadoptionsquoten vorschrieb, war mehr ein politisches Manöver als der Ausdruck der Realität. In der Tat haben die bisherigen Versuche, inländische Adoptionen zu fördern, nur wenig Erfolg gezeigt. Anfänglich positive Ansätze eines staatlichen Inlandsadoptionsprogramms zeigten in den achtziger Jahren eine Stagnation. Gründe dafür liegen einmal in der damaligen schlechten ökonomischen Situation der Mittelschicht, vor allem aber auch in den nach wie vor vorherrschenden konfuzianischen Traditionen, nach denen kein fremdes Blut in die Familie aufgenommen werden soll. Auch werden noch immer bei den wenigen Inlandsadoptionen Säuglinge im ersten Lebensmonat bevorzugt, damit diese Kinder in der Öffentlichkeit als leibliche Kinder ausgegeben werden können. Obwohl sich in den letzten fünf Jahren der Durchschnittslohn eines Arbeiters verdoppelt hat, scheinen die traditionellen Werte noch immer stärker zu wiegen. U. a. zeigt sich das darin, daß ältere Kinder in Korea so gut wie keine Adoptionschancen haben. Terre des hommes versucht daher auf anderem Wege den Einstieg in die Rehabilitation verlassener Kinder und deren Mütter. Die «Association for Human Living», eine Basisgruppenorganisation in Seoul, gründete sich mit dem Ziel, den vielen Auslandsadoptionen aus Korea entgegenzuwirken. Der Verein möchte den meist ledigen Müttern der Kinder eine konkrete Möglichkeit bieten, sich für ihre Kinder zu entscheiden und mit ihnen zu leben. Denn, wie erwähnt, stieg die Zahl der ledigen Mütter in Korea in den siebziger bis Mitte der achtziger Jahre stetig an und fiel erst gegen Ende der achtziger Jahre aufgrund gezielter Aufklärungs- und Verhütungskampagnen. Doch noch immer gibt es keinerlei soziale Einrichtungen für deren Beratung und Betreuung. So war und ist es noch Praxis, daß viele Mütter ihre Kinder zur Auslandsadoption freigeben.

Von den 10000 Kindern, die z. B. 1988 von ihren Müttern abgegeben wurden, waren 60 Prozent die Kinder unverheirateter Mütter. 19 Prozent dieser Mütter waren zwischen 15 und 19 Jahren und 45 Prozent zwischen 20 und 24 Jahren! Es gibt daneben eine große Gruppe von alleinstehenden Müttern, die von ihren Ehemännern verlassen wurden. Für solche Frauen gibt es allerdings Einrichtungen, an die sie sich wenden können. Aufgrund sehr rigider Aufnahmebedingungen werden ledige Mütter dort nicht akzeptiert, obwohl inzwischen in den Städten die Akzeptanz lediger Mütter gestiegen ist.

Einzelne ledige Mütter, die sich für ihr Kind entscheiden und versuchen, allein mit ihm zu leben, haben in der Regel mit einer Unmenge von Problemen zu kämpfen. Neben Geldmangel, Wohnungsproblemen und gesellschaftlicher Verachtung ist die selbstempfundene Schande eine starke Belastung für die Frauen.

Die «Association for Human Living» unterhält seit Ende 1989 ein Haus für alleinstehende Mütter. Hier können Mütter mit ihren Kindern wohnen. Während die Frauen tagsüber arbeiten gehen, werden die Kinder von Betreuerinnen versorgt. Abends können die Mütter an Kursen in Kinderpflege und -versorgung teilnehmen. Ihnen steht auch eine Sozialarbeiterin für Einzel- und Gruppengespräche zur Verfügung. Ziel des Projektes ist es vor allem, den Müttern die Unterstützung und Beratung zu geben, die es ihnen ermöglicht, ein unabhängiges Leben zu führen. Wichtig ist dabei vor allen Dingen die Herkunftsfamilie der Mutter. Die Sozialarbeiterin versucht, hier Verständnis für die Situation der jungen Mutter zu wecken und zu verhindern, daß sie und ihr Kind, wie sonst üblich, ausgestoßen werden.

Den Müttern selbst wird ein Selbstbewußtseinstraining angeboten. Auch wird ihnen dabei geholfen, mit ihren emotionalen Problemen wie Trauer, Reue, Wut, Schuld und Scham fertig zu werden. Ferner ist eine Beratung und Unterstützung in rechtlichen Fragen vorhanden. Da trotz dieser Hilfsangebote sich noch immer viele Frauen für die Abgabe ihrer Kinder entscheiden müssen, arbeitet das Projekt mit einem inländischen kirchlichen Partner zur Förderung der Inlandsadoptionen zusammen.

Insgesamt konnte die «Association for Human Living» bereits erste Erfolge verbuchen: Ende 1993 lebten acht Mütter mit acht Kindern im Alter von zwei Monaten bis zu zwei Jahren im Haus für ledige Mütter. Alle Mütter haben einen Arbeitsplatz (4 Büroangestellte, 1 Friseuse, 1 Krankenschwester und 2 Näherinnen). Durch die Arbeit mit den Herkunftsfamilien der Mütter und Väter konnte das Projekt bei ca. 2/3 der Frauen dazu beitragen, daß diese entweder den Kindesvater oder einen anderen Partner heirateten. Ein Drittel der Mütter bleibt unabhängig, lebt außerhalb des Hauses für ledige Mütter, bringt die Kinder aber in die dortige Tagesstätte. Derzeit sind dies zusätzlich 8 Kinder, die täglich von ihren alleinstehenden Müttern gebracht werden. Oft sind es aber auch mehr als 20 Kinder, die täglich betreut werden müssen.

Das Alter der Mütter, die bisher das Projekt in Anspruch genommen haben, liegt zwischen 25 und 30 Jahren. Gott sei Dank ist die Zahl der Mütter im Teenageralter, dank regelmäßiger Aufklärungskampagnen, zurückgegangen. In der Regel sind es dann auch diese jungen Mütter, die ihre Kinder zur Adoption freigeben.

Neben dieser Arbeit der Association for Human Living hat das Projekt in den letzten Jahren verstärkt Öffentlichkeitsarbeit durchgeführt, und zwar in Form von Zeitungsartikeln, Rundfunksendungen und Benefizkonzerten. Das gesellschaftliche Bewußtsein in Korea muß sich langfristig ändern, sowohl in bezug auf die alleinstehenden und ledigen Mütter als auch in bezug auf deren Kinder, die Opfer der herrschenden Moral und der wirtschaftlichen Situation Koreas sind.

Die Kinder des Todes.
Zur Adoption von AIDS-infizierten Kindern in São Paulo

von Lisette Eicher

AIDS! Diese Diagnose trifft die schwangere Mutter zweimal tödlich: sie selbst und ihre noch ungeborene Hoffnung. Genau in dem Moment, in dem die Frau durch ihre Schwangerschaft und durch die Geburt Leben wie nie zuvor erfährt, überfällt sie durch den positiven HIV-Test die sichere Todesaussicht. Was für eine ungeheuerliche Belastung kommt aber auf die Mutter zu, die nicht nur um ihr eigenes Sterben, sondern auch um die tödliche Gefährdung ihres Kindes weiß – die Wahrscheinlichkeit, daß Säuglinge nach 9–12 Monaten von Antikörpern und somit auch von Viren frei sind, bleibt auf ungefähr die Hälfte der Babys beschränkt.

Nachdem ich 1988/89 schon bald ein Jahr versucht hatte, für die verelendeten AIDS-Sterbenden im Norden von São Paulo eine Station für häusliche Pflege aufzubauen, begegnete ich Adriana. Adriana war schön und anziehend und lebte neben der unvorstellbaren Enge im Cortiço ihrer Familie – zwölf Menschen in einem Raum von neun Quadratmetern – in der Promiskuität und der von der Not erzwungenen Prostitution. Ich fand sie mit ihrem kranken Baby in einem Winkel der übereinandergestapelten Betten, scheu, tonlos, verzweifelt: «Ich spüre, ich werde nicht überleben. Tag und Nacht ängstigt mich das Schicksal meiner kleinen Angela. Was wird aus ihr? Was wird aus uns? O Gott! Sie wird zur FEBEM kommen! Ich kann nicht einmal mehr schlafen...» FEBEM heißt die staatliche Stiftung für die Erziehung und Wohlfahrt Minderjähriger von São Paulo, die einen auch im ‹Milieu› sehr schlechten Ruf genießt. Innig bat mich die 19jährige Adriana, für ihr Baby, für Angela, eine gute Familie zu suchen, damit sie selber beruhigter sterben könne...

Dieser Wunsch hat die Struktur unserer inzwischen aufgebauten Organisation ‹Aliança pela vida› verändert. Denn bis zu diesem Zeitpunkt hatten wir uns mit Hilfe von Laien, Franziskanern, Pfarreien, charismatischen Gruppen und der Diözese darauf beschränkt, eine Station für die AIDS-Kranken in den Favelas, den Straßen und ‹normalen› Häusern von São Paulo aufzubauen. Es war uns gelungen, in der Stadt Häuser anzumieten, die den aus ihren Familien und aus ihrem Milieu ausgestoßenen AIDS-Kranken eine Bleibe zum Leben im Sterben sein konnten. Wir konnten sogar ein großes, schönes Landstück am Stadtrand erwerben, um auf ihm Häuser für die Pflege und die Sterbebegleitung zu errichten. Aber nun stand Adriana da. Sollten wir uns verpflichten, ihr süßes kleines Wickelkind selber zu betreuen? Wer sollte und könnte diese Verantwortung, diese Lebensaufgabe, gegen alle Verzweiflung übernehmen?

In der Tat fand sich bald ein Kreis von Frauen und von Ehepaaren, die Adrianas Not verstanden. Die ‹Aliança pela vida› erweiterte sich um den Kreis jener, die sich um die AIDS-infizierten Babys unserer sterbenden Mütter sorgten. Nach wenigen Wochen wagte ein Ehepaar den ersten Schritt und nahm zur letzten großen Freude ihrer Mutter die kleine, kranke Angela zu sich. Es war seltsam: Das Beispiel machte Schule, aber nicht bei kinderlosen Ehepaaren, sondern bei Eltern von sehr kinderreichen Familien. Sie wußten offenbar, was diese Not der sterbenden Mütter bedeutet. Aus der Mittelschicht stammend (d. h. für europäische Verhältnisse in einfacher Armut existierend), setzen sich diese Eltern mit ihrem erprobten Lebensmut auch noch mit den besonderen Schwierigkeiten der Adoption von AIDS-infizierten Babys auseinander. Ihre Motivation entspringt der Erfahrung, daß soziale Solidarität auch ihr eigenes Leben trägt und ermöglicht. Die Adoption der von ihnen aufgenommenen Babys kommt erst in Betracht, wenn die Mütter dieser Kinder gestorben sind. Vorher besteht rechtlich gesehen lediglich ein Pflegeverhältnis, wobei wir darauf bestehen, daß die Pflegeeltern in São Paulo selbst wohnen, damit die leibliche Mutter bis zu ihrem Tod so oft wie möglich Gelegenheit hat, ihr Kind zu sehen, und wir selber diesen Paaren, wo nötig auch persönlich, zur Seite stehen können.

Da wir in der Stadt immer wieder pflege- und adoptionswillige Paare fanden, wenden sich nun mehr und mehr an AIDS erkrankte Mütter an uns. Die Geschichten zweier dieser Frauen mögen hier für sich selbst sprechen:

Iracema

Sie war aus dem Leben gefallen. Wenn ihre Kopfschmerzen sie nicht erdrückten, erzählte sie wie eine Zauberin, die mit Federn und Blumen, Hüten und Mullbinden, mit dem Kochgeschirr und ihren langen, dünn gewordenen Händen andere Welten erschuf.

Eines Abends, so erzählte sie, kehrte sie nicht in ihre Favela zurück. Vom Fluchtfieber gepackt, rannte sie fort aus dem Elend, dahin, wo kein Hunger, kein Dreck, kein Mord und keine Beleidigung mehr waren. Da der eigene Mann längst schon verschwunden war, ließ sie ihre drei Kinder bei einem entfernt verwandten Schwager zurück, der selber eine Kinderschar zu versorgen hatte. Sie versprach ihm, die Kinder nachzuholen, sobald sie das erträumte Eldorado gefunden hätte. Neugierig und entdeckungsfreudig machte sie sich auf die Reise und vagabundierte durch ganz Brasilien, erst hoffnungsvoll, dann ruhelos und schließlich in der Preisgabe ihrer selbst. Das Paradies fand sie nicht, wohl aber wurde sie von der Drogenmafia gefunden, der sie nur durch eine Lungentuberkulose entkam. Ausgezehrt kehrte sie zu den Kindern zurück. Da sie zunehmend Blut spuckte, suchte sie Zuflucht im Infektionskrankenhaus von São Paulo, wo ein HIV-Test durchgeführt wurde. Das Ergebnis war positiv.

Iracemas Mangelernährung und ihre Immunschwäche hatten sie zum Skelett werden lassen. Und so kam sie zu uns, voller Ängste um die Zukunft ihrer Kinder. Der Schwager und seine Frau waren gut zu den Kindern, gewiß, aber sie waren völlig mittellos. Wie sollten wir für Iracemas ältere Kinder noch eine Adoptionsfamilie finden? Da wir sie nicht trennen wollten, lernten wir einen anderen Weg zu gehen. Wir fanden für den Schwager eine bessere Anstellung und garantierten seiner ganzen Familie eine regelmäßige Lebensmittelhilfe aus unserem Spendenlager. So konnten die Kinder in der ihnen vertrauten Umgebung bleiben. Sterbend beruhigte sich auch Iracema. Sie malte immerfort: geheimnisvolle, wunderbar leuchtende Baumgebilde aus lauter Blumen. Ihre Funken leuchten noch jetzt. Sie geben Kunde von dem verlorenen Eldorado, in das sie ihren Kindern vorausgehen wollte.

Joanina

Obwohl aufgeweckt und hübsch, war sie doch ein ungeliebtes Kind. Ihr Vater war eines Tages spurlos verschwunden. Ihre Mutter brachte einen neuen Freund mit nach Hause, der das gefundene Nest nicht mit einer Kinderschar teilen wollte. Joanina, die Älteste, mußte dem Eindringling weichen. Der gnadenlose Überlebenskampf brachte sie draußen alsbald mit der Polizei, den Angehörigen und allen anderen in Konflikt. Sie erkannte schnell, daß Diebstahl, Drogenhandel und Prostitution ihre einzige und dazu noch einträgliche Beschäftigung sein konnten. So wurde sie schon mit dreizehn schwanger. Im «Amparo maternal» (eine Stiftung für verelendete Mütter und Kinder) erhielt sie eine vorläufige Bleibe und gebar ihr Kind: Augusto, einen kleinen, prächtigen Jungen. Sie gab ihn ohne Zögern zur Adoption frei.

Jetzt schien ein Glücksstern über ihr aufgegangen zu sein. Sie begegnete einem Mann, der sie zu sich nach Hause nahm und sie in die Zauberwelt der Musik und der Sambarhythmen entführte. Nacht für Nacht begleitete sie ihn auf Konzerttourneen, in billigen Schuppen und obskuren Stadtrandbordellen. Sie hatte endlich ihren Ernährer gefunden, ein Dach über dem Kopf, leidenschaftliche Zuwendung und sogar Anerkennung in ihrer Gruppe. Daß ihr großer Stern nun öfter auch Männer mit nach Hause brachte und sie dafür links liegenließ, nahm sie in Kauf. Das neue Glück blieb ja auch nicht unfruchtbar: Ein Kind war unterwegs. Sie hatte nicht ahnen können, welcher Fluch mit dem unverhofften Segen verbunden war. Ihr Mann, den sie über alles liebte, gab ihr das Geld für die Abtreibung und jagte sie fort.

Der Abort und diese zweite Verstoßung höhlten sie aus und machten sie trotz ihrer Jugend alt. Fiebrig, mit leerem Herzen und knurrendem Magen landete sie wiederum im Sumpf von São Paulo. Die nächste Schwangerschaft ließ nicht auf sich warten. Aber diesmal fehlte das Geld für die Abtreibung. Apathisch geworden, brachte sie teilnahmslos ein Mädchen zur Welt: Sonja. Routinemäßig wurden sie und ihr Neugeborenes auf den HIV-Virus untersucht. Beide Tests fielen positiv aus. Und so kam sie, ganz zerfahren, verbittert und ohne Hoffnung, mit ihrer Sonja zu uns. Es war fast ein kleines Wunder, daß sie bald schon das neue Zuhause wahrnahm, ja begann, sich warm und sorgfältig um Sonja zu sorgen, sie annahm, wickelte, nährte und hegte. Sie schien sich manchmal so etwas wie geborgen zu fühlen, wurde ruhiger und fing an, ihr kleines Revier in der Gruppe zu verteidigen. Sonja gedieh unerwartet prächtig. Die Sonne, die ihr im Gesicht lag, brachte unsere im Sterben Lebenden nun selbst öfter zu einem strahlenden Lächeln.

Aber der schöne Schein zerbrach sehr bald. Ein trockener Husten wollte nicht weichen, und die Atemnot und die Schmerzen ließen eine tiefsitzende Lungenentzündung ahnen. Noch stemmte sich Joanina in jedem Husten der Krankheit entgegen, noch nahm sie den Kampf auf. Vergeblich! Joanina mußte mit ansehen, wie sie selbst zu einem Beinahe-Nichts wurde. Die Immunschwäche hatte jede Verteidigung der Gesundheit ihres Gehirns und ihrer Psyche unmöglich gemacht. Sie verlor zunehmend ihre Identität und die Kontrolle über ihre Glieder. Manchmal konnte sie ihr eigenes Töchterchen nicht mehr wiedererkennen; sie vermochte es nicht mehr zu versorgen.

Für Sonja fanden wir bald eine Familie. Die neuen Eltern waren auch bereit, Joanina regelmäßig zu besuchen und ihr Töchterchen dabei mitzubringen. Es kam noch vor, daß Joanina dann leicht reagierte. Aber sie war verstummt. Erbitterte Trauer, manchmal Tränen, immer aber große Wehmut zeichneten ihr Gesicht. So sehr gehörten die Trennungen zu ihrem Leben, daß die letzte sich fast unauffällig vollzog. Sie glitt vom körperlichen Zerfall in die gänzliche Einsamkeit des Wahnsinns, aus dem der Tod sie löste.

Und Sonja? Sie hat sich spielerisch in den Kreis der vier neuen und älteren Geschwister eingelebt. Als kleiner und tödlich bedrohter Nachzügler wurde sie erst einmal prächtig verwöhnt. Dies tat ihr sehr gut. Denn nun gehört sie zu jener Hälfte der glücklichen Kinder von AIDS-Kranken, die nach dem Absterben der Antikörper der Mutter nach über einem Jahr einen negativen Befund aufweisen und somit eine ganz normale Zukunft erwarten können. Sonja ist gesund.

Wenn Kinderheime
von Auslandsadoptionen leben

von Peter Eisenblätter

Aus den vorhergehenden Beispielen ist wohl deutlich geworden, daß Inlandsadoptionen in den Heimatländern verlassener Kinder derzeit die wirksamste und erfolgversprechendste Alternative zur Auslandsadoption darstellen, und daß sie deshalb den Vorrang haben müßte. Gleichzeitig zeigte sich jedoch, wie mühsam es ist, entsprechende Programme zu fördern. Eine Reihe religiöser, sozialer, wirtschaftlicher, politischer und allgemein menschlicher Faktoren wirkt sich immer wieder hemmend aus. Zu diesen erschwerenden Faktoren zählt nicht zuletzt die Situation vieler Kinderheime in Ländern der Dritten Welt.

Die Zahl der Heime, in denen sich verlassene Kinder befinden, ist riesengroß, und fast alle sind überbelegt, besonders mit älteren Kindern. Ein beträchtlicher Teil der Bewohner sind Kinder mit nur temporärer (zeitweiliger) Einweisung, ferner solche Kinder, deren Herkunft ungeklärt ist (die z. B. von der Polizei aufgegriffen wurden).

Die überwiegende Mehrheit dieser Einrichtungen hat mit einer extrem schlechten Finanzsituation zu kämpfen. Das gilt in ganz besonderem Maße für Heime in staatlicher oder kommunaler Trägerschaft. Finanzielle Förderungen durch die öffentliche Hand sind so minimal, daß damit oft nicht einmal das bloße Überleben der Kinder gesichert werden kann. Mangelnde fachliche Qualifikation des Heimpersonals, katastrophale medizinische und hygienische Bedingungen sowie fehlende Ausstattung gehen mit dieser finanziellen Misere einher. Das größte Manko aber besteht im absoluten Mangel an psychosozialer Betreuung, an persönlicher Zuwendung – ganz zu schweigen von ausreichender Bildungs- und Ausbildungsförderung für die Heimkinder.

Es ist von daher völlig verständlich, daß sehr viele Heime für ihr Überleben auf zusätzliche Einnahmequellen durch private Spenden – meistens aus dem reicheren Ausland – angewiesen sind. Das Problem ist nur deren Unberechenbarkeit: Man weiß nie genau, wie lange und in welcher Höhe private Geldgeber zu spenden bereit sind.

Eine Einnahmequelle allerdings ist relativ verläßlich und kalkulierbar, nämlich die der Auslandsadoptionen. Denn die Nachfrage nach Auslandsadoptionen aus westeuropäischen und den nordamerikanischen Ländern kommt der Misere der Heime sehr entgegen. Sofern eine Einrichtung über verlassene Kinder verfügt, für die eine Adoption möglich wäre, bietet die Auslandsadoption ihr gleich in *doppelter* Weise einen «Ausweg» an:

Erstens wird Platz geschaffen für die Aufnahme weiterer Kinder. *Zweitens* bekommt das Heim die zur Vorbereitung der Adoption notwendigen Kosten ersetzt, und zwar sehr gut, weil in harter ausländischer Währung. – Doch nicht nur das. Besonders von *privaten* Adoptionsbewerbern aus dem Ausland erhalten viele Heime kräftige zusätzliche (natürlich gutgemeinte) Unterstützungen, die sie für ihre Gesamtarbeit verwenden können. Und damit werden sie in die Lage versetzt, ihre wirtschaftliche Situation zu verbessern.

Mit anderen Worten: Die Auslandsadoption kann vielen Kinderheimen in der Dritten Welt zur wirtschaftlichen Stabilisierung verhelfen.

Natürlich hat das Folgen für die Frage, welche Lösungen man für die verlassenen Kinder sucht. Der finanzielle Anreiz führt nämlich dazu,

- daß in vielen Fällen Auslandsadoptionen nun *vorrangig* durchgeführt werden und man nach inländischen Alternativen nicht mehr gründlich genug fragt. Denn die Bemühungen um Inlandsadoptionen z. B. bringen keinerlei finanzielle Vorteile, sondern erfordern im Gegenteil erhebliche Investitionen;
- daß damit eine finanzielle Abhängigkeit von der Auslandsadoption (und dementsprechend auch von entsprechenden ausländischen Organisationen) entsteht, die nur sehr schwer abzubauen ist.

Zwar ist an der guten Absicht, auf diese Weise für verlassene Kinder das Beste zu tun, im allgemeinen nicht zu zweifeln; über lange Jahre hinweg existierten ja keine inländischen Alternativen. Nur wurden eben durch die verstärkte Auslandsnachfrage nach adoptierbaren Säuglingen Verhältnisse geschaffen, die der Förderung besserer Alternativen für die Kinder deutlich im Wege stehen.

In der Regel wird von den Heimen für jedes ins Ausland vermittelte Kind eine bestimmte Summe verlangt, die nicht nur dem betreffenden Kind selbst, sondern dem Heim *insgesamt* zur Verfügung steht. Das wäre an sich ja nicht einmal verwerflich, und früher hielten sich diese Einnahmen durch Auslandsadoptionen auch in Grenzen. Durch die massiv gestiegene Nachfrage nach Adoptivkindern jedoch ist unter den ausländischen (westlichen) Adoptionsagenturen eine solche Konkurrenz entstanden, daß sich einzelne Organisationen oft gegenseitig überbieten, damit sie möglichst viele Kinder aus einem Heim vermitteln können oder gar das Monopol für sämtliche Vermittlungen aus einem Heim erhalten. Besonders problematisch ist dabei, daß die allermeisten Adoptionsorganisationen nur zum Zwecke der Auslandsadoption gegründet worden sind und sich selbst fast ausschließlich durch die Beiträge von Adoptiveltern unterhalten, also keine oder fast keine zusätzlichen Mittel zur Verfügung haben. Deshalb unterstützen sie die Heime auch nicht mit einer festen regelmäßigen Summe (wie es wünschenswert wäre), sondern auf einer «Pro-Kopf»-Basis: Sie bezahlen in direkter Abhängigkeit von den Vermittlungszahlen, also für jedes einzelne Kind, das sie erhalten, und sie finanzieren dies ihrerseits aus den Beiträgen ihrer Adoptionsbewerber. Manchmal sehen sie sich zwar in der Lage, einzelne Einrichtungsgegenstände oder medizinisches Material zu stiften, aber eben nur außer der Reihe und nicht als Grundlage der kontinuierlichen Unterstützung eines Heimes.

Es ist klar, daß dadurch Abhängigkeiten entstehen. Viele Heime könnten heute ohne die Einnahmequelle der Auslandsadoption gar nicht mehr existieren. Würden sie vor die Wahl gestellt, *entweder* Programme zur Inlandsadoption (die viel Mühe und Geld kosten) *oder* Auslandsadoptionen (die weniger Arbeit kosten, aber Geld bringen) zu fördern, so kann man sich leicht ausrechnen, für welchen Weg sie sich im Zweifelsfalle entscheiden würden.

Das Dilemma, daß Programme zur Förderung der Inlandsadoption dringend notwendig wären, durch den «Sog» der Auslandsadoptionen und durch die Situation der Heime aber geradezu blockiert werden, besteht noch in vielen Ländern. Könnte man diese Abhängigkeiten beseitigen, wäre es in der Tat sehr viel leichter, derartige Programme auszubauen.

Doch selbst in Indien, wo einheimische Initiativen zur Förderung der Inlandsadoptionen mittlerweile mit idealer Unterstützung der Behörden rechnen können und im Vergleich zu anderen Ländern sehr erfolgreich sind, bleiben diese Probleme noch akut: Viele Heime klagen immer noch darüber, daß ihnen die vorrangige Förderung von Inlandsadoptionen zur Auflage gemacht wurde und daß die Maßstäbe für die Freigabe eines Kindes zur Auslandsadoption viel zu hoch angesetzt seien. Verschiedene Koordinationszentren zur Förderung der Inlandsadoptionen bemängeln ihrerseits nach wie vor fehlendes Interesse und ungenügende Mitarbeit solcher Heime, die sich sozusagen fest in den Händen der Finanzierung durch Auslandsadoptions-Organisationen befinden.

Aus dieser Misere sind einige internationale Adoptions-Skandale hervorgegangen. Es gibt Beispiele dafür, daß Kinder, die nur für eine vorübergehende Zeit ins Heim eingewiesen worden waren, schnell ins Ausland vermittelt wurden, ohne daß ihre leiblichen Eltern rechtzeitig darüber informiert waren, geschweige denn damit einverstanden gewesen wären. Das ging verschiedentlich bis hin zur bewußten Täuschung der leiblichen Eltern, die Analphabeten waren und die man ohne ihr Wissen eine Freigabeerklärung zur Auslandsadoption «unterschreiben» ließ. Auch in weniger skandalösen Fällen wird oftmals einfach nicht ausreichend genug recherchiert, wo und unter welchen Umständen die leiblichen Eltern eines verlassenen Kindes leben, ob sie vielleicht irgendwann in der Lage wären, das Kind wieder zu sich zu nehmen, ob es die Möglichkeit einer inländischen Pflege- oder Adoptionsvermittlung gibt usw.

Äußerst problematisch ist es auch, wenn Heime, die von Auslandsadoptionen abhängig sind, Beratungsdienste für schwangere Frauen und alleinlebende Mütter anbieten. Denn dann besteht eindeutig die Gefahr der Beeinflussung von Beratungsdiensten für alleinstehende Mütter in Richtung auf eine Beratung zur Abgabe der Kinder, weil das Heim möglichst viele Kinder zur Auslandsvermittlung braucht.

Es wäre nun freilich ein mit Sicherheit völlig unrealistisches und aussichtsloses Unterfangen, wollte man meinen, wir könnten von *hier* aus die Situation der Heime in der «Dritten Welt» grundlegend (und womöglich noch weltweit) verändern. Angesichts der Größe des Problems sind zuerst die jeweiligen Regierungen selbst gefordert. – Trotzdem ist es sinnvoll, wenigstens darüber nachzudenken, an welchen Stellen eigentlich angesetzt werden müßte, um Heime aus ihrer Abhängigkeit von Auslandsadoptionen zu befreien und damit die Voraussetzungen für Alternativen im Land selbst zu schaffen.

Zu solchen *Maßnahmen* könnten gehören:

● Die finanzielle Unterstützung der Heime müßte von staatlicher Seite her erheblich verstärkt werden (einschließlich Verbesserungen bei der personellen Situation). Private Hilfsorganisationen verfügen nicht in ausreichendem Maße über die dazu notwendigen Mittel (Heime sind für sie ein Faß ohne Boden). Ziel der finanziellen Unterstützung sollte es u. a. sein, solche Heime, in denen sich adoptierbare Kinder befinden, von ausländischen Adoptionsorganisationen unabhängiger zu machen, damit diese keinen Druck auf sie ausüben können.

● Aktivitäten, deren Ziel die Auslandsadoption ist, müßten *finanziell und organisatorisch* von alternativen Hilfsmaßnahmen im Inland getrennt werden. So sollten beispielsweise Beratungsdienste für schwangere Frauen oder alleinlebende Mütter nicht von solchen Heimen durchgeführt werden, deren wirtschaftliche Situation an die Unterstützung durch Adoptionsorganisationen gekoppelt ist.

Es versteht sich von selbst, daß derartige Maßnahmen einen großen Aufwand an Kosten, Personal, Ideen und Zeit erfordern. Auf längere Sicht könnte nur die Zusammenarbeit zwischen allen mit Heimen überhaupt (und speziell mit Auslandsadoption) befaßten Organisationen einerseits und mit öffentlichen Trägern andererseits einigen Erfolg versprechen.

Es bleibt zu hoffen, daß alle, die am Schicksal verlassener Kinder interessiert sind, daß also auch besonders die unzähligen Adoptionsinteressenten bereit sind, sich in dieser Richtung zu engagieren.

IX.

Die Adoptionsgesetzgebung der Bundesrepublik Deutschland

Zum gegenwärtigen Stand der Adoptionsgesetzgebung in Deutschland

von Rolf P. Bach

Das Adoptionsrecht der Bundesrepublik ist 1977 grundlegend neu gestaltet worden. Seither hat es nur wenige Änderungen erfahren, die im wesentlichen die Verfolgung illegaler Praktiken der Adoptionsvermittlung, insbesondere bei der Adoption ausländischer Kinder, und einige Randfragen des materiellen Adoptionsrechts im Bürgerlichen Gesetzbuch betreffen. Mitte der 80er Jahre ist auch das Internationale Privat- und Prozeßrecht, soweit es die Adoption behandelt, reformiert worden. Außerhalb dieser speziellen Rechtsmaterie, die nur wenigen Fachleuten vertraut ist, aber unterscheidet das Adoptionsrecht nicht zwischen der Adoption eines deutschen oder ausländischen Kindes. In einer Reihe anderer europäischer Staaten, wie z. B. in Italien oder den Niederlanden, sind im Gegensatz zur Bundesrepublik im letzten Jahrzehnt teilweise sehr umfangreiche Spezialvorschriften eingeführt worden, die sich gezielt der Adoption eines ausländischen Kindes widmen.

Voraussetzungen und Wirkungen einer Adoption

Das materielle Adoptionsrecht der Bundesrepublik Deutschland, in dem die Voraussetzungen und Wirkungen einer Adoption geregelt sind, ist Teil der familienrechtlichen Vorschriften des Bürgerlichen Gesetzbuches (§§ 1741–1766 BGB). Für die Adoption Volljähriger gibt es daneben einige Sonderregelungen (§§ 1767–1772 BGB). Zuständigkeits-, Verfahrens- und Sanktionsnormen sind in einem eigenständigen *Adoptionsvermittlungsgesetz* enthalten, das ebenfalls 1977 in Kraft getreten ist. Das deutsche Adoptionsrecht muß darüber hinaus in Einklang mit dem «*Europäischen Übereinkommen über die Adoption von Kindern*» stehen, das der Europarat 1967 verabschiedet hat und das 1981 von der Bundesrepublik ratifiziert worden ist. Das Abkommen enthält Rahmenbedingungen für die Adoption, die mittlerweile in den meisten europäischen Staaten – mit Ausnahme Osteuropas – in nationale Rechtsvorschriften umgesetzt worden sind.

Das jahrtausendealte Rechtsinstitut der Adoption war bis in unser Jahrhundert hinein vorrangig ein Instrument komplementärer Familienbildung zugunsten kinderloser Ehepaare oder Alleinstehender, um diesen einen Erben zu verschaffen, der Haus oder Hof, Gewerbebetrieb oder Vermögen übernimmt und – oft wichtiger noch – den Familiennamen fortführt, das «Geschlecht» erhält. Seitdem aber soll durch eine Adoption auch «mittellosen, aber von Natur begabten Kindern eine große Wohltat in materieller wie in geistiger Hinsicht» erwiesen werden, also den Interessen der Kinder größeres Gewicht zukommen. Heute ist der Aspekt der Hilfe für elternlose Kinder, die tatsächlich oder sozial verwaist sind, in nahezu allen Rechtsordnungen der Welt in den Vordergrund getreten. Die Belange der Adoptiveltern sollen daneben nur eine zweitrangige Rolle spielen. Generalklauselartig heißt es daher auch in unserem Adoptionsrecht, daß eine Annahme als Kind nur dann zulässig ist, «wenn sie dem Wohl des Kindes dient und zu erwarten ist, daß zwischen dem Annehmenden und dem Kind ein Eltern-Kind-Verhältnis entsteht» (§ 1741 BGB). Alle Vorschriften des Adoptionsrechts sind diesem Ziel untergeordnet.

Das adoptierte Kind wird durch die sog. *Volladoption* wie ein leibliches, eheliches Kind in die neue Familie integriert. Alle verwandtschaftlichen Beziehungen zur Herkunftsfamilie werden unwiderruflich beendet. Die Adoption muß durch einen Beschluß des Vormundschaftsgerichts erfolgen, das – gemeinsam mit dem Jugendamt – intensiv zu prüfen hat, ob sie im Interesse des Kindes liegt. Um Fehlentscheidungen möglichst auszuschließen, soll dem Adoptionsbeschluß eine angemessene Adoptionspflegezeit vorausgehen, die in der Regel mindestens ein Jahr dauert (§ 1744 BGB).

Ehegatten können – von wenigen Ausnahmen abgesehen – nur gemeinsam adoptieren. Die Adoption durch einen Alleinstehenden ist von den rechtlichen Voraussetzungen her ebenfalls möglich. Sie stellt

jedoch in der Praxis der Adoptionsvermittlung eher die Ausnahme
dar, was zwanglos aus dem traditionellen Familienbild in unserer
Gesellschaft erklärt werden kann. Die untere Altersgrenze für Adoptiveltern ist 1977 auf 25 und 21 Jahre für Ehepaare bzw. auf 25 Jahre
für Alleinstehende herabgesetzt worden, um zu erreichen, daß Säuglinge und Kleinkinder zu möglichst jungen Eltern vermittelt werden
können (§ 1743 BGB). Eine obere Altersgrenze kennt das Adoptionsrecht der Bundesrepublik im Gegensatz zu vielen ausländischen
Rechtsordnungen nicht. Die sozialpädagogische Praxis schließt jedoch aus der Forderung des Gesetzgebers nach einem natürlichen
Eltern-Kind-Verhältnis, daß kleine Kinder nicht zu Adoptiveltern
vermittelt werden dürfen, die wesentlich älter als 35 bis 40 Jahre
sind. Das schließt ältere Ehepaare nicht von der Möglichkeit einer
Adoption aus, begründet aber die Erwartung der Vermittlungsstellen, daß sie dann entsprechend ältere Kinder oder Jugendliche aufnehmen.

Soll ein ehelich geborenes Kind adoptiert werden, müssen beide
Elternteile dazu ihre Einwilligung geben. Bei einem nichtehelich geborenen Kind reicht die Einwilligung der Mutter des Kindes aus.
Der nichteheliche Vater muß jedoch über sein Recht, vor allen anderen Personen einen Antrag auf Adoption oder Legitimation (Ehelicherklärung) seines Kindes stellen zu dürfen, belehrt werden
(§ 1747 BGB). Ein solcher Antrag hat freilich nur dann Aussicht auf
Erfolg, wenn die Mutter des Kindes damit einverstanden ist. Diese
im Vergleich mit ausländischen Rechtsordnungen schwache Stellung des nichtehelichen Vaters im Adoptionsrecht wird von nicht
wenigen Rechtsexperten und -politikern für verfassungswidrig
erachtet (Art. 6 Grundgesetz). Dem Bundesverfassungsgericht liegen
dazu mehrere Verfassungsbeschwerden zur Entscheidung vor.

Auch das Kind selbst muß in die Adoption einwilligen, wenn es
vierzehn Jahre alt ist (§ 1746 BGB). Seine Einwilligung muß zusätzlich von seinem gesetzlichen Vertreter bestätigt werden. Liegen die
Einwilligungserklärungen vor, wird das Jugendamt kraft Gesetzes
Vormund des Kindes während der Adoptionspflegezeit. Mit ihrer
Einwilligung verlieren die leiblichen Eltern das Recht auf persönlichen Umgang mit dem Kind, ihr Sorgerecht ruht und wird bis zum
gerichtlichen Adoptionsbeschluß vom Vormund ausgeübt. Nach
Abgabe der Einwilligungserklärungen und Aufnahme des Kindes in

den Haushalt der künftigen Adoptiveltern sind diese primär unter-
haltsverpflichtet (§ 1751 BGB).

Sind die leiblichen Eltern eines Kindes trotz intensiver Suche nicht
auffindbar oder aufgrund schwerer, vor allem geistiger Erkrankungen nicht in der Lage, eine Einwilligungserklärung abzugeben, kann
auf ihre Einwilligung verzichtet werden. Insbesondere zum Schutz
von Müttern neugeborener Kinder ist für die Abgabe der Einwilligungserklärung eine Sperrfrist von acht Wochen nach Geburt des
Kindes obligatorisch (§ 1747 BGB). Die Eltern sollen davor bewahrt
werden, übereilte Entscheidungen zu treffen. Unter bestimmten Voraussetzungen kann die Einwilligung der Eltern oder eines Elternteils
durch das Vormundschaftsgericht ersetzt werden, wenn dem Kind
durch das Unterbleiben der Adoption ein erheblicher Nachteil ent-
stünde. Gründe für die gerichtliche Ersetzung der Einwilligung sind
z. B., daß sich leibliche Eltern über einen längeren Zeitraum hinweg
gleichgültig gegenüber dem Kind verhalten haben, daß sie ihre elterlichen Pflichten in grober Weise verletzt haben oder aber eine besonders schwere Pflichtverletzung, etwa in Form massiver Kindesmiß-
handlung (§ 1748 BGB), begangen haben. Das Jugendamt soll vor
einem Ersetzungsverfahren den leiblichen Eltern Mittel und Wege
aufzeigen, die es ihnen ermöglichen können, ihr Kind zu behalten und
künftig besser zu versorgen. Der Anteil von Adoptionen, die durch
Ersetzungsverfahren zustande kommen, liegt seit vielen Jahren bei
rund 5 Prozent.

Dem Prinzip der Volladoption tragen auch solche Vorschriften
Rechnung, die – mit Ausnahme gesetzlicher Rentenansprüche – alle
materiellen Ansprüche des Kindes, beispielsweise auf Unterhalt und
Erbschaft, aus der Zeit vor der Adoption erlöschen lassen, die dem
Kind mit dem Ausspruch der Adoption den Familiennamen der
Adoptiveltern verleihen und diesen die Möglichkeit einräumen,
durch Antrag an das Vormundschaftsgericht dem Kind einen neuen
oder zusätzlichen Vornamen geben zu können (§ 1757 BGB). Eine
spezielle Datenschutzregelung soll das Adoptionsgeheimnis wahren
und die Adoptivfamilie vor Ausforschungen durch Dritte schützen.
Nur mit Zustimmung der Adoptiveltern und des Kindes in einigen
eng begrenzten Ausnahmefällen darf hiervon abgewichen werden
(§ 1758 BGB).

Die *Aufhebung einer Adoption* ist nahezu unmöglich. Hat die Einwilligung der leiblichen Eltern nicht vorgelegen oder ist sie durch Irrtum, Täuschung oder Drohung erwirkt worden, so kann zwar durch einen richterlichen Beschluß die Adoption wieder rückgängig gemacht werden, allerdings nur dann, wenn das Kindeswohl dem nicht entgegensteht (§§ 1760–62 BGB). Häufiger aber sind Aufhebungsverfahren, die aufgrund dauerhaft zerrütteter Verhältnisse in der Adoptivfamilie im Interesse des adoptierten Kindes notwendig werden. Hinzu kommen muß jedoch, daß durch die Aufhebung eine erneute Adoption ermöglicht werden soll oder das Kind in seine Herkunftsfamilie zurückkehren kann. Im Vergleich zur Gesamtzahl aller Adoptionen, die im letzten Jahrzehnt zwischen 10 000 und 7000 pro Jahr lag, ist die jährliche Quote aufgehobener Adoptionen mit weit weniger als einem Prozent gering.

Wer darf Adoptivkinder vermitteln?

Das *Adoptionsvermittlungsgesetz* regelt vor allem die Frage, wer in der Bundesrepublik Deutschland Adoptivkinder vermitteln darf. Neben den Adoptionsvermittlungsstellen der Jugendämter ist dies ausschließlich staatlich anerkannten Vermittlungsstellen der sog. freien Träger erlaubt, die in einem speziellen Anerkennungsverfahren nachweisen müssen, daß sie über die erforderliche Fachkompetenz verfügen. Die Adoptionsvermittlungsstellen freier Träger, die sich auf die Vermittlung innerhalb Deutschlands beschränken, gehören alle den Wohlfahrtsorganisationen der beiden großen christlichen Kirchen an, dem Diakonischen Werk auf evangelischer oder dem Caritasverband bzw. dem Sozialdienst Katholischer Frauen auf katholischer Seite. Ihr Arbeitsfeld ist überwiegend regional begrenzt.

Adoptionsvermittlungsstellen, die Kinder aus dem Ausland nach Deutschland vermitteln wollen, bedürfen ebenfalls einer staatlichen Anerkennung. Diese wird regelmäßig für den Bereich der gesamten Bundesrepublik ausgesprochen. Derzeit existieren sechs überregionale Auslandsvermittlungsstellen (vgl. Kap. VI). Mit dem *Adoptionsvermittlungsgesetz* sind erstmals auch Zentrale Adoptionsstellen bei den Landesjugendämtern eingerichtet worden. Diese sollen überregional vor allem solche Kinder vermitteln, die von den örtlichen Vermittlungsstellen nicht vermittelt werden können, etwa weil sie unter schweren Behinderungen, chronischen Erkrankungen oder starken

Verhaltensauffälligkeiten leiden. Als schwer vermittelbar gelten auch ältere, schulpflichtige Heimkinder, Geschwister und farbige Kinder, die bereits in Deutschland leben. Außerdem sind die Zentralen Adoptionsstellen von den kommunalen Vermittlungsstellen immer dann zu beteiligen, wenn ein Adoptionsbewerber oder ein Adoptivkind eine ausländische Staatsangehörigkeit besitzt oder im Ausland wohnt. Schließlich sollen sie in regelmäßigen Abständen die Kinder- und Jugendheime daraufhin überprüfen, ob in ihnen Kinder leben, die besser in Adoptiv- oder Pflegefamilien aufgehoben wären.

Die staatlichen Vermittlungsstellen der Jugendämter und die staatlich anerkannten Vermittlungsstellen freier Träger haben in Deutschland ein absolutes Vermittlungsmonopol. Jeder anderen Person oder Institution ist die Adoptionsvermittlung ausdrücklich untersagt. Ausnahmen sind nur dann zugelassen, wenn ein Kind im Verwandtenkreis vermittelt wird oder wenn jemand im Einzelfall und unentgeltlich eine Adoptionsmöglichkeit nachweist, sofern unverzüglich das Jugendamt eingeschaltet wird. Das *Adoptionsvermittlungsgesetz* verbietet außerdem, Schwangere dazu zu bewegen, die Entbindung im Ausland vornehmen zu lassen, um das Kind dort zur Adoption zurückzulassen. Zeitungsanzeigen oder andere öffentliche Erklärungen, in denen Adoptivkinder gesucht oder angeboten werden, sind gleichfalls ausdrücklich verboten. Bei einem Verstoß gegen diese Vorschriften, die als Ordnungswidrigkeit ausgestaltet sind, drohen Bußgelder bis zu 50 000 DM.

Diese Sanktions- und Verbotsnormen waren bis Dezember 1989 – wenn nicht daneben auch die Verletzung allgemeiner Straftatbestände in Frage kam – die einzige Grundlage, um gegen den gewerbsmäßigen Handel mit Adoptivkindern vorgehen zu können. Die vielfältigen Umgehungsmöglichkeiten des bis dahin geltenden *Adoptionsvermittlungsgesetzes* hatten professionelle Kinderhändler sehr schnell erkannt und ausgenutzt. Wenn tatsächlich einmal nach langwierigen gerichtlichen Auseinandersetzungen ein Bußgeld verhängt wurde, konnte es von den kommerziellen Agenturen – angesichts der enormen Profitspanne bei solchen Geschäften – gewissermaßen aus der Portokasse beglichen oder von vornherein in die «Preisgestaltung» mit einbezogen werden, so daß letztendlich die Kunden dafür aufkamen. Aufgrund sich häufender Berichte in den Medien über die makaberen Praktiken des Kinderhandels und andauernder Mahnungen von Praktikern und Experten sah sich schließlich der Gesetzgeber genötigt, die Verbots- und Sanktionsnormen auszuweiten und erheblich zu verschärfen. Seit Dezember 1989 sind auch alle Umgehungsversuche verboten, die zum Ziel haben, daß eine fremde Person ein Kind auf Dauer bei sich aufnimmt, etwa als Pflegekind, durch Übernahme einer Vormundschaft oder – die am häufigsten praktizierte Variante – durch wahrheitswidrige Anerkennung einer nichtehelichen Vaterschaft. Zudem sind erstmals Strafvorschriften gegen den kommerziellen inländischen wie grenzüberschreitenden Kinderhandel eingeführt worden, die bei gewerbs- und geschäftsmäßiger Täterschaft bis zu fünf Jahren Freiheitsstrafe vorsehen. Ähnliches ist bei dieser Gelegenheit auch für die Vermittlung sog. Ersatz- oder Leihmütter geregelt worden. Entgegen der ursprünglichen Gesetzesvorlage und trotz nachhaltiger Bedenken aus Expertenkreisen werden von diesen Strafvorschriften jedoch nur die kommerziellen Vermittler erfaßt, nicht hingegen deren Kunden. Insoweit existiert eine erhebliche Strafbarkeitslücke, die dazu führt, daß auch weiterhin Kinder zur grenzüberschreitenden Handelsware degradiert werden. Zwar sind durch das Gesetz die kommerziellen Kinderhändler aus Deutschland vertrieben worden. An ihre Stelle aber sind seither Vermittlungsagenturen im Ausland getreten, von denen sich deutsche Adoptionsinteressenten gefahr-, weil straflos bedienen lassen können.

Die Adoptionsvermittlung

Schließlich enthält das *Adoptionsvermittlungsgesetz* einige wenige Vorschriften über die Art und Weise, wie die Vermittlungsstellen die Vorbereitung der Vermittlung eines Kindes, die Prüfung und Auswahl von Adoptiveltern, die Betreuung während der Adoptionspflegezeit und nach abgeschlossener Adoption gestalten sollen. Wenig bekannt ist die gesetzliche Verpflichtung der Vermittlungsstellen, zu jedem Zeitpunkt – auch nach erfolgter Adoption – die notwendige Beratung und Unterstützung aller Beteiligten zu gewährleisten, was im Einzelfall auch deren finanzielle Unterstützung bedeuten kann.

Die Vorschriften über das Vermittlungsverfahren, die für die sozialpädagogischen Fachkräfte, die Adoptivfamilie, aber auch für die Zigtausende wartender Adoptionsbewerber von weitreichender Bedeutung sein können, sind außerordentlich knapp ausgefallen. Das

Gesetz ermächtigt zwar den zuständigen Bundesminister, weitere Einzelheiten in einer Rechtsverordnung zu regeln. Eine solche Verordnung ist jedoch bereits in den 70er Jahren im Entwurfsstadium steckengeblieben, da die Bundesländer, die ihr zustimmen müssen, mehrheitlich der Auffassung waren, daß sich derartig komplexe Lebenssachverhalte, die schließlich in der Frage münden, wie festzustellen ist, welche sozialen Eltern die besten für ein hilfebedürftiges Kind sind, nicht ausreichend flexibel in den starren Rahmen einer Rechtsverordnung einpassen lassen. Diese – durchaus plausible – Argumentation hat allerdings zur Konsequenz, daß die Adoptionsvermittler außerhalb der wenigen Vorschriften des materiellen und formellen Adoptionsrechts kaum auf konkrete und allgemein verbindliche Handlungsanweisungen für ihre schwierige Aufgabe zurückgreifen können, und daß Adoptionsbewerber, vor allem im Konfliktfall mit den Vermittlungsstellen, nur wenige Anhaltspunkte im geschriebenen Recht vorfinden, aus denen für sie nachvollziehbar hervorgeht, nach welchen Kriterien ihre Eignung festgestellt und die notwendige Auswahl zwischen ihnen getroffen wird.

Die fehlende Rechtsverordnung wird in gewisser Weise durch *Empfehlungen zur Adoptionsvermittlung* ersetzt, auf die sich alle Landesjugendämter in Deutschland verständigt haben. Diese Empfehlungen sind 1994 in einer überarbeiteten Fassung neu erschienen. Sie können zwangsläufig keinen rechtsverbindlichen Charakter haben und lassen daher erhebliche Spielräume offen. Dessen ungeachtet halten sich jedoch die Adoptionsvermittlungsstellen der Jugendämter weitgehend an diese Vorgaben. Der interstaatlichen Adoption ist darin ein umfangreiches Kapitel gewidmet. Neben der Behandlung der sehr komplexen Fragen, die sich aus den Bezügen zum Internationalen Privatrecht und den jeweiligen ausländischen Rechtsordnungen ergeben, wird dort nachdrücklich darauf hingewiesen, daß die Adoption ausländischer Kinder nach denselben Grundsätzen und Kriterien wie die deutscher Kinder zu erfolgen habe. Der Kooperation mit ausländischen Behörden, Gerichten und sozialpädagogischen Einrichtungen in den Heimatländern der Kinder wird großes Gewicht beigemessen. Die praktischen Schwierigkeiten, die sich daraus ergeben, daß Kinder über Tausende von Kilometern, über Länder- und Kulturgrenzen hinweg vermittelt werden, werden ebenso beschrieben wie denkbare Lösungen. Betont wird, daß deutsche Vermittlungsstellen ausschließlich mit staatlichen oder staatlich autorisierten Behörden und Organisationen in den Heimatländern der Kinder zusammenarbeiten dürfen. Jegliche Unterstützung von Aktivitäten privater oder gar kommerzieller Vermittler soll ausgeschlossen werden. Die für eine Adoption im Ausland notwendigen Dokumente dürfen deshalb auch nicht den Adoptionsbewerbern direkt ausgehändigt werden, um auf deren Seite Mißbräuche und Manipulationen möglichst auszuschließen.

Andere adoptionsrelevante Gesetze

Für die Adoption ausländischer Kinder ist noch eine Reihe weiterer juristischer Regelungen von Bedeutung, die sich vereinzelt in verschiedenen Gesetzen wiederfinden. So enthält das *Staatsangehörigkeitsgesetz* die Bestimmung, daß ausländische Kinder, die nach den deutschen Gesetzen wirksam adoptiert worden sind, dann automatisch die deutsche Staatsangehörigkeit erhalten, wenn der Adoptionsantrag vor Vollendung des 18. Lebensjahres gestellt worden ist. Das 1991 in Kraft getretene neue *Ausländergesetz* normiert, daß – anders als bis dahin – ausländische Kinder, auch wenn sie bereits in ihrem Heimatland von deutschen Eltern adoptiert worden sind, grundsätzlich ein Visum bzw. eine Aufenthaltserlaubnis nach der Einreise benötigen. Ausnahmen gelten für die Mitgliedstaaten der Europäischen Union, für angrenzende Nachbarstaaten wie Finnland, Norwegen, Österreich, Schweden und die Schweiz sowie aufgrund spezieller Vereinbarungen auch für die USA, Ecuador, Honduras und einige weitere kleinere Staaten. Durch die Einführung der Visumspflicht auch für Minderjährige unter 16 Jahren wollte der Gesetzgeber u. a. auch dem internationalen Handel mit Adoptivkindern einen Riegel vorschieben. Dies ist aus unterschiedlichen Gründen in der Praxis nur teilweise gelungen. Vielfältige Umgehungsversuche, aber auch die Unkenntnis und fehlerhafte Handhabung der Vorschriften durch deutsche Behörden im In- und Ausland sind dafür die Ursachen. Die Visumserteilung kann von den Adoptiveltern schon vor der Reise in das Heimatland des Kindes durch die Einholung einer sog. Vorabzustimmung der zuständigen Ausländerbehörde vorbereitet werden.

 Zuständigkeits- und Verfahrensvorschriften finden sich im *Gesetz über die Angelegenheiten der freiwilligen Gerichtsbarkeit* und im

Kinder- und Jugendhilfegesetz. Ein förmliches Anerkennungsverfahren für im Ausland durchgeführte Adoptionen gibt es im deutschen Recht nicht, obwohl dies seit vielen Jahren von Praktikern und Wissenschaftlern gefordert wird. Das hat zur Folge, daß die große Mehrzahl der interstaatlichen Adoptionen sowohl im Heimatland des Kindes durchgeführt als auch später in Deutschland noch einmal wiederholt werden müssen. Dieser unbefriedigende und komplizierte Rechtszustand wird möglicherweise in einigen Jahren durch ein internationales Abkommen, das 1993 von der Haager Zivilrechtskonferenz verabschiedet worden ist, beseitigt werden.

Das *Einführungsgesetz zum Bürgerlichen Gesetzbuch* (EGBGB), in dem das Internationale Privatrecht geregelt ist, enthält seit 1986 neue Vorschriften auch für interstaatliche Adoptionen. Danach kann in der Mehrzahl dieser Fälle deutsches Adoptionsrecht angewandt werden. Zusätzlich ist dem Heimatrecht des adoptierten Kindes zu entnehmen, welche Personen danach in die Adoption einwilligen müssen. Das ist vor allem immer dann von Bedeutung, wenn die ausländische Rechtsordnung auch die Einwilligung des nichtehelichen Vaters eines Kindes verlangt, falls dieser die Vaterschaft anerkannt hat oder sie gerichtlich festgestellt worden ist. Anders als in Deutschland wird die Einwilligung eines nichtehelichen Vaters in den meisten anderen Staaten verlangt. Das Gesetz läßt allerdings Ausnahmen zu, von denen die gerichtliche Praxis nicht selten Gebrauch macht, wenn andernfalls die Adoption in Deutschland zu scheitern droht.

Bei interstaatlichen Adoptionen kann auch das *Haager Übereinkommen über die Zuständigkeit der Behörden und das anzuwendende Recht auf dem Gebiet des Schutzes von Minderjährigen* (Haager Minderjährigenschutzabkommen) eine Rolle spielen. Dort sind Regeln für Konfliktfälle zwischen unterschiedlichen Rechtsordnungen im Hinblick auf Schutzmaßnahmen für solche Minderjährigen, die sich im Ausland aufhalten, normiert.

Die Vollversammlung der Vereinten Nationen hat im November 1989 – 30 Jahre nach Inkrafttreten der ersten UN-Charta des Kindes – nach mehr als 10 jährigen Vorarbeiten eine umfassende *Konvention über die Rechte des Kindes* einstimmig verabschiedet, in der auch Fragen der interstaatlichen Adoption ausführlich behandelt werden. Diese Konvention hat – anders als die UN-Charta von 1959 – rechtsverbindlichen Charakter. Auch die Bundesrepublik Deutschland hat

sie, wenn auch nach einigem Zögern und mit verschiedenen Vorbehalten versehen, inzwischen in innerstaatliches Recht umgesetzt. Im
Zusammenhang mit interstaatlichen Adoptionen heißt es dort u. a.:

*Einem Kind, das vorübergehend oder dauerhaft von seiner Fami-
lie getrennt ist oder das in seinem Interesse nicht in der Familie
bleiben kann, soll Schutz und Hilfe des Staates gewährt werden
(...). Solche Hilfe kann u. a. auch (...) die Adoption des Kindes
beinhalten. Wenn eine derartige Lösung ins Auge gefaßt wird, soll
der wünschenswerten Kontinuität im Hinblick auf die Herkunft
des Kindes und seinem ethnischen, religiösen, kulturellen und
sprachlichen Hintergrund die notwendige Aufmerksamkeit gewidmet werden (...). Staaten, die das Rechtsinstitut der Adoption
anerkennen und erlauben, sollen sicherstellen, daß eine Adoption
nur aus Gründen des Kindeswohls erfolgt (...). Die Staaten sollen
sicherstellen, daß eine Adoption nur durch kompetente Stellen
durchgeführt werden darf (...), daß interstaatliche Adoptionen als
eine alternative Hilfsmaßnahme für ein Kind nur dann anerkannt
werden können, wenn dem Kind nicht auf andere Weise wirksam
in seinem Heimatland geholfen werden kann (...), daß ein ausländisches Adoptivkind dieselben Schutzmaßnahmen genießt wie ein
inländisches (...), daß eine interstaatliche Adoption nicht aufgrund illegaler finanzieller Gewinne zustande kommt (...), daß
diese Bedingungen für eine interstaatliche Adoption durch bilaterale und multilaterale Vereinbarungen abgesichert werden, um sicherzustellen, daß interstaatliche Vermittlungen nur durch kompetente Stellen und Institutionen abgewickelt werden (...).*

*Die Staaten sollen alle notwendigen, nationalen, bilateralen
und multilateralen Maßnahmen ergreifen, um die Entführung,
den Verkauf oder den Handel mit Kindern zu jedem Zweck und in
jeder Form zu verhindern.*

Das Haager ‹Übereinkommen über die internationale Zusammenarbeit und den Schutz von Kindern auf dem Gebiet grenzüberschreitender Adoptionen›

Zur Umsetzung der grundsätzlichen Forderungen der UN-Konven-
tion über die Rechte des Kindes haben sich über 60 Staaten im Mai

1993 auf ein umfangreiches internationales Vertragswerk geeinigt, das nach seiner Ratifizierung durch diese Staaten den bekannten Mißbräuchen bei interstaatlichen Adoptionen ein möglichst rasches und vollständiges Ende bereiten soll. An der Abschlußkonferenz und den langjährigen Vorarbeiten waren alle wesentlichen Herkunfts- und Empfängerstaaten ausländischer Adoptivkinder sowie 15 internationale Kinderhilfsorganisationen beteiligt. Drei wesentliche Ziele sollen durch das Abkommen erreicht werden:

1. Gezielte Schutzmaßnahmen sollen sicherstellen, daß grenzüberschreitende Adoptionen ausschließlich zum Wohl des Kindes und unter Wahrung seiner Grundrechte stattfinden;
2. ein ausgefeiltes System der Zusammenarbeit zwischen den Vertragsstaaten soll die Einhaltung dieser Schutzmaßnahmen sicherstellen und Kindesentführung, Kindesverkauf und Kinderhandel vermeiden;
3. eine Anerkennung von Adoptionen, die gemäß dem Abkommen durchgeführt worden sind, soll die allseitigen Rechte der Kinder gewährleisten und die bisher sehr komplizierten Verfahrensabläufe deutlich vereinfachen.

Diese Ziele sollen u. a. dadurch erreicht werden, daß in jedem Staat künftig eine zentrale Behörde, mit umfangreichen Vollmachten ausgestattet, für alle interstaatlichen Adoptionen zuständig ist und den korrekten Ablauf eines jeden Adoptionsverfahrens sowie den dafür notwendigen speziellen und allgemeinen Informationsaustausch zwischen den Staaten sicherstellen soll. Die jeweiligen Verfahrensschritte sind detailliert geregelt. Einzelne Aufgaben können – je nach staatlicher Struktur – an andere untere Behörden oder auch staatlich zugelassene private Organisationen und Stellen delegiert werden. Dadurch soll eine zu starke Bürokratisierung verhindert und die Nähe zu den beteiligten Personen ermöglicht werden. Bedauerlicherweise – jedenfalls nach Meinung der meisten internationalen Experten und beteiligten Staaten – reichte diese Dezentralisierung den nordamerikanischen Staaten, die weltweit den größten Anteil an interstaatlichen Adoptionen haben, nicht aus. Insbesondere die USA wollten dem Abkommen nur zustimmen, wenn auch weiterhin die Einschaltung staatlich nicht zugelassener Personen und Stellen möglich wäre. Dieses Veto der USA war Folge des massiven Protestes, den amerikanische Anwaltsverbände und Adoptivelterngruppen bei ihrer Regierung eingelegt haben. Gerade amerikanische Anwälte haben seit Jahrzehnten schon – auch inneramerikanisch – aus der Vermittlung von Adoptivkindern und Leihmüttern ein lukratives Geschäft gemacht, das sie sich auch künftig nicht gerne entgehen lassen wollten. Die Adoptiveltern und ihre Verbände haben gleichfalls seit vielen Jahren gute Erfahrungen mit dem Einsatz ihrer heimatlichen Währung bei Adoptionsbemühungen im Ausland gemacht. In vermutlich realistischer Einschätzung der Macht des «greenback» selbst gegenüber internationalen Verträgen hat die in Den Haag versammelte Staatengemeinschaft schließlich dem amerikanischen Druck nachgegeben und eine weitgefaßte Kompromißformel in das Abkommen mitaufgenommen. Kritiker freilich glauben, daß aufgrund dieses und einiger anderer Kompromisse das grundsätzlich begrüßenswerte Abkommen wohl nicht mehr als den Übergang von der bisherigen «freien» zur «sozialen Marktwirtschaft» darstellt und daher den Kinderhandel nur begrenzt eindämmen können wird. Zwar haben nach dem Übereinkommen die Herkunftsstaaten der Kinder durchaus die Möglichkeit, private Vermittler abzulehnen. Ob sie dies jedoch angesichts der vorhandenen sozialen Strukturdefizite und ökonomischer wie politischer Abhängigkeiten erfolgreich durchhalten können, muß zu Recht bezweifelt werden.

Einen Fortschritt, zumindest aus Sicht der bisherigen Rechtslage in Deutschland, stellen die Anerkennungsvorschriften des Übereinkommens dar.

Zwar sind auch sie noch kompliziert genug. Die bisher übliche Wiederholung bzw. Nachadoption in Deutschland aber wird nach Inkrafttreten des Abkommens für die Mehrzahl der Adoptionen entfallen können. Auch der Rechtsstatus ausländischer Adoptivkinder erfährt eine Reihe klarstellender Verbesserungen.

Trotz aller kritischen Vorbehalte gegenüber dem Abkommen ist anzuerkennen, daß darin erstmals der seit langem geforderte Versuch unternommen wird, Adoptivkindern und ihren Familien bei interstaatlichen Adoptionen denselben Schutz zuzubilligen, den sie in den meisten Staaten bei inländischen Adoptionen schon lange genießen.

In Deutschland werden bei der zu erwartenden Ratifizierung eine Neugestaltung der administrativen Strukturen, eine Reform des Adoptionsvermittlungsgesetzes und eine Reihe weiterer komplizierter Rechtsänderungen notwendig werden, die vermutlich einige Jahre gesetzgeberische Arbeit erfordern werden. Ein wichtiger Schritt zum Schutz der Kindesrechte bei Adoptionen auf internationaler Ebene aber ist damit getan.

Exkurs:
Vermutungen über die Sichtweisen der «abgebenden» Länder. Das Beispiel Südkorea

von Andreas Nohr

Seoul im April 1990: Im Kleinbus mir gegenüber sitzen zwei Sozialarbeiterinnen und vier koreanische Kinder im Alter von drei bis elf Jahren. Wir fahren zum Flughafen Kimpo in der südkoreanischen Hauptstadt; die Kinder fliegen nach Frankfurt, wo sie von deutschen Eltern adoptiert werden sollen. Was die Kinder bewegt, ist klar: Sie haben Angst vor der Reise und vor dem Unbekannten. Was aber, und dies ist eine meist weniger beachtete Frage, geht in den beiden Frauen vor, die ihre kleinen Landsleute auf ihrem vorerst letzten Weg in ihrer Heimat begleiten? Welche Gefühle haben sie während dieser Fahrt und auch sonst, wenn sie koreanische Kinder ins Ausland vermitteln; wie stehen ihre Familien zu der Arbeit, die sie tun; was denkt die koreanische Öffentlichkeit über diese vier und die vielen anderen Kinder, die in fernen Ländern eine neue Heimat finden? Nicht um Motivationen, Begründungen und Sichtweisen der aufnehmenden, sondern um Fragestellungen, Bewertungen und Optionen aus der Sicht der abgebenden Länder soll es im folgenden gehen – am Beispiel Südkoreas.

In den Kriegs- und Nachkriegswirren des Zweiten Weltkrieges wurden – davon war in diesem Buch schon die Rede – auch zahlreiche deutsche Kinder ins Ausland zur Adoption vermittelt. 1969, noch mitten im Vietnamkrieg, kamen die ersten vietnamesischen Kinder durch die deutsche Kinderhilfsorganisation terre des hommes in die Bundesrepublik. Krieg, Nachkriegssituation und Adoption hängen zusammen, das war auch in Korea nicht anders. 1950 begann der dreijährige «Stellvertreterkrieg» der beiden Teile Koreas gegeneinander; der «kalte Krieg», der die Nation bereits nach 1945 geteilt hatte, war für das Land nun «heiß» geworden. Kriegswaisen blieben «übrig», Kinder ohne Eltern und Familien. Im Krieg aber gibt es keine «geordnete Sozialpolitik». So begannen 1955 spontan und unkonventionell die Auslandsadoptionen aus Südkorea, zunächst in die initiativ gewordenen USA, bald auch nach Europa und später nach Deutschland. Sie waren als «Nothilfemaßnahmen» für Kriegswaisen gedacht, als «Erste Hilfe» für kranke, verwundete und bald auch für die «Mischlingskinder», die – von ihren amerikanischen Soldatenvätern zurückgelassen – in Korea keinen Platz fanden. Allerdings: Das Volk wurde nicht gefragt. Zwar geschah nahezu alles mit Einwilligung der koreanischen Regierung, aber deren Legitimation durch das Volk war bereits damals schon mehr als zweifelhaft. Nur – was hätte «das Volk», in der «Nachkriegssituation» am Boden liegend, auch tun sollen, wenn es denn Bescheid gewußt hätte? Welche Alternativen wären möglich gewesen? So regte sich nirgendwo ernsthafter Widerstand.

Wie bis vor kurzem Deutschland, so lebt das geteilte Korea noch heute in einer «Nachkriegssituation» – und doch gehört das nunmehr industrialisierte Südkorea mittlerweile zu den Ländern «auf der Schwelle» eines reichen Landes. Aber noch immer – wenn auch nicht mehr in so großer Zahl – kommen kleine Koreaner nach Amerika und Europa – das ist mit dem Stichwort «Nachkriegssituation» allein nicht zu erklären. Denn jetzt sind die Kinder vor allem Opfer der schnellen Veränderung der südkoreanischen Gesellschaft durch rasche Industrialisierung, Landflucht und vor allem durch die Ausbeutung besonders des weiblichen Bevölkerungsteils, und da nicht nur seiner Arbeitskraft. Wie beurteilen und bewerten Koreaner heute diesen «Kindertransfer», mit welchen Gefühlen lassen sie ihre Kinder ziehen, und hat dies heute so veränderte Land noch immer keine Alternativen?

Die Sozialarbeiterinnen im Bus wissen, was geschieht. Sie machen diese Fahrt mehrmals in der Woche. Sie kennen die Zahlen, und ihr Büro gleicht oft mehr einem «Kinder-Umschlagplatz» als einem Ort der Fürsorge für Kinder. Anders die Menschen draußen: *Auslandsadoptionen in Korea geschahen lange Jahre unter Ausschluß der Öf-*

fentlichkeit. Kaum jemand wußte wirklich, was geschah. Neugierige wären wohl auch überrascht gewesen, hätten sie gewußt, welche Ausmaße das Problem der elternlosen, verlassenen Kinder in ihrem Land noch immer hatte. Bis zu 16 000 Kinder jährlich wurden in Südkorea verlassen, wie mehrere Schätzungen unabhängig voneinander besagen. Zwischen 1958 und 1987 sind deutlich über 100 000 Kinder nach Übersee zur Adoption vermittelt worden, davon in der Zeit von 1971 bis 1988 fast 2000 koreanische Kinder durch das Kinderhilfswerk terre des hommes und etwa noch einmal so viele über den Internationalen Sozialdienst allein in die Bundesrepublik Deutschland.

Und doch vermitteln beide genannten Organisationen heute keine koreanischen Kinder mehr; terre des hommes beendete die Zusammenarbeit mit dem koreanischen Partner von sich aus, der Internationale Sozialdienst erhielt 1988 eine Absage seines Partners «Social Welfare Society» in Seoul. Interessant sind die Gründe, die dem Internationalen Sozialdienst schriftlich genannt wurden: Die Zahl koreanischer Adoptiveltern sei gestiegen, die Zahl vermittlungsbedürftiger Kinder dagegen gesunken, und angesichts des Blicks der Weltöffentlichkeit auf Südkorea während der Olympischen Spiele 1988 gingen die Bemühungen jetzt dahin, die Kinder nach Möglichkeit im Land zu behalten. Man mag die ersten beiden Gründe vielleicht in Frage stellen: Noch 1988 schickte die koreanische Vermittlungsorganisation «Holt Children's Services» 2500 Kinder in ferne Länder, konnte aber nur 800 Kinder im Lande selbst vermitteln. Doch das letzte Argument kann niemand von der Hand weisen: Zu den Olympischen Spielen in Seoul wurde in ganz Südkorea «saubergemacht», und da erschien die große Zahl der Auslandsadoptionen als Makel und als Peinlichkeit, die mit steigender ökonomischer Bedeutung Südkoreas auch vom Ausland mehr und mehr kritisch bemerkt wurde. Ein koreanischer Fernsehfilm aus demselben Jahr rüttelte auf; die anerkannten Vermittlungsstellen kamen ins Gerede, auch wegen ihrer immer deutlicher werdenden finanziellen Abhängigkeit von den Auslandsadoptionen. Über das Thema wurde in Zeitungen und auf den Straßen geredet bis hin zu der Frage, was eigentlich aus den vielen koreanischen Kindern im Ausland geworden sei. Diese veränderte Aufmerksamkeit der Öffentlichkeit schuf jetzt die Bedingungen, daß erstmals Alternativen im Lande selbst ernsthaft gesucht wurden. Die katholische Kirche, aber auch Gruppen aus der Menschenrechtsbe-

wegung wurden aktiv. Die plötzliche Vehemenz macht den Nachhol-
bedarf deutlich. Denn bis dahin war es still gewesen um Koreas verlassene Kinder. Kaum jemand hatte protestiert, weil kaum jemand
etwas wußte. Und Koreaner heute sind sicher: Möglich waren die
vielen Auslandsadoptionen nur auf dem Hintergrund dieses Nicht-
Wissens der Öffentlichkeit. Zwar haben die Sozialarbeiterinnen mir
gegenüber im Bus eine Reihe von Vorgängerinnen, die «abgesprun-
gen» und unter Protest ausgestiegen sind; der «Kinderexport» war
ihnen unheimlich geworden. Die Öffentlichkeit aber hatte das damals kaum zur Kenntnis genommen.

Dennoch war ja nichts im Geheimen geschehen. Man hätte es wissen können, auch in Südkorea; das Nicht-Wissen war zum Teil sicherlich auch ein Nicht-wissen-Wollen. Vielleicht hielt man länger
als nötig die Augen geschlossen, denn die Sache tat weh: *Auslandsadoptionen in Korea verletzten den «Nationalstolz».* Damit wird
schwankender Boden betreten. «Nationalismus» ist ein ungenauer
Begriff, vielfältig mißbraucht, am meisten in Deutschland. Hier ist
nicht der Ort, diese Probleme aufzuarbeiten. Der koreanische Nationalismus hat viele Wurzeln, mancherlei Gestalt und Ausprägung, und
es steht uns nicht an, ihn zu bewerten; wir haben ihn schlicht zu kon-
statieren, auch als politische Antriebskraft. Auf dem Hintergrund
einer fünfunddreißigjährigen Kolonisation durch die Japaner, auf der
Folie eines «Stellvertreterkrieges» und der fortdauernden Teilung des
Landes und schließlich in Anbetracht der wirtschaftlichen Abhängigkeit, zunächst von den USA und dann von Japan, ist das «Syndrom»
des Nationalismus – trotz der ihm eigenen Gefahren – vielleicht nicht
nur verständlich, sondern sogar überlebenswichtig.

Nationalismus spielt in der durch die Ereignisse in Deutschland
während der letzten Jahre verstärkten nord- und südkoreanischen
Sehnsucht nach Wiedervereinigung eine große Rolle; er spiegelt sich
im Widerstand gegen den japanischen Sextourismus auf der Insel
Cheju; er wird deutlich im Boykott japanischer Waren, zu dem sogar
Kirchen aufriefen, und er fand den bisher deutlichsten Ausdruck im
Stolz auf die Olympischen Spiele 1988 im eigenen Land. Bezeichnend,
daß während dieser Spiele die Auslandsadoptionen unterbrochen
wurden; die ankommenden Sportler aus aller Welt sollten nicht se-
hen, wie gleichzeitig koreanische Kinder ausgeflogen wurden. Die
Kehrseite des Nationalismus heißt «kollektive Scham», und sie wird

auch deutschen Adoptiveltern gegenüber, die das Land bereisen, zum Ausdruck gebracht: «Wir bewundern euch, daß ihr die Kinder aufgenommen habt, aber wir schämen uns, daß wir sie fortgegeben haben.» Der Generalsekretär einer presbyterianischen Kirche in Südkorea bedankte sich bei einer solchen Gelegenheit ausdrücklich und «im Namen des Volkes» bei deutschen Adoptiveltern und brachte ebenfalls Scham zur Sprache. Kein Wunder also, daß bereits in der Überschrift zu neueren «Alternativ-Initiativen» zur Auslandsadoption ebenfalls national klingende Töne mitschwingen: «Let's care our own children», so nannte die katholische Kirche ihre Kampagne des Jahres 1989, die das Ziel hatte, die Inlandsadoptionen in Korea zu fördern; und eine vergleichbare Initiative einer der Menschenrechtsbewegung in Korea nahestehenden Organisation gab sich den Namen «Our Babies in Our Arms», womit gemeint war: wirklich in unsere koreanischen, nicht in die ausländischen Arme. Wer seit dem Ende des letzten Jahrhunderts ständigen imperialistischen Öffnungsversuchen ausgesetzt war, wer dann unter Kolonisierung, Krieg und ökonomischer Abhängigkeit gelitten hat, kann in den Auslandsadoptionen nichts sehen, was das angeschlagene und oft gedemütigte Selbstwertgefühl einer Nation aufrichtet. Das um so weniger, wenn die Motivation der überseeischen Adoptiveltern nicht einfach nur Hilfsbereitschaft ist (die übrigens unter Umständen auch demütigen kann), sondern schlicht der Kinderwunsch unfreiwillig kinderlos gebliebener westlicher Ehepaare. Denn damit gerät im Gefühl der Koreaner die Adoptionsvermittlung «ihrer» Kinder in unmittelbare Nachbarschaft zu einer schon lange gekannten Ausbeutung.

Wohlgemerkt: Von deutscher Seite ist das gewiß anders gemeint. Dennoch sollte man zumindest *verstehen*, daß viele Koreaner so empfinden und auf Grund ihrer nationalen Vergangenheit wohl auch so empfinden müssen. Denn während der letzten 100 Jahre sind Koreaner weniger Täter als vielmehr Opfer der Weltgeschichte gewesen, und niemand darf sich wundern, wenn sie dann auch das Schicksal ihrer verlassenen Kinder in dieser Perspektive sehen. Seltsam anrührend und nicht ohne eine gewisse Naivität ist jedoch der Versuch von Koreanern, mit ihrer «Scham» dennoch umzugehen: Eine Gruppe von im Kindesalter nach Deutschland adoptierten Jugendlichen im Alter von heute 18–24 Jahren besuchte 1990 erstmals wieder ihr Herkunftsland. Die Koreaner, denen sie begegneten, schienen ihnen gegenüber ohne Verlegenheit – allerdings erfragten sie stets sogleich den koreanischen Geburtsnamen der Jugendlichen, und auch aus manchen anderen Begebenheiten war zu ersehen: sie betrachteten diese im Ausland großgewordenen jungen Leute weiterhin als Koreaner, so als wäre nichts gewesen. Sie schienen oftmals sogar zu erwarten, daß die Jugendlichen ihr Leben nun ganz selbstverständlich in Korea fortsetzten – was diese indessen doch ganz anders sahen!

Koreanische Vorbehalte gegen Auslandsadoptionen werden zusätzlich verständlich, wenn man bedenkt: *Familienübergreifende Adoptionen sind eine in Korea eher fremde Vorstellung.* Zwar hat es – wie in fast allen Kulturen – großfamilieninterne Annahme an Kindes Statt immer schon gegeben, vor allem, um die im konfuzianischen Denken bedeutsame Nachfolge des Familienoberhauptes sicherzustellen. Die Familien oder sogar nationale Grenzen überschreitende Adoptionen dagegen sind im Koreanischen Bürgerlichen Gesetzbuch zwar vorgesehen, werden allerdings eher beiläufig erwähnt und sind – wie große Teile dieses Gesetzbuches überhaupt – westlichen Rechtsvorstellungen schlicht nachgebildet. Die Herkunft von Rechtsvorstellungen ist aber in einem Land, in dem es Widerstand schon gegen die englische Beschriftung der U-Bahn-Stationen gab, nicht ohne Bedeutung. Es erscheint bis heute vielen Koreanern schlicht unverständlich und nicht nachvollziehbar, was Menschen dazu bewegen soll, sich fremde Kinder mit «fremdem Blut» ins Haus zu holen. Über solche Haltung die Nase rümpfen kann nur, wer vergessen hat, wie neu solche Vorstellungen letztlich auch noch für uns sind. Der Gedanke liegt nahe, daß der selbstverständliche Umgang mit familienübergreifenden Adoptionen mindestens *auch* Ausdruck einer bestimmten Produktionsform und gesellschaftlichen Organisation ist, zu der hin Korea zwar auf Grund seiner ökonomischen Entwicklung in den letzten Jahrzehnten auf dem Weg ist, aber doch noch einiges «nachzuholen» haben wird, wie immer man das bewertet.

Kann es also aus der Sicht der Koreaner im Grunde keinerlei positive Bewertung der Auslandsadoption geben, dann fragt sich allerdings, warum es überhaupt zu einer so großen Zahl von Adoptionsvermittlungen aus Korea gekommen ist und warum vor allem die koreanischen Regierungen der Vergangenheit das nicht verhindert haben. Zu nennen sind vor allem ökonomische Gründe: *Auslandsadoptionen haben entlastende Funktion.* Der wirtschaftliche Aufstieg Südkoreas verdankt sich einem exportorientierten Modell. In mehreren Fünfjahresplänen seit 1962 schuf das Land die Bedingungen für den Export von Produkten der Leicht-, später der Schwerindustrie, richtete Freihandelszonen ein als «Exportenklaven» und fächerte sein Exportangebot immer mehr auf, zu dem heute auch Autos, Fernsehgeräte, Computer und dergleichen gehören, vorher eher eine Domäne Japans. Eine steigende Abhängigkeit von Rohstoffeinfuhren, Devisen und Weltmarktmechanismen wurde in Kauf genommen, verfügte man doch über ein schier unerschöpfliches Reservoir an Arbeitskräften, deren Lohn allerdings – in Konkurrenz zu anderen «Billiglohnländern» – niedriggehalten werden mußte. Was lag aus einer bestimmten Sichtweise näher, als bald auch solche Arbeitskräfte zu exportieren? Allein in die Bundesrepublik kamen von 1965 bis 1974 (Anwerbestopp) 5774 Bergarbeiter und 9511 Krankenschwestern. Das senkte daheim die Arbeitslosenziffern und brachte durch das Geld, das den in Korea verbliebenen Familien geschickt wurde, dringend benötigte Devisen. Man wird die große Zahl der Adoptionen koreanischer Kinder in die USA und nach Europa nicht außerhalb dieses Zusammenhanges sehen können.

Die verschiedenen Regierungen der Vergangenheit haben durch die Lizenzierung von vier koreanischen Vermittlungsorganisationen den kriminellen Kinderhandel zwar weitgehend verhindern können, der anderen Ländern bis heute so viel zu schaffen macht. Durch geschickte Personalpolitik aber waren diese Organisationen fest unter staatlicher Kontrolle, so daß der «Kinderexport» mit staatlicher Duldung, ja Unterstützung stattfand. Auch er – das darf nicht übersehen werden – brachte ja Devisen. Vor allem aber entlastete er den Staat weitgehend von den Kosten, die eine geordnete und engagierte Sozialpolitik verursacht hätte. Denn nur diese hätte das Problem der verlassenen koreanischen Kinder durch Maßnahmen im eigenen Land in den Griff bekommen können. Aber das Geld wurde anderswo gebraucht.

Das ist ja das Dilemma des koreanischen Entwicklungsmodells und zugleich die Schattenseite des Landes überhaupt: Rohstoffknappheit, Devisenmangel und ungeheure Ausgaben für Rüstung und Militär verhindern eine geplante, wirksame, aber damit auch teure Sozialpolitik. Leidtragende sind die Kinder gewesen, für die sich erst jüngst und unter großen Opfern von privat Engagierten erste und zaghafte Möglichkeiten im eigenen Land eröffnen. Immerhin fiel dem Vorgänger des heutigen koreanischen Präsidenten auf, daß er bei seinen Staatsbesuchen im westlichen Ausland stets auf Kinder stieß, die in seinem eigenen Land geboren waren, und er äußerte seine feste Absicht, für Abhilfe zu sorgen. Nur war das nicht zukunftsweisender staatsmännischer Weitblick, sondern einerseits bauernschlauer Reflex auf das sich wandelnde Klima in der Öffentlichkeit seines Landes und andererseits die Sorge um den internationalen Ruf des jungen Industriestaates. Bei der Absicht ist es übrigens geblieben – auch unter seinem Nachfolger Young-Sam Kim.

Ein Blick über die Grenzen ist angebracht: Südkorea ist wahrscheinlich nicht untypisch. Was für Korea gilt, dürfte zwar anderswo auch anders gefärbt, aber nicht grundsätzlich verschieden sein. Denn auch auf den Philippinen, in Indien oder Kolumbien finden Auslandsadoptionen fast unter Ausschluß der Öffentlichkeit statt und verletzen den in diesen Ländern wohl auch nicht ganz unwichtigen Nationalstolz. Auch anderswo werden familienüberschreitende Adoptionen noch weitgehend als fremde Vorstellungen empfunden, die noch dazu aus Ländern kommen, denen gegenüber man im geschichtlichen Rückblick ganz gewiß nicht zu Dankbarkeit verpflichtet ist. Aber überall haben solche Adoptionen auch für den Staat und seinen Geldbeutel eine nicht unerhebliche entlastende Funktion – und das wird sie noch lange möglich machen.

Zumindest in Südkorea müssen bald keine «Adoptionsfahrten» mit Kindern und sie begleitender Sozialarbeiterinnen zum Flughafen Kimpo mehr stattfinden. Und selbst adoptionswillige Ehepaare in Deutschland sollten froh darüber sein, wenn dort künftig mehr und mehr inländische Vermittlungen zustande kommen. Ganz gewiß aber werden die koreanischen Sozialarbeiterinnen froh darüber sein – vorausgesetzt, sie finden eine andere Arbeit. Aufgaben für sie gibt es genug, nicht zuletzt die einer Dokumentation der zurückliegenden Auslandsadoptionspraxis ihres Landes, ihrer Begründungen, ihrer Abläufe, ihrer guten wie schlechten Seiten. Vielleicht finden wir ihre Namen bereits in der Adoptionsliteratur der nächsten Jahre.

X.

Adoption:
Ethische Perspektiven

Zur Geschichte und Ethik der Adoption

von Jean-Pierre Wils

Wenn im Titel von einer ‹Ethik der Adoption› die Rede ist, so bedarf diese Redeweise der Erläuterung. Sie impliziert keineswegs, daß es einfache ethische Standards gibt, die mehr oder weniger situationsübergreifend sind und dann auch noch lückenlos die Problematik erschöpfen und gleichsam ad acta legen lassen. Ohne die komplexe Geschichte der Adoption und ohne eine Analyse der psychologischen Faktoren und der sozialpolitischen Praktiken der Adoption wäre eine ethische Annäherung nicht nur abstrakt und schal, sondern geradezu gefährlich kontraproduktiv: Sie würde u. U. in bester Absicht, aber naiv, eine ‹Adoptionsstrategie› legitimieren, die sie für einen Ausdruck reinster humaner Gesinnung hält. Allerdings ist hier zugleich daran zu erinnern, daß der Versuch, möglichst viele Elemente im Rahmen der Adoptionsfrage zu berücksichtigen, ebensowenig beansprucht, *auf jeden einzelnen Fall* von Adoption zuzutreffen. Wir haben es hier vielmehr mit *Modellen* zu tun, die es uns erlauben, verhältnismäßig generelle, aber dennoch nicht abstrakte Urteile zu fällen.

Wenden wir uns in einem ersten Schritt der Geschichte der Adoption zu. Auf diesem Wege gelangen wir zu einer ersten *Situierung* unserer Fragestellung.

Eine historische Erinnerung

Bereits ein flüchtiger Blick in die Geschichte lehrt, daß die Adoption als *soziale Institution* ein universales Phänomen ist, das ein ganzes Bündel von Interessen und Bedürfnissen im Laufe seiner Geschichte zu befriedigen hatte. Kinderlosigkeit, die Suche nach einem Erben, machtpolitische Kalkulationen, soziale Fürsorge und das Wohl des betreffenden Kindes sind nur einige dieser Faktoren. Rechtshistorisch ist die Adoption gut bezeugt. Die Geburtsgeschichte des Akkaders Sargon I. (2350–2294 v. Chr.) stellt das älteste Zeugnis dar. Der ‹Codex Hammurabi› (1729–1686 v. Chr.) regelte bereits die Adoptionspraxis in Babylonien, Assyrien und Mesopotamien. Solons Gesetzgebung um 594 v. Chr. in Griechenland enthielt ebenfalls Bestimmungen und Sanktionen für die Adoption.

Die römische Gesellschaft kannte zwei Typen der Adoption: die *Arrogation* und die *Adoption*. Die Arrogation diente den Interessen desjenigen, der aufnahm, und zwar seinen politischen Interessen (dem Fortbestand der Agnatenfamilie mit allen materiellen und gesellschaftlichen Implikationen) und seinen religiösen Interessen (der Pflege des Ahnenkults). Der so Arrogierte erwarb in der Agnatenfamilie die vollen Rechte und Pflichten der übrigen Mitglieder. Die Arrogation war jedoch in hohem Maße der politischen Kontrolle des Gemeinwesens unterworfen: Sie war ohne pontifikale Untersuchungen und ohne die Zustimmung der Kuriatkomitien nicht möglich. Die Adoption dagegen setzte nur einen Vertrag zwischen dem Annehmenden und dem natürlichen Vater des Kindes voraus und erlaubte also – im Gegensatz zur Arrogation – die Annahme eines Minderjährigen. Die Adoption diente darum stärker der Schaffung von Nachkommenschaft, dort wo die Natur dies versagt hatte. Sie wurde deshalb «adoptio naturam imitatur» genannt. Seit Justinian (527–565) kannte das römische Recht einen doppelten Adoptionsstatus: Wurde ein Verwandter an Kindes Statt angenommen – die sogenannte «adoptio plena» –, trat die volle rechtliche Wirkung ein. Wenn das adoptierte Kind dagegen in keiner verwandtschaftlichen Beziehung zum Annehmenden stand, blieb es Mitglied seiner Herkunftsfamilie und besaß lediglich ein Erbrecht gegenüber dem Adoptivvater. Diese Form der Adoption hieß deshalb «adoptio minus plena». Die justinianische Rechtslage blieb, wie A. Hecker betont, die wichtigste Quelle auch für die modernen Rechtskonstruktionen (Hecker 1903, 22).

Während in den genannten Gesetzen eindeutig die Interessen des Annehmenden im Vordergrund standen, fand sich erstmals im ‹Großen Codex› des Alfons von Kastilien eine andere Ausrichtung: Das Wohl des Adoptierten wurde nun stärker akzentuiert, und zu diesem Zwecke wurden präzise Bedingungen angegeben. So mußte etwa aus einer Voruntersuchung klar hervorgehen, daß der Adoptierende uneigennützig handelte, so daß Mißbrauch ausgeschlossen werden konnte. Obwohl das Christentum der Adoption zunächst skeptisch gegenüberstand – sie war nicht ohne weiteres mit dem geschlossenen Familienbild vereinbar –, setzte sich das römische Recht weitgehend durch. Es gab allerdings auch signifikante Abweichungen: Das Freiburger Stadtrecht von 1520 hob die Unterscheidung der «adoptio plena» und der «adoptio minus plena» auf, erlaubte auch Frauen die Adoption und formulierte ethische Kriterien der Fürsorge: «gutes Gemüt», «Barmherzigkeit» und «Liebe zu den Kindern».

Insgesamt aber zeichnete sich eine deutliche Tendenz zur Vereinheitlichung des Rechtsinstituts der Adoption ab. Die römischen Unterscheidungen verloren im Lauf der Zeit ihre Funktion, nachdem sich immer deutlicher das Eltern-Kind-Verhältnis bzw. die staatliche Kontrolle zum Schutz des Kindes in den Vordergrund schob. Das ‹Bürgerliche Gesetzbuch für das Deutsche Reich› von 1896 trug dieser Entwicklung bereits Rechnung.

Ohne daß wir in diesem Zusammenhang bei Einzelheiten verweilen können, sei doch hervorgehoben, daß von nun an die Adoption als Fürsorgemaßnahme sich auch rechtlich etabliert hatte. «Der Adoption, die seit alters her an den Interessen kinderloser Ehepaare oder Einzelpersonen ausgerichtet war, einen Erben für Besitz und Namen zu gewinnen, wurde mit Übernahme in das Bürgerliche Gesetzbuch zusätzlich zu der Interessen- auch eine Schutzfunktion zugewiesen. Sie sollte durch Eingliederung in eine neue Familie Versorgung und Erziehung alleinstehender Kinder dauerhaft sichern. Das Interessenprinzip... wurde im Zuge gesetzlicher Neuregelungen mehr und mehr von dem Schutzprinzip verdrängt» (Napp-Peters 1978, 35).

Erst durch das «Gesetz über die Vermittlung der Annahme an Kindes Statt» aus dem Jahre 1939 wurde die Adoptionsvermittlung gesetzlich festgelegt: Im Hintergrund standen die ‹Rassengrundsätze› der Nazis, wodurch staatlich sanktionierte Vermittlungsämter erforderlich wurden, damit durch die Adoption keiner «Verschleierung der nichtarischen Abkunft» (Boschan 1937, 59) Vorschub geleistet werden konnte.

Das geänderte Adoptionsrecht aus dem Jahre 1977 sanktionierte die volle rechtliche Gleichstellung von natürlichen und adoptierten Kindern. Die Leitidee der Adoption in diesem Gesetz stellt der Gedanke der Kindesfürsorge dar: Nicht-eheliche, abgelehnte und von den leiblichen Eltern verlassene Kinder sollten möglichst frühzeitig in einer neuen Familie Aufnahme finden.

Das Rechtsinstitut der Adoption ist demnach seit geraumer Zeit ein komplexes Gebilde, mit präzisen Angaben über Kontrollorgane, Sanktionen und Kodifizierungen. Dennoch zeigte sich, daß zusätzliche Bestimmungen notwendig wurden. Die sogenannte «Ersatzmutterschaft» als Folgeerscheinung der In-Vitro-Fertilisation und der erschreckende Mißbrauch der Adoption im internationalen Kinderhandel veranlaßten eine Erweiterung des Adoptionsvermittlungsgesetzes mit zusätzlichen Verboten und Sanktionen, die am 1.12.1989 in Kraft trat.

Dieser kurze rechtshistorische Überblick vermag einen – wenn auch nur flüchtigen – Eindruck zu vermitteln, wie im Bereich der rechtlichen Normierung gesellschaftliche und kulturelle Transformationen sanktioniert wurden. Die wirtschaftlichen Ursachen, die zu Umbrüchen in der Sozialpolitik führten, weil sie das Gefüge der Familie auf Dauer änderten, sind dadurch allerdings noch lange nicht erfaßt.

Die ökonomische und soziale Dimension

Die Adoptionsgesetzgebung nämlich beantwortet keine epochenübergreifenden und konstanten Probleme, sondern ist ihrerseits ein Reflex mancher Veränderungen. Der determinierende Kontext der Adoptionsfrage wird nicht durch die moralische Attitüde, sich der verlassenen und unehelichen Kinder anzunehmen, bestimmt; die moralischen Einstellungen sind vielmehr, wenn auch nicht im Sinne einer schlichten Determination, Ausdruck der «Geschichte der Armut». Es wäre keineswegs vermessen zu behaupten, dies hätte sich bis heute nicht wesentlich verändert. In seiner gleichnamigen ‹Geschichte der Armut› hat der polnische Historiker Bronislaw Geremek einen Prozeß beschrieben, woran auch die Adoptionsgesetzgebung partizipiert. Bis zum 16. Jahrhundert nämlich wurde die Armut keineswegs als ein zu beseitigendes Übel betrachtet, sie hatte vielmehr einen wohldefinierten Ort im sozialen und religiösen Gefüge der Gesellschaft. Armut hatte ritualisierten und quasi-professionalisierten Charakter: Diese für uns ungewöhnliche Vorstellung dokumentieren

etwa die Predigten des Pisaner Dominikaners *Giordano da Rivolto*
(1260–1311), worin das Almosen ausdrücklich als ein Tausch- und
Vertragsverhältnis bezeichnet wird. «Im Austausch für diesseitige
Güter bietet der Bettler seinem Wohltäter das Gebet an, und er ist
verpflichtet, den Vertrag einzuhalten» (Geremek 1988, 63). Erst die
Pauperisierungswellen, die seit dem 16. Jahrhundert Europa heimsu-
chen, verändern diese Auffassung: Die Armut taucht nun gewissermaßen unkontrolliert auf, sie wird ein Massenphänomen. Zwei Strategien versuchen, dieser Entwicklung Einhalt zu gebieten. Auf der
einen Seite wird die Armut *moralisiert* und mit den Epidemien in Verbindung gebracht: Armut wird zum Stigma. Auf der anderen Seite
sind die Behörden zu einer *Politik der Wohltätigkeit* gezwungen, weil
die massive Pauperisierung die Staatsräson gefährdet. Die Wohltätigkeit wird nun durchorganisiert und nicht länger als Ausfluß einer
sozial-religiösen Konvention betrachtet. Erst jetzt entstehen Gefäng-
nisse für die Armen, wo diese mittels einer strengen *Pädagogik der
Arbeit* dazu gebracht werden, sich den wirtschaftlichen Erfordernis-
sen des gesellschaftlichen Lebens anzupassen. Anneke Napp-Peters
bestätigt in ihrem historischen Abriß der Adoption diese Sicht der
Dinge. Im Mittelalter scheint die Findel- und Waisenpflege ein Teil
des allgemeinen Umgangs mit der Armut gewesen zu sein: «Von
einem eigentlichen Erziehungsziel in der Fürsorge für Findel- und
Waisenkinder kann für das Mittelalter noch nicht die Rede sein.
Ebenso wie für alle anderen Gruppen von Hilfsbedürftigen strebte
man auch für die Kinder allein ihre Versorgung an. Es erscheint ausreichend, sie zum Almosenheischen anzuhalten, damit sie so zu ihrem
Lebensunterhalt beitrugen» (a.a.O. 17). Auch dies ändert sich ab
dem 16. Jahrhundert: In den nun entstehenden Waisenhäusern werden die Kinder förmlich interniert und einer Strategie der Zwangs-
erziehung unterworfen.

Napp-Peters nennt diese Anstalten deshalb ein «Mittel merkanti-
listischer Wirtschaftspolitik» (vgl. Foucault 1976). Diese Form der
faktischen und moralischen Internierung hatte gesellschaftlich betrachtet eine desintegrierende Wirkung: Die Armut wird abgespalten
und verwaltet. Erst die Hamburger Reform des Armenwesens von
1788 hat unter dem Druck der Folgen der katastrophalen hygieni-
schen und gesundheitsgefährdenden Zustände in den Anstalten dieser Form der Verwaltung des Elends ein Ende gesetzt. Die Zöglinge

wurden nun verstärkt in Pflegefamilien untergebracht – nicht zuletzt aus Kostenersparnisgründen –, aber auch der Situation der unverheirateten Mütter und ihrer Kinder wurde zunehmend Aufmerksamkeit zuteil. Die Adoptionsvermittlung mußte infolgedessen immer stärker professionalisiert werden. So zeigt sich, daß Adoption immer im Knotenpunkt verschiedener gesellschaftlicher Faktoren stand: Sie gehörte (und gehört) zur Strategie der Verwaltung der Armut und deren Folgewirkungen. Ebenso wie das ‹Kind› als eine Lebensalter-Kategorie ein epochenspezifisches Konstrukt ist (vgl. Ariès 1978, de Mause 1974 u. Giesecke 1985), spiegelt die Adoption die Geschichte der Kindheit und ihrer spezifischen Erscheinungsformen wider. Auf diesem Hintergrund mutet die schlichte Moralisierung des Adoptionsproblems als eine Verharmlosung an. Adoption ist eine komplexe Problemlösungsstrategie, wobei die Bedürfnisse der Beteiligten – der Abgebenden, der Annehmenden, des Kindes und der Vermittlungsinstanzen – nicht ohne weiteres zu harmonisieren sind. Im Gegenteil, Adoption als Institution setzt die Asymmetrie der Bedürfnisse und Interessen geradezu voraus: die Asymmetrie zwischen der biologischen Infertilität der einen und der Fertilität der anderen, zwischen Verlassenen und Geborgenen, zwischen Besitzlosen und Vermögenden, zwischen Stigmatisierten und Normalisierten, zwischen Fürsorge und Kriminalität etc.

Bevor wir uns einer ‹Ethik der Adoption› zuwenden, muß also die Funktion einer solchen Ethik bedacht werden. In der Tat haben uns etliche französische Studien – sowohl solche aus der Schule der ‹Annales›, die sich der Geschichte der Mentalitäten widmen (Braudell, Duby, Bloch), als auch solche aus den eher strukturalistisch beeinflußten Richtungen (Foucault, Donzelot) – gelehrt, daß ethische Maximen zwar nicht auf ihren gesellschaftlichen Ort *reduziert* werden können, aber dennoch in hohem Maße durch ihre lebensweltliche und politisch-strategische Funktion zumindest prädeterminiert werden. In unserem Zusammenhang ist die Studie von Jacques Donzelot über ‹Die Ordnung der Familie› nicht ohne Relevanz (Donzelot 1980). Donzelot hat dort die Funktion der Sozialarbeit im Rahmen der Humanitätsdiskussion im Frankreich des 18. und 19. Jahrhunderts untersucht. Vor allem die Beziehung zwischen der ‹ethischen› Propagierung der ‹Philanthropie›, also der ‹Menschenfreundlichkeit›, und den sozialökonomischen Faktoren wird hier näher unter die Lupe genommen. Die traditionellen Familienstrukturen des 18. Jahrhunderts mitsamt ihren Verwandtschaftsbeziehungen, Solidarnetzen und regional lokalisierten Wirtschaftszentren werden durch die frühmerkantilistischen Umwälzungen erschüttert. Ein Anstieg des Pauperismus, aber auch der Kriminalität infolge der Auflösung der herkömmlichen Lebensformen führte zu einer – wie wir bereits erwähnten – exzessiven Internierung. Donzelot beantwortet die Frage, wie nun die intakte Familie als kleinste Einheit des Wirtschaftsprozesses erhalten werden könne, damit die Bedürfniskalkulation der Ökonomie durchführbar sei, mit dem Hinweis auf die ‹Philanthropie›. Die Wohltätigkeitsvereine, die nun entstehen und sich um die Fürsorge bemühen, sind, so Donzelot, «eine Sittenpolizei der Gemeinde. Darum muß dem Hilfeersuchen (des Verarmten: J.-P. Wils) ein vom Pfarrer unterzeichneter Beichtzettel beigefügt sein. Im Zuge der Ermittlungen des Vereins befragt man die Eltern über Dinge der Religion, prüft, ob sie regelmäßig zur Messe gehen und ihre Kinder zur Armenschule und zum Katechismusunterricht schicken, und erkundigt sich bei den Nachbarn über ihre Frömmigkeit und ihre Sitten. Kurz, es handelt sich um eine Prüfung der äußeren Anzeichen von Moral und Ehrbarkeit, die sich nicht um die wirklichen Bedürfnisse schert» (a. a. O. 73). Die (moralische) Erziehung (vor allem zur Sparsamkeit) soll jene Maßnahme überflüssig machen, die bei deren Versagen eingreift: die Vormundschaft. Die Fürsorge hat also, so Donzelot, die realen Faktoren – Pauperismus und Kriminalität als Folgen ökonomischer Veränderungen – zugunsten einer Moralisierung ausgeblendet. Hygienisch-medizinische Ratschläge und moralische ‹Aufrüstung› privatisieren die Not und das Elend. Der Sozialarbeiter tritt als Träger einer Normalisierungsstrategie auf den Plan, die das Problem des Pauperismus gewissermaßen entstaatlicht und dafür die Justiz, die Psychiatrie und die Pägagogik an die Verhältnisse heranträgt.

Nun hat aber bereits Ende der siebziger Jahre Anneke Napp-Peters den Vorwurf erhoben, daß «der Sozialarbeit wenig daran gelegen ist, einem Kind das Aufwachsen bei seiner alleinstehenden Mutter zu ermöglichen, wo viele adoptionsbereite Ehepaare sich vergeblich um ein Kind bewerben», und «die zunehmend restriktiver werdende Haltung der Sozialarbeit gegenüber alleinstehenden Müttern» beklagt (a. a. O. 89 f). In welchem Umfang dieser Vorwurf heute noch zutrifft, vermag ich nicht zu überprüfen. Zumindest wird er indirekt bestätigt in jener Literatur, die sich mit den Geschicken der abgebenden Mütter befaßt. Der Kern des Arguments bezieht sich jedoch auf das ‹Individualisierungsprinzip› als Leitfaden der Sozialarbeit, womit die «grundsätzliche Eigenverantwortlichkeit des Klienten» (a.a.O. 88) unterstellt wird. Nun ist es zwar richtig, eine solche Eigenverantwortlichkeit *grundsätzlich* zu unterstellen, und zwar sowohl auf seiten der Abgebenden als auch auf seiten des Aufnehmenden. Ansonsten wären Zwangsmaßnahmen gegenüber Abgebenden Tür und Tor geöffnet und müßten den Aufnehmenden grundsätzlich niedere Beweggründe unterstellt werden.

Dennoch ist die Individualisierung mitsamt der Kategorie der Eigenverantwortung eine problematische Abstraktion, denn sie läuft Gefahr, von den vielfältigen gesellschaftlichen Faktoren abzulenken.

Im Bereich der Adoption etwa neigt sie dazu, die Motivforschung bei den beteiligten Personen überzubetonen und die strukturellen Faktoren zu vernachlässigen. Gerade die verheerenden Praktiken des internationalen Kinderhandels, die Schicksale und die psychologischen und sozialen Biographien der abgebenden Mütter haben in letzter Zeit jedoch dazu geführt, daß der Blickwinkel erweitert wurde.

Das Kind als Kompensation

Bekanntlich wird die Zahl der für die Adoption zur Verfügung stehenden Kinder immer kleiner und wächst die Zahl der Interessenten. Diese Disproportion hat zur Folge, daß immer stärker auf die Länder der Dritten Welt gleichsam als Kinder-Ressource zurückgegriffen wird, um den ‹Bedarf› in Nordamerika und Europa zu decken. Diese ökonomischen Begriffe sind hier keineswegs fehl am Platz, denn es handelt sich in der Tat um eine Ökonomisierung der Adoption. Aber wie läßt sich dieser ‹Bedarf› erklären? Werden die Länder der Ersten Welt gleichsam überrollt von einer Welle der Verantwortung und der Hilfsbereitschaft? Versuchen wir unser schlechtes Gewissen angesichts der Armut und des Hungers in der südlichen Hemisphäre dadurch zu beruhigen, daß wir uns der Kinder dieses Erdteils in fürsorgender Absicht annehmen?

Auch wenn man nicht in jedem einzelnen Fall eine solche Verantwortungshaltung bestreiten kann und auch die steigende Infertilität dazu beiträgt, daß solche Disproportionen entstehen, wäre diese Sicht gleichsam kurzsichtig. *Vielmehr versucht die technokratisch verfaßte Gesellschaft, so meine These, ihre nicht technomorph zu befriedigenden Bedürfnisse in dem Spiegelbild einer natürlichen Beziehung zum Kinde zu kompensieren.*

Bereits in etwas älteren soziologischen Studien findet man die Redeweise von einem zunehmenden «Puerilismus der Gesamtkultur» (Tenbruck 1962, 49; vgl. Giesecke 1985). Die Diagnose der ‹Verkindlichung› des globalen Erscheinungsbildes moderner Kulturen kritisiert deren Tendenz, einen nicht unwesentlichen Teil ihrer Probleme zu psychologisieren und sie — anstelle des klassischen Verantwortungstheorems — der Therapeutik zu überlassen. Diese Intimisierung von Lebenskrisen (vgl. Sennet 1983), d. h. die Neigung, strukturelle Probleme vor allem zu individualisieren (vgl. Beck 1986), orientiert sich an Leitbildern von Beziehungsharmonien und privatem Glück auch dort noch, wo politische Problemlösungskonzepte nötig wären.

Diese Privatisierungstendenz kreist um den engen Raum der Beziehung und der Familie und droht diesen doch zu verfehlen, weil der Entwurf des privaten Glücks schon längst kein solcher mehr ist: Individualität ist in modernen Gesellschaften in einem hohen Maße standardisiert und typisiert. Die ‹Verkindlichung› ist gewissermaßen eine Metapher für die Bereitschaft, überall dort pädagogische und therapeutische Konzepte zu favorisieren, wo in Wirklichkeit soziale Vorkehrungen und Entlastungen geschaffen werden müßten. Das ‹Kind› wird dann seinerseits zu einer faszinierenden Metapher für die Lösung etwa familiärer Probleme, aber auch für die Kehrseite einer Gesellschaft, die soziale Kommunikation immer stärker mediatisiert und technisiert. Das ‹Kind› fungiert dabei als die Verheißung der erfüllenden Unmittelbarkeit wenigstens *einer* Beziehung. In ihm kompensiert diese Gesellschaft ihre menschlichen Sinndefizite, indem sie etwa den Vorgang der Geburt quasi remythisiert. Das ‹Kind› metaphorisiert das Glücksversprechen, das die Gesellschaft nicht einlösen kann. Die Beschaffung eines Kindes wird zum Traum(a), weil ohne dieses die Basis für das sinnerfüllte Leben zu fehlen scheint. Und doch muß dieser Versuch scheitern. Denn das Kind ist kein Erfüllungsgehilfe, weder zur Lösung privater noch zur Kompensation gesellschaftlicher Defizite.

Die Adoption hat aber in den letzten Jahren immer deutlicher diesen Charakter bekommen. Vor allem die Auslandsadoption vermittelt, davon war in diesem Buch schon öfter die Rede, den Eindruck, zu einem bedenklichen Instrument der Kindesbeschaffung geworden zu sein.

Wenn man also zu einer ethischen Einschätzung der Adoption kommen möchte, sind solche kulturellen Elemente zu berücksichtigen, denn sie konstituieren den Kontext der ethischen Urteilsfindung. Solche Rahmenbedingungen tragen dazu bei, daß die ethischen Urteile ein plausibles Maß an Unbeliebigkeit bekommen, sogar dort noch, wo sie empirische Erkenntnisse mit spekulativ angelegten, kulturphilosophischen Thesen verbinden. Dies ist allerdings in keiner Weise neu, denn auch die religiösen Deutungen der Armut z. B. haben handfeste Probleme der mittelalterlichen Gesellschaft mit spekulativen theologischen Ansichten verknüpft. Kulturelle Überzeugungen und Ideen prägen die Alltagspraxis keineswegs weniger als ökonomische und soziale Faktoren. Die Adoptionspraktiken sind also in einem Bündel von Determinanten anzusiedeln, das Infertilität und Kinderlosigkeit, soziale Stigmatisierung und Diskriminierung von Frauen, die Not von Kindern ohne familiäre oder familienähnliche Lebensformen, Vermittlungspraktiken und -mißbräuche, aber auch gesellschaftliche Ideologien und Kompensationen enthält.

Im Horizont eines solchen Spektrums von Gesichtspunkten hat sich eine ethische Betrachtung zuallererst den primär Betroffenen zuzuwenden. Dies sind aber nicht die Kinder, sondern die abgebenden Mütter.

Die abgebenden Mütter

Noch bis vor nicht allzu langer Zeit konnte man den Eindruck gewinnen, daß die Adoption gewissermaßen mit dem Kind erst anfing. Im Schatten des ganzen Verfahrens standen die abgebenden Mütter. Erst im Zuge der ‹Hamburger Reform des Armenwesens von 1788› wurde die Aufmerksamkeit stärker auf die (in der Regel) unverheirateten Mütter gelenkt. Bis heute läßt sich die Diskriminierung und moralische Verdächtigung nicht übersehen, die unverheiratete Mütter oft erleben müssen, wobei erst recht die *abgebenden* Mütter unter ihnen mit diesen Vorurteilen konfrontiert werden. Bereits in der Terminologie läßt sich diese Ausblendung der abgebenden Mütter beobachten. So spricht M. Bohman immer dort, wo die leibliche Mutter vorkommt, von dem «biologischen Hintergrund» (Bohman 1980, 86 ff). Solche Sprachregelungen degradieren diese Frauen zur bloßen Hintergrundstruktur von Adoptivverfahren. Wie selten die sogenannte ‹Freigabe› des Kindes eine wirkliche *Frei*-gabe ist bzw. wie oft Mütter das Opfer einer Lebenslage werden, die sie dazu *zwingt*, ihr Kind abzugeben, muß zuallererst ins Bewußtsein gerufen werden. Gegen die Alternative, statt einer Abtreibung das Kind zur Adoption abzugeben, führt Ch. Swientek zu Recht ins Feld, daß «eine schwangere Frau, die ihr Kind nicht haben möchte und nicht haben *kann*, auch keine Schwangerschaft möchte» (Swientek 1982, 28). Es wäre zu kurz gegriffen, die ungewollte Schwangerschaft bloß zu moralisieren oder umgekehrt zu beklagen, daß dies alles durch gezielte Aufklärung zu vermeiden gewesen wäre. Die Studien, die sich mit den Geschicken der abgebenden Mütter befassen, machen in überzeugender Weise deutlich, wie wenig freiwillig die Adoptionsfreigabe in den meisten Fällen ist und wie selten auf seiten der Mütter eine *wirkliche* Einwilligung vorliegt (Swientek 1982 u. 1986 sowie im vorliegenden Buch Kap. V. 1). Die amerikanische Studie von Betty R. Mandell ‹Where are the children?› zeigt, daß nicht selten die Funktion von Sozialarbeitern und Wohlfahrtsinstitutionen darin besteht, «to provide babies for childless couples» (Mandell 1973, 78).

Auch wenn man diesen Vorwurf nicht ohne weiteres generalisieren sollte, mahnt er doch zur Vorsicht bei der These, die abgebenden Mütter hätten grundsätzlich eine zutiefst gestörte Beziehung zu ihrem Kinde, die es ihnen leichtmacht, sich von diesem zu trennen. Es gibt inzwischen genügend Hinweise darauf, daß der Verlust eines leiblichen Kindes, auch dort, wo die Freigabe scheinbar gewollt und sogar intendiert war, selten wirklich verwunden werden kann. Dieser Verlust sei, so eine Mutter, «eine Wunde, die nie vernarbt» (Swientek 1986, 373). Müßten aber solche Verletzungen erst wirklich entstehen? Abgebende Mütter und ihre Kinder sind das Opfer nicht nur der Folgen einer moralischen und familiären Diskrimierung oder der Auswirkungen der Verantwortungslosigkeit der Väter dieser Kinder, sondern mindestens genauso Opfer der Auswirkungen einer strukturell bedingten Diskriminierung seitens der Gesellschaft, in der sie sich zurechtfinden müssen. Das Leitbild dieser Gesellschaft – «Jugend»/

«Gesundheit» – umfaßt nur ein schmales Spektrum der Lebensalter und der Fähigkeiten ihrer Mitglieder. Dagegen entsteht ein immer deutlicher sich manifestierender Schatten, d. h. eine sich ausdehnende Grauzone, die jene erfaßt, die aufgrund von Krankheit oder Behinderung oder aufgrund *ihres Alters* diesen Ansprüchen und Anforderungen nicht entsprechen können. Gerade die Situation von Kleinkindern und ihren Müttern in der BRD verdeutlicht in erschreckender Weise diese Ausgliederungstendenzen.

Wenn in einem – weiterhin – reichen Land wie der BRD nicht einmal garantiert werden kann, daß für Kinder ab dem dritten Lebensjahr ein Kindergartenplatz zur Verfügung steht, wird die aufwendige Propagierung der Frauenförderung zur Farce für die Betroffenen. Gerade die schwächsten Mitglieder der Gesellschaft werden buchstäblich zerrieben zwischen Anforderungen und Notwendigkeiten, die nicht kompatibel sind. Während nämlich auf der einen Seite die wirtschaftliche Maxime gilt, Mobilität und Entscheidungsfreudigkeit im Interesse eines beruflichen Weiterkommens zu praktizieren, fehlen die einfachsten Entlastungsmöglichkeiten und Pufferzonen, die dies strukturell ermöglichen könnten. So werden die gesellschaftlich und sozial verursachten Spannungen in eine Familienstruktur hineingetragen, welche auf sie in keinerlei Weise vorbereitet ist und über keine Mechanismen verfügen *kann*, sie zu verarbeiten. Der Versuch, diese widerstrebenden Interessen im Nahbereich der Beziehung oder der Kleinfamilie zur Konvergenz zu bringen, führt zu einer ständigen psychischen Überforderung der Beteiligten. Die Opfer dieser Konflikte sind nicht selten die Kinder und ihre Mütter. Dort, wo nicht einmal eine sie tragende Beziehung oder eine halbwegs funktionierende Familienstruktur vorliegt, sind psychische *und* physische Schädigungen oftmals vorprogrammiert. Solange das Kindesalter zur Kompensationsfläche und zum metaphorischen Projektionshorizont einer Gesellschaft verkommt, die gerade die Qualitäten des Kindesalters – wie etwa die Langsamkeit, die Anfälligkeit der Sensibilität und die Verwiesenheit auf verbindliche solidarische Lebensformen – buchstäblich nicht gebrauchen kann und infolgedessen kein Interesse zeigt, das soziale Umfeld des Kindes mittels einer entsprechenden Infra- und Sozialstruktur zu bestellen, wird der Leidensdruck auf die Kinder und ihre Mütter, gerade dort, wo für sie nicht mal die einfachsten sozialen Lebensmuster als Fangnetz existieren, nicht abnehmen. In diesem

Sinne kann man von der strukturell *erzwungenen* Frei-gabe der Kinder zur Adoption sprechen. Im Schicksal der abgebenden Mütter und
der abgegebenen Kinder zeigt sich nicht ein Randphänomen, sondern
verdichtet sich geradezu der Umgang unserer Kultur mit jenen Menschen, die ihren Normen nicht entsprechen können (oder wollen).

Die kommerzielle Aushöhlung der Adoption

Die Alibifunktion des Kindes, wie wir sie erläutert haben, hat allerdings noch einen weiteren hohen Preis. Die Permanenz, mit der dieses
Alibi im öffentlichen Bewußtsein wachgehalten und werbewirksam
am Leben gehalten wird, hat zur Folge, daß mit allen Mitteln versucht
wird, den Kinderwunsch zu realisieren. Die In-vitro-Fertilisation und
die zunehmende Auslandsadoption werden durch diese Wunschvor-
stellungen stimuliert. Gerade die Auslandsadoption aber hat sich zu
einem erschreckenden, wirtschaftlich allerdings einträglichen Mittel
der Kindesbeschaffung entwickelt. Die Kommerzialisierung der Auslandsadoption muß in einem Zuge mit der erneuten Kolonialisierung
der Dritten Welt durch Sex-Tourismus und Heiratshandel betrachtet
werden. Die zahlreichen Studien zu diesem Problem lassen keinen
Zweifel darüber aufkommen, daß strenge Bestimmungen hier dringend benötigt werden und daß Zuwiderhandeln gegen sie zu Recht
als Straftatbestand geahndet wird. In diesem Zusammenhang muß
die kommerzielle und private Adoptionsvermittlung generell verboten werden. Nach allem, was wir über sie wissen, verstoßen die Praktiken gegen die Menschenwürde. Der 1988 vorgelegte Forderungska-
talog von terre des hommes kann auf diesem Hintergrund als eine
Ausgangsbasis der Diskussion zur Beseitigung solcher und ähnlicher
Praktiken betrachtet werden (vgl. tdh 1989, bes. 7–16).

Das adoptierte Kind

An dieser Stelle ist noch einmal auf die zur Adoption freigegebenen
Kinder zurückzukommen. Sie – und dies ist für die ethische Reflexion
nicht unwichtig – leben – zumindest solange die leibliche Mutter unbekannt ist – mit einer «Lücke im Identitätsbewußtsein» (Sorosky).
Auch wenn in vielen Fällen aufgrund des Umgangs der Adoptivfamilie mit der Frage nach der biologischen Identität des Kindes diese

‹Lücke› nicht zur ständigen Infragestellung der eigenen Identität wird, liegt hierin für viele Kinder (und Heranwachsende) eine Quelle ständiger Verunsicherung. In etlichen Biographien von Adoptivkindern «manifestiert sich in aller Deutlichkeit die besondere Relevanz, welche die Adoptierten der *leiblichen Dimension* der *Eltern-Kind-Beziehung* beimessen. ‹Leibliches Kind-sein-von› verleihe der Eltern-Kind-Beziehung eine gewisse Sicherheit und Risikofreiheit. Die Adoptierten dagegen erleben sich in einem eher gefährdeten Eltern-Kind-Verhältnis, in einer Beziehung, die von vornherein in Frage steht, ja sogar scheitern kann» (Ebertz 1987, 70; Hoffmann-Riem [3] 1989).

Von der identitätspsychologischen Seite her enthält der Status des Adoptivkindes ein Potential an Identitätsstörungen – und dies aus Gründen der immanenten Verfaßtheit seiner Situation –, die im Normalfall nicht auftreten. Die Undurchsichtigkeit der genealogischen Zugehörigkeit führt offensichtlich einen Unsicherheitsfaktor in die Konstruktion der eigenen Identität ein, der das betreffende Kind bzw. den betreffenden Heranwachsenden unter erhöhten Leistungsdruck stellt und die Verdachtsmomente gegen die eigene Person bei familiären Spannungen und Konflikten potenziert. Es existieren in diesem Kontext bereits vergleichende Studien über die Konstruktion von Identität bei Adoptivkindern und Kindern, die sich einer künstlichen Befruchtung ‹verdanken› (Gouldner 1967, 13–19). Hieraus lassen sich vorsichtige Schlußfolgerungen ziehen im Hinblick auf Kinder, die aufgrund der ‹Segnungen› der In-vitro-Fertilisation ihre Genealogie z. B. unter zwei Müttern und zwei Vätern aufspalten müssen und mit einem extrem parzellierten Identitätsbewußtsein zu leben gezwungen sind.

Selbstverständlich bleibt es eine ethische Abwägung, die mit unkalkulierbaren Wahrscheinlichkeiten rechnen muß, ob die Identitätsfindung eines *bestimmten* Kindes bei der biologischen Mutter bzw. dem biologischen Vater risikoärmer gewesen wäre als bei der mit besten Absichten operierenden Adoptivfamilie. In der Regel jedoch muß die gegenseitige Verwiesenheit von biologischer Herkunft im Sinne eines unbeliebigen, verläßlichen Musters der Genealogie einerseits und der Schaffung des Bewußtseins der eigenen Identität andererseits als folgenschwer eingeschätzt werden. Diese Schlußfolgerung, die sich immerhin empirischen Untersuchungen verdankt und nicht ausschließ-

lich auf spekulativen Vermutungen beruht, mahnt zu der Konsequenz, daß Adoption in jedem einzelnen Fall bei den Beteiligten ein
hohes Maß an Verantwortung für das Kind voraussetzt. Die Forderung, daß Adoption eine Ausnahme bleiben muß (und nicht etwa der
Identitätsfindung der Adoptiveltern dienen kann), impliziert an erster Stelle, daß die Faktoren, die eine Abgabe des Kindes zu erzwingen
scheinen, dahingehend abzustellen sind, daß finanzielle und soziale
Vorkehrungen und Einrichtungen geschaffen werden müssen, die
Adoptionen tendenziell überflüssig machen.

Abgebende Mütter und adoptierte Kinder dürfen nicht zum Opfer
des Alibis einer Gesellschaft werden, worin das ‹Kind› quasi-mythi-
siert wird, ohne daß diese Gesellschaft auch nur die elementarsten
Mittel zur Verfügung stellt, die Kinder und insbesondere deren Mütter davor zu bewahren, den hohen Preis für diese Projektion bezahlen
zu müssen.

Nachwort

Nicht vermittelbar?
Auch ältere und behinderte Kinder
brauchen Eltern...

von Bernd Wacker

Wer wie die Autorinnen und Autoren des vorliegenden Bandes der offensichtlich zunehmenden Bereitschaft deutscher Bewerber, ein Kind aus der sog. Dritten Welt oder aus Ost- bzw. Südosteuropa zu adoptieren, mehr oder minder skeptisch gegenübersteht und dementsprechend jede Adoptionsentscheidung in aller Gründlichkeit zu bedenken nahelegt, gerät nur allzu schnell in den Verdacht, letztendlich der in diesem unserem Lande vor nichts mehr zurückschreckenden Feindlichkeit gegenüber dem «unbrauchbaren» Fremden, dem unerwünschten Anderen in die Hände zu arbeiten, wenn nicht gar einem vornehmen Rassismus das Wort zu reden. Denn paßt das nicht alles irgendwie zusammen: Verschärfung der Ausländergesetzgebung, Abschaffung des bisherigen bundesrepublikanischen Asylrechts, Infragestellung der Auslandsadoption...? Wird nicht auch damit die große Hoffnung auf die Menschenmöglichkeit einer multikulturellen Gesellschaft verraten?

Die hinter solchen Vermutungen steckenden Vor-Urteile hätten eine eigene, hier nicht zu leistende Auseinandersetzung verdient. Doch dürfte auch so deutlich sein: Mit der seit geraumer Zeit und in vielerlei Varianten auftretenden neuvölkischen Beschwörung deutscher Identität hat das vorliegende Buch nichts zu schaffen. Gemäß Artikel 21 a des UN-*Übereinkommens über die Rechte des Kindes* vom 20. November 1989, in dem der Betreuung des Kindes in seinem Heimatland ausdrücklich Priorität eingeräumt wird, plädiert es entschieden für das Recht verlassener Kinder auf Nahrung, Erziehung und Familie im Staat ihrer Geburt; es tut dies aber im Wissen darum, daß die Realisierung dieses Rechtes noch kaum vorstellbarer Anstrengungen bedarf, daß Auslandsadoptionen also auch in absehbarer Zukunft immer noch unumgänglich sein werden. Solange die

Auslandsadoption aber – überprüfbar – die letzte Chance eines verlassenen Kindes auf Zuwendung und Pflege in einer Familie darstellt, ist sie ohne jede Einschränkung zu bejahen.

Angesichts des nicht nur hierzulande beinahe ausschließlich und gleichsam reflexhaft auf einen gesunden Säugling gerichteten Adoptionsinteresses sei hier noch einmal (vgl. Kap. II, S. 57–60) an die große Gruppe jener verlassenen Kinder erinnert, die man in der beinahe zynischen Sprache der Hoffnungslosigkeit einmal als «Adoptionsschrott»[1] bezeichnet hat. Denn während es nicht schwer ist, Adoptiveltern für gesunde Säuglinge und Kleinkinder zu finden und die entsprechenden Bewerberlisten und Wartezeiten der Jugendämter und Vermittlungsorganisationen lang und länger werden, ist das Schicksal dieser «special needs children» oft selbst bei den für sie verantwortlichen Stellen kaum im Blick. Sie gehören zu jenen beinahe vergessenen Minderheiten, die sich nicht selber Wort und Stimme verschaffen können und deshalb dringend auf eine Lobby angewiesen sind.

Auch im Blick auf verlassene ältere und behinderte Kinder ist freilich zunächst und in jedem Einzelfall zu prüfen, ob nicht auch für sie in ihrem Geburtsland eine Alternative zu Heimaufenthalt auf der einen und zur Auslandsadoption auf der anderen Seite zu finden ist. Daß die Suche danach bzw. der Einsatz für die Entwicklung und Förderung solcher Alternativen (zu denken wäre etwa an das Gruppen-Modell der SOS-Kinderdörfer, an inländische Pflegefamilien- und Adoptionsprogramme) nicht von vornherein zum Scheitern verurteilt ist, belegt eine neue Studie des Tata-Institute for Social Sciences aus Bombay, die, im Auftrag von terre des hommes erstellt (vgl. Kap. VIII, S. 236), erstmals versuchte, Licht in das sozialstatistische Dunkel des Schicksals älterer und behinderter Kinder in indischen Heimen zu bringen.

Doch so notwendig und vielversprechend dieses Engagement für

---

1 Wer den hier nur angeschnittenen Fragen weiter nachgehen möchte, sei verwiesen auf Bernd Wacker (Hg.), «Adoptionsschrott». Zum Problem der Fremdplazierung älterer und/oder behinderter Kinder aus Deutschland und der Dritten Welt. Idstein 1992. Neben der notwendigen Sachauseinandersetzung informiert das Buch auch über die entsprechenden Vermittlungsstellen und weist auf mögliche Hilfen hin.

eine Lösung des Verlassenheitsproblems im Herkunftsland der Kinder auch sein mag – angesichts der großen Zahl von Heimkindern, denen auf diesem Wege (noch) nicht zu helfen ist, sind deutsche Bewerber, die einem verlassenen älteren und/oder behinderten Kind aus den Armutsregionen dieser Welt hierzulande Heimat und Familie geben wollen, immer noch viel zu selten.

Doch immerhin – die meisten der in Deutschland tätigen Adoptionsvermittlungsorganisationen sind sich der hier liegenden Notwendigkeiten, aber auch der damit verbundenen Fragen und Probleme sehr wohl bewußt und bieten Paaren, die die Adoption eines behinderten und/oder älteren Kindes von sich aus ins Auge fassen, zunächst und vor allem Hilfen, sich über ihr Vorhaben, dessen Motive und Konsequenzen klarzuwerden; darüber hinaus sind sie bemüht, der Familie auch nach der Ankunft des Kindes in Deutschland mit Rat und Tat zur Seite zu stehen. Trotz der eher ungünstigen Ausgangslage – anders als bei einer Vermittlung innerhalb Deutschlands ist es ja bei der Adoption etwa eines älteren Kindes aus Südamerika kaum möglich, daß beide Seiten sich im Verlauf einer Anbahnungsphase näher kennenlernen können – gibt es denn auch inzwischen eine nicht unbeträchtliche Zahl von solchen Adoptionen, die durchaus als gelungen anzusehen sind. Die dabei erworbenen Erfahrungen sind vielfach weitergegeben worden und haben manch anderem Bewerberpaar Mut gemacht, sich mit dem Gedanken an die Adoption eines älteren und/oder behinderten Kindes überhaupt erstmals ernsthaft auseinanderzusetzen. Hier ist anzuknüpfen. Kinder haben ein Recht auf Eltern!

Anhang

1. Literaturempfehlungen zum Einstieg

Bach, R. P., *Gekaufte Kinder. Babyhandel mit der Dritten Welt*. Reinbek 1986

Ennew, J./Milne, B., *Kinder, die nicht Kinder sein dürfen. Leben und Überleben in der Dritten Welt*. München 1991

Hoksbergen, R. A. C./Textor, R. (Hg.), *Adoption. Grundlagen, Vermittlung, Nachbetreuung, Beratung*. Freiburg i. Br. 1993

Krolzik, V./Salzmann, W. (Hg.), *Kind um jeden Preis? Beiträge zur ethischen Diskussion der neuen Reproduktionstechniken. Orientierungshilfen für die Beratungspraxis*. Neukirchen-Vluyn 1989

Oberloskamp, H., *Wie adoptiere ich ein Kind? Rechtliche Erfordernisse und Folgen, Kindesvermittlung, behördliches und gerichtliches Verfahren*. München [3] 1993

Schlagheck, M. (Hg.), *Wenn der Kinderwunsch unerfüllt bleibt. Wege zur Bewältigung*. Würzburg 1989

Schmidt, H. G., *Kindermarkt. Reportagen vom schmutzigsten Geschäft der Welt*. Basel 1988

Söhl, I., *Tadesse, warum? Das kurze Leben eines äthiopischen Jungen in einem deutschen Dorf*. Freiburg–Basel–Wien 1991

Sorosky, A. D./Baran, A./Reuben, P., *Adoption. Zueinander kommen – miteinander leben. Eltern und Kinder erzählen*. Reinbek 1982

Swientek, Ch., *«Ich habe mein Kind fortgegeben». Die dunkle Seite der Adoption*. Reinbek 1982

Dies., *Was Adoptivkinder wissen sollten und wie man es ihnen sagen kann*. Freiburg i. Br. 1993

Wiemann, J., *Ratgeber Adoptivkinder. Erfahrungen, Hilfen, Perspektiven*. Reinbek 1994

Winkler, U., *Der unerfüllte Kinderwunsch. Ein Ratgeber für kinderlose Paare*. München 1994

2. Anschriften von Beratungsstellen für unfreiwillig kinderlose Paare im deutschsprachigen Raum [*]

a) Bundesrepublik Deutschland:

Feministisches Frauengesundheitszentrum
Bamberger Straße 51
10777 Berlin

Evangelisches Zentralinstitut für Familienberatung
Matterhornstraße 82
14129 Berlin

Sozialdienst Katholischer Frauen – Zentrale e. V. –
Agnes-Neuhaus-Str. 5
44135 Dortmund
(hier auch Auskünfte über weitere Beratungsstellen des SkF)

Zentraler Evang. Fachdienst für Adoptionen beim Evang. Verein
Einbrunger Str. 82
40489 Düsseldorf-Wittlaer
(hier auch Auskunft über weitere Beratungsstellen des Diakonischen Werkes
der Evangelischen Kirche)

Pro familia Bundesvorstand
Cronstettenstr. 30
60322 Frankfurt/M.
(hier weitere Auskünfte über die Beratungsstellen der pro familia)

Feministisches Frauengesundheitszentrum
Hamburger Allee 45
60486 Frankfurt/M.

[*] Die Anschriften aus Österreich (S. 298 u. 300 f) wurden zusammengestellt
von Frau Dr. E. Lutter, Wien. Die kantonal bewilligten Adoptionsvermittlungsstellen der Schweiz (301 f) sind hier nur in Auswahl genannt; die Zu-
sammenstellung beruht auf Angaben des Eidgenössischen Bundesamtes für
Justiz, Sektion Zivilgesetzgebung, CH-3003 Bern. Dort ist auch das vollständige Adressenverzeichnis erhältlich.

Familienplanungszentrum
Bei der Johanniskirche 20
22767 Hamburg

Institut für Psychotherapeutische Frauenheilkunde
Kupferdamm 74
22159 Hamburg

Gesundheitsladen Köln
Vondelstr. 28
50677 Köln

b) Österreich

Nähere Auskünfte beim:
Verein Initiative Pflegefamilien
Rodlergasse 15
1190 Wien

Kinderschutz-Zentrum Salzburg
Familienberatungsstelle
Rudolf-Biebl-Str. 50
5020 Salzburg

c) Schweiz

Offene Tür Zürich
Beethovenstr. 45
8002 Zürich

Elternnotruf
Winkelriedstr. 5
8006 Zürich

Institut für Ehe und Familie
Wiesenstr. 9
8032 Zürich

Zentralstelle für Ehe- und Familienberatung
Hohlstr. 35
8004 Zürich

Schweizerische Mütterberatung und Adoptionsvermittlung
Merkurstr. 36
8640 Rapperswil

Beratungsstelle für Familienplanung
Laurstr. 11
5200 Brugg

Beratungsstelle für Jugend- und Familienfragen
Nonnenweg 11
4055 Basel

Ehe- und Familienberatung Bern
Aarberggasse 36
3011 Bern

Ehe- und Lebensberatung, Familienplanung
Dornacher Str. 9
6003 Luzern

Beratungsstelle für Familienplanung St. Gallen
Engelgasse 2
9000 St. Gallen

3. Anschriften von Organisationen der Adoptiv- (bzw. Pflege-)kindervermittlung und verwandter Einrichtungen im deutschsprachigen Raum

a) Bundesrepublik Deutschland

Sozialdienst Katholischer Frauen – Zentrale e. V. –
Referat: Adoptions- und Pflegekinderwesen
Agnes-Neuhaus-Str. 5
44135 Dortmund

Evangelischer Verein für Adoptions- und Pflegekindervermittlung
Rheinland e. V.
Einbrunger Straße 82
40489 Düsseldorf-Wittlaer

Eltern für Kinder e. V.
Bochumer Straße 18
45276 Essen

Internationaler Sozialdienst, Deutscher Zweig e. V.
Am Stockborn 5–7
60439 Frankfurt/M.

Caritasverband für die Diözese Hildesheim e. V.
Adoptionsvermittlung
Mühlenstraße 24
31134 Hildesheim

pro infante. action: kind in not e. v.
Bahnstraße 68
47906 Kempen-St. Hubert

Sozialdienst kath. Frauen – Zentrale e. V.
Referat: Kinder- und Jugendhilfe, Auslandsadoption
Agnes-Neuhaus-Str. 5
44135 Dortmund

terre des hommes Deutschland e. V.
Adoptionsreferat
Postfach 41 26
49031 Osnabrück

Bundesverband der Pflege- und Adoptiveltern e. V.
Roggenmarkt 9
48143 Münster

b) Österreich

Beratungsstellen für Adoptionsbewerber

Verein Initiative Pflegefamilien
(angeschlossene Familienberatungs-
und Adoptionsvermittlungsstelle –
anerkannter Partner des Rumänischen
Adoptions-Komitees)
Rodlergasse 15
1190 Wien

Verein Oberösterreichische Pflege- und Adoptiveltern
Dametzstraße 43
4020 Linz

Kinderschutz-Zentrum Salzburg
Pflegekinderfachdienst
(angeschlossene Familienberatungsstelle)
Rud.-Biebl-Straße 50
5020 Salzburg

Pflegeelternverein Steiermark
(angeschlossene Familienberatungsstelle)
Prokopigasse 10
8010 Graz

Adoptionsvermittlungsstellen

Die Jugendabteilungen aller Bezirkshauptmannschaften

Adoptionsstelle des Jugendamtes der Stadt Wien
Neutorgasse 15
1010 Wien

Verein Initiative Pflegefamilien
Rodlergasse 15
1190 Wien

c) Schweiz

Vereinigung für Adoptionshilfe
Postfach
3000 Bern 8

Schweizerische Stiftung MPB
Waffenweg 15
3014 Bern

Mouvement Enfance et Foyers
Service d'adoption
2, rue Nicolas des Praroman
1700 Fribourg

Terre des Hommes
Mme Hélène Bregani
Case postale 388
1000 Lausanne 9

Bureau genevois d'adoption
Mme Ariane Fleuti
29, rue Rousseau
1201 Genève

Caritas
Servizio sociale
Via P. Lucchini 12
6900 Lugano

Adoptionshilfe ABC
(Ajuda Brasil Crianças)
Pfarrer H.-J. Martin & Frau M. Martin
Maienfelderstrasse 13
7310 Bad Ragaz

Por ninos Adopt-Inform Oberwalllis
Madeleine & Hans-Peter Sarbach
Rathausstrasse 14
3930 Visp

Beratungsstelle
für Adoption des Schweiz.
Gemeinnützigen Frauenvereins
Zürichbergstrasse 7
8032 Zürich

Schweiz. Private Mütter-Beratung
und Adoptivkinder-Vermittlung
Merkurstrasse 36
8640 Rapperswill/SG

Literatur zu den Einzelbeiträgen

Bockenheimer-Lucius, Kinderlosigkeit / Reproduktionsmedizin

Deutsches Ärzteblatt 90, Heft 45, 12. November 1993

Frick-Bruder, V., *Die Betreuung des infertilen Paares unter Einbeziehung psychosomatischer und psychodynamischer Aspekte.* In: Schirren, C. / Bettendorf, G. u. a., *Unerfüllter Kinderwunsch.* Köln 1989

Fritz-Vannahme, J., *Wegwerf-Embryonen.* In: DIE ZEIT v. 4. 2. 1994

Hanimann, J., *Phantome. Bioethik in Frankreich.* In: FAZ v. 19. 1. 1994

Krebs, D., *Ethische Aspekte zur In-vitro-Fertilisation aus ärztlicher Sicht.* In: WMW Diskussionsforum Medizinische Ethik Nr. 7/8, Dezember 1993, S. XXXIV–XXXV

Jürgensen, O., *Gedanken zur manipulierten Fruchtbarkeit.* In: *Wege zum Menschen* 42, 56–62

Langenbucher, H., *Die Medizin des Lebensbeginns.* In: Schröder-Kurth, T. / Wehowsky, S. (Hg.), *Das manipulierte Schicksal. Künstliche Befruchtung, Embryotransfer und Pränatale Diagnostik.* Frankf. / M. – Mnch. 1988

Leidenberger, F., *Fruchtbarkeit und Infertilität.* In: Schirren, C. / Bettendorf, G. u. a., *Unerfüllter Kinderwunsch.* Köln 1989

Lyken, R., *Kontrolliertes Baby-Design.* In: DIE ZEIT v. 28. 1. 1994

Michelmann, H. W. / Hinney, B., *In-vitro-Fertilisation. Wissen wir, was wir tun?* In: *Ethik in der Medizin* 2 (1990), 13–21

Nijs, P., *Schöpfung in der Retorte.* In: Mohr, J. / Schubert, C. / Jürgensen, O. (Hg.), *Management der Unfruchtbarkeit. Anfragen an die Reproduktionsmedizin.* Berlin–Heidelberg–New York 1989

Seidler, E., *Der neue Mensch. Sozialutopien der menschlichen Fortpflanzung.* In: Petersen, P. (Hg.), *Retortenbefruchtung und Verantwortung. Anthropologische, ethische und medizinische Aspekte neuer Fruchtbarkeitstechnologien.* Stuttgart 1985

Schrage, R., *Kinderwunsch-Sprechstunde. Ursachen und Behandlung der Kinderlosigkeit.* München 1990

Strobel, E., *Ärzte-Zeitung* 10. 10. 90

Wehowsky, S., *Grenzüberschreitungen – Zur Zukunft einer Gesellschaft aus dem Labor.* In: Schröder-Kurth, T. / Wehowsky, S. (Hg.), *Das manipulierte Schicksal. Künstliche Befruchtung, Embryotransfer und Pränatale Diagnostik.* Frankfurt / M. – München 1988

Wiesing, U., *Ethik, Erfolg und Ehrlichkeit. Zur Problematik der In-vitro-Fertilisation.* In: *Ethik in der Medizin* 1 (1989), 66–82

Ders., *Zur Verantwortung des Arztes in der Reproduktionsmedizin.* In: *WMW Diskussionsforum Medizinische Ethik* Nr. 7/8, Dezember 1993, S. XXXVI–XL

Ulmer-Otto, S., *Die leere Wiege. Unfruchtbarkeit und ihre seelische Verarbeitung.* Zürich 1989

Winkler, Not der Kinderlosigkeit

Beck, U., *Risikogesellschaft. Auf dem Weg in eine andere Moderne.* Frankfurt/M. 1986

Beck-Gernsheim, E., *Die Kinderfrage. Frauen zwischen Kinderwunsch und Unabhängigkeit.* München 1988

Belk-Schmehle, A., *Jeden Monat eine kleine Fehlgeburt.* In: Klein, R. (Hg.), *Das Geschäft mit der Hoffnung. Frauen berichten.* Berlin 1989, 35 bis 40

Bettendorf, G., *Idiopathische Sterilität.* In: Bettendorf, G./Breckwoldt, M. (Hg.), *Reproduktionsmedizin.* Stuttgart 1989, 407–409

Dermutz, S., *Mutterschaft im Vaterland.* Erscheint in: *Österreichische Zeitschrift für Politikwissenschaft* (1990), Heft 1/2

Erb, G., *Wenn das Wunschkind ein Wunsch bleibt.* In: *Psychologie heute* (7), 15 (1988), 20–25

Fischer, I., *«...und sie war unfruchtbar.» Zur Stellung kinderloser Frauen in der Literatur Alt-Israels.* In: Pauritisch, G. u. a. (Hg.), *Kinder machen. Strategien der Kontrolle weiblicher Fruchtbarkeit.* Wien 1988, 118–126

Fleischer, E., *Vom Naturtrieb zum langfristigen Konsumgut – Metamorphosen des Notwendigen.* In: *erziehung heute*, Heft 2 (1990), 13–20

Hölzle, Ch., *Kinderlosigkeit als Krise – Reproduktionsmedizin als Rettung? Psychische Probleme der Unfruchtbarkeit und ihrer medizinischen Behandlung.* In: Zipfel, G. (Hg.), *Reproduktionsmedizin. Die Enteignung der weiblichen Natur.* Hamburg 1987, 22–50

Lukesch, H., *Psycho-soziale Aspekte der extracorporalen Befruchtung und des Embryotransfers beim Menschen. Psychosozial 30.* Gießen 1986, 59–76

Mahlstedt, P. P., *The psychological component of infertility.* In: *Fertility and Sterility Vol. 43* (1985), No. 3, 333–346

Menning, B. E., *The emotional needs of infertile couples.* In: *Fertility and Sterility Vol. 34* (1980), No. 4, 313–319

Miall, Ch. E., *Perceptions of informal sanctioning and the stigma of involutary childlessness.* In: *Deviant Behavior 6* (1985), 383–403

Nadig, M., *Mutterbild in zwei verschiedenen Kulturen. Ethnopsychoanalytische Überlegungen.* In: Psychoanalytisches Seminar Zürich (Hg.), *Bei Licht betrachtet wird es finster.* FrauenSichten. Frankfurt/M. 1987

Roth, R., *Psychologische Aspekte von ungewollter Kinderlosigkeit.* In: Pauritisch, G. u. a. (Hg.), *Kinder machen. Strategien der Kontrolle weiblicher Fruchtbarkeit.* Wien 1988, 22–39

Schewe, W., *Ungewollte Kinderlosigkeit – Chance für ein erfülltes Leben?* In: Schlagheck, M. (Hg.), *Wenn der Kinderwunsch unerfüllt bleibt – Wege der Bewältigung.* Würzburg 1989, 69–88

Winkler, U./Schönenberg, T., *Alternativen für ungewollt kinderlose Frauen.* In: Klein, R. (Hg.), *Das Geschäft mit der Hoffnung. Frauen berichten.* Berlin 1989, 198–214

Winkler, U. u. a., *Broschüre für ungewollt kinderlose Frauen.* Feministisches Frauengesundheitszentrum. Frankfurt/M. 1988

Büch, Adoptionsfreigabe/Heimunterbringung

Bettelheim, B., *Liebe allein genügt nicht. Die Erziehung emotional gestörter Kinder.* Stuttgart 1985

Bettelheim, B., *Ein Leben für Kinder. Erziehung in unserer Zeit.* Stuttgart 1987

Bohman, M., *Adoptivkinder und ihre Familie.* Göttingen 1980

Bonhoeffer, M./Widemann, P., *Kinder in Ersatzfamilien.* Stuttgart 1980

Bundesarbeitsgemeinschaft der Landesjugendämter und überörtlicher Erziehungsbehörden (Hg.), *Empfehlungen zur Adoptionsvermittlung* 1988

Ell, E., *Psychologische Kriterien bei der Regelung des persönlichen Umgangs.* Weinheim 1990

Freud, A./Burlingham, D., *Heimatlose Kinder.* Frankfurt am Main 1971

Gemeinsame Zentrale Adoptionsstelle Hamburg (Hg.), *Zur Situation und Perspektive abgebender Mütter. Dokumentation einer Fortbildungsveranstaltung der GZA.* Hamburg 1986

Goldstein, J./Freud, A./Solnit, A. J./Goldstein, S., *Das Wohl des Kindes.* Frankfurt am Main 1988

Heitkamp, H., *Heime und Pflegefamilien – konkurrierende Erziehungshilfen?* Frankfurt am Main 1989

Junge, H. (Hg.), *Heimerziehung im Jugendhilfeverbund. Konzepte und Konsequenzen.* Freiburg im Breisgau 1989

Jungmann, J. (Hg.), *Aufwachsen in der Adoptivfamilie. DJI-Forschungsbericht.* Weinheim und München 1987

Lifton, B. J., *Zweimal geboren. Memoiren einer Adoptivtochter.* Stuttgart 1981

Lifton, B. J., *Adoption.* Stuttgart 1982

Mahler, M. S./Pine, F./Bergman, A., *Die psychische Geburt des Menschen.* Frankfurt am Main 1980

Mehringer, A., *Heimkinder.* München, Basel 1982

Plinke, R./Sell, I./Sell, H., *Erziehung in der Pflegefamilie.* Stuttgart 1979

Simitis, S./Rosenkötter, L./Vogel, R. u. a., *Kindeswohl.* Frankfurt am Main 1979

Stadt Frankfurt am Main. Der Magistrat – Jugendamt (Hg.), *Projekt «Spät-adoption»*. *Neuorientierung in der Adoptionsvermittlung älterer und be-hinderter Kinder*. Zweiter Statusbericht Dezember 1985
Statistisches Bundesamt (Hg.), *Statistisches Jahrbuch 1990*. Stuttgart 1990
Textor, M. R., *Die unbekannten Eltern. Adoptierte auf der Suche nach ihren Wurzeln*. In: Zentralblatt für Jugendrecht 1990, Heft 1, 10–14
Wolters, F., *Abenteuer Adoption*. Frankfurt am Main 1989

Swientek, «Abgeben statt abtreiben»

Bechinger, W. / Wacker, B. (Hg.), *Adoption und Schwangerschaftskonflikt. Wider die einfachen Lösungen*. Idstein 1994 (Anm. d. Hg.)
Paczensky, S. von, *Gemischte Gefühle von Frauen, die ungewollt schwanger sind*. München 1987
Dies., § 218. *Zu Lasten der Frauen. Neue Auskünfte zu einem alten Kampf*. Reinbek 1988
Swientek, Ch., *Die «abgebende Mutter» im Adoptionsverfahren*. Bielefeld 1986

Exkurs Baer, Auslandsadoption deutscher Kinder

Mende, U., *60 Jahre Internationaler Sozialdienst*. In: Nachrichtendienst des Deutschen Vereins für öffentliche und private Fürsorge 65 (1985), 106–109
Pruzan, V., *Born in a foreign country – adopted in Denmark* (The Danish National Institute of Social Research. Publication Nr. 77). Kopenhagen 1977
United Nations (Hg.), *European Seminar on Intercountry-Adoption*. Leysin / Switzerland 22–31 May 1960 (Drucks. UN / TAO / SEM / 1960 / Rep. 2). Geneva 1960
UN-Deklaration über Jugendwohlfahrt, Pflegekinderwesen und Adoption. In: Nachrichtendienst des Deutschen Vereins für öffentliche und private Fürsorge 67 (1987), 409

Bieling, Beispiel Kolumbien

Drücker, U. v., *Die Kinder der Straße. Überleben in Südamerika*. Frankfurt / M. 1992
Pollmann, U., *Der Krieg gegen die Kinder. Auf den Straßen Lateinamerikas*. Reinbek 1992

Bach, Kinderhandel

Bach, R. P., *Gekaufte Kinder – Babyhandel mit der Dritten Welt*. Reinbek 1986

Ders., *Daten und soziale Hintergründe der Adoption von Kindern aus der Dritten Welt*. In: Zentralblatt für Jugendrecht, Heft 7, 1988

Defence for Children International, *Protecting children's rights*. In: International Adoptions. Genf 1989

Gross, E., *Zum Beispiel Babys*. Göttingen 1989

Lücker-Babel, M.-F., *Auslandsadoption und Kinderrechte*. Freiburg (Schweiz) 1991

Schmidt, H. G., *Kindermarkt – Reportagen vom schmutzigsten Geschäft der Welt*. Basel [2] 1992

Swientek, Abgebende Mütter

Bechinger, W./Gerber, U. (Hg.), *Die vergessene Seite der Adoption. Erfahrungsberichte und Beiträge zur Situation «Abgebende Mütter – Adoptiveltern»*. Lahr 1993

Swientek, Ch., *«Ich habe mein Kind fortgegeben». Die dunkle Seite der Adoption*. Reinbek 1982

Dies., *Die «abgebende Mutter» im Adoptionsverfahren. Eine Untersuchung zu den sozioökonomischen Bedingungen der Adoptionsfreigabe, zum Vermittlungsprozeß und den psychosozialen Verarbeitungsstrategien*. Bielefeld 1986

Schildkamp, Eltern für Kinder

Eltern für Kinder (Hg.), *Aktuelle Probleme der Auslandsadoption* (Efk-Manuskriptdruck). Essen November 1989

Krolzik, Zentraler Evang. Fachdienst

Der Entwicklungsdienst der Kirche – ein Beitrag für Frieden und Gerechtigkeit in der Welt (EKD-Denkschrift). Gütersloh 1973

Hillegaart, P. (Hg.), *Adoption: Kindeswohl und Kinderwunsch*. Stuttgart 1990

Krolzik, V./Salzmann, W. (Hg.), *Kind um jeden Preis?* Neukirchen-Vluyn 1989

Krolzik, V., *Beratung und Vermittlung von Auslandsadoptionen*. In: *Unsere Jugend 45* (1993), 210–215

Ders., *Wieviel Schutz braucht ein verlassenes Kind?* In: *Unsere Jugend 46* (1994), 95–97

Positionspapier: Überlegungen zur Beteiligung evang. Adoptionsvermittlungsstellen an interstaatlichen Adoptionen von Kindern aus der sog. «Dritten Welt». Düsseldorf (Evang. Verein – Manuskriptdruck) 1987

Stellungnahme des Evang. Vereins für Adoptions- und Pflegekindervermittlung Rhld. e. V. zur Beteiligung evang. Adoptionsvermittlungsstellen an interstaatlichen Adoptionen von Kindern aus der sog. «Dritten Welt». Düsseldorf (Evang. Verein – Manuskriptdruck) 1987

Baer, Internationaler Sozialdienst

Baer, I., *60 Jahre Internationaler Sozialdienst.* In: Nachrichtendienst des Deutschen Vereins 65 (1985), 106 ff

Dies., *Fünfzig Jahre ISD-Sozialarbeit in Fällen mit Auslandsberührung.* Sonderdruck NDV, April 1984

Göbel, G., *Internationaler Sozialdienst, Deutscher Zweig.* In: Theorie und Praxis der Sozialen Arbeit 38 (1987), 350 ff

Wacker, pro infante

Antwort der Bundesregierung auf die Große Anfrage der Abgeordneten Frau Schmidt (Hamburg) und der Fraktion DIE GRÜNEN, «Zum Problem privater und kommerzieller Adoptionsvermittlung in der Bundesrepublik Deutschland (Kinderhandel)». Drucksache 11/7618. Juli 1990

Wiedeking, C., *Fremd – aber mein. Erlebnisse und Gedanken zur Auslandsadoption.* Kempen (Manuskriptdruck) 1988

Lämmel/Hilpert, Der «kleine» Unterschied

Flamm, F./Gastiger, S., *Die Verwaltung der Sozialarbeit.* Freiburg [4] 1975

Kühl, W., *Die Rolle der Adoptionsvermittlungsstellen bei der Adoption von Kindern aus der Dritten Welt.* In: Zentralblatt für Jugendrecht 74 (1987), 441–445

Exkurs Lutter, Auslandsadoptionen in Österreich

Lutter, E. (Hg.), *Die leere Wiege. Dokumentation einer Arbeitstagung* (Kl. Schriftenreihe zum Pflegekinderwesen des Bundesverbandes österr. Pflege- und Adoptiveltern vereine). Wien 1990

Huber-Semrad, G./Lutter, E. (Hg.), *Adoption von Arm nach Reich. Dokumentation einer Tagung zur Auslandsadoption* (NÖ Schriften 61). 1993

Wacker, Privatadoption

Antwort der Bundesregierung auf die Große Anfrage der... Fraktion DIE GRÜNEN «Zum Problem privater und kommerzieller Adoptionsvermittlung in der Bundesrepublik Deutschland (Kinderhandel)», Drucksache 11/7618. Juli 1990

Bach, R. P., *Kinder für Eltern. Eine Untersuchung über Adoptionen und Kinderhandel.* In: terre des hommes. (Themenschwerpunkt: Kinderhandel) Heft 2/1988, 14–19

Baer, I., *Brief an terre des hommes vom 11.5.1989*

Dies., *Zur Problematik der Adoption von Kindern aus Ländern der «Dritten Welt».* In: Nachrichtendienst des Deutschen Vereins 63 (1983), 43 bis 46

Dies., *Zur Problematik der Adoptionsvermittlung von Kindern aus der «Dritten Welt».* In: Nachrichtendienst des Deutschen Vereins 69 (1989), 2–5

Eisenblätter, P., *Die Situation verlassener Kinder in Entwicklungsländern: Lösung durch Auslandsadoption – oder bessere Alternativen?* Osnabrück (tdh-Manuskriptdruck) 1989

Eltern für Kinder, *Warum vor Privatadoptionen zu warnen ist...* Essen (EfK-Manuskriptdruck) 1989

Klinkhammer, M., *Grenzbereich Auslandsadoption. Zur Problematik von Auslandsadoptionen unter besonderer Berücksichtigung abgebender peruanischer Mütter.* Idstein 1990

Kühl, W., *Die Rolle der Adoptionsvermittlungsstellen und Zentralen Adoptionsstellen bei der Adoption von Kindern aus der Dritten Welt.* In: Zentralblatt für Jugendrecht 74 (1987), 441–448

Kunz, E., *Brief an terre des hommes vom 25.4.1990.* In: Kindeswohl Heft 3/1990, 21 f

Schreiner, H., *Privatadoption – Ja oder Nein? Thesen zu einem Streitgespräch.* Vorgetragen an der Kath. Akademie Rabanus Maurus in Wiesbaden-Naurod am 27.3.1990

Terre des Hommes, *Maßnahmen gegen Privatadoptionen/Kinderhandel.* Osnabrück (tdh-Manuskriptdruck) 1989

Wiedeking, C., *Fremd – aber mein. Erlebnisse und Gedanken zur Auslandsadoption.* Kempen (Manuskriptdruck) 1988

Bach, Adoptionsgesetzgebung

Baumann, E., *Verfahren und anwendbares Recht bei Adoptionen mit Auslandsberührung.* Bielefeld 1992

Hohnerlein, E.-M., *Internationale Adoption und Kindeswohl. Die Rechtslage von Adoptivkindern aus der Dritten Welt in der Bundesrepublik Deutschland im Vergleich zu anderen europäischen Ländern.* Baden-Baden 1991

Marx, A., *Perspektiven der internationalen Adoption.* Frankfurt/M. 1993.

Exkurs Nohr, Sichtweisen abgebender Länder

Einen ersten Einblick in Geschichte und Gegenwart Südkoreas vermitteln:

Keilhaus, A./Keilhaus, P., *Südkorea. Kunst und Kultur im Land der «Hohen Schönheit».* Köln 1986

Werning, R. (Hg.), *Südkorea. Politik und Geschichte im Land der Morgenstille.* Köln 1988

Wils, Geschichte und Ethik der Adoption

Ariès, Ph., *Geschichte der Kindheit.* München 1978

Beck, U., *Risikogesellschaft. Auf dem Weg in eine andere Moderne.* Frankfurt a. Main 1986

Blandow, J./Frauenknecht, B., *Dauerpflege. Adoption und Tagesbetreuung. Trends der sozialen und rechtlichen Entwicklung.* (Reihe: Materialien zum Fünften Jugendbericht) München 1980

Bohman, M., *Adoptivkinder und ihre Familie.* Göttingen 1980

Boschan, S., *Nationalsozialistische Rassen- und Familiengesetzgebung.* Berlin 1937

de Mause, L., *The history of childhood.* New York 1974

Donzelot, J., *Die Ordnung der Familie.* Frankfurt a. Main 1980

Ebertz, B., *Adoption als Identitätsproblem. Zur Bewältigung der Trennung von biologischer Herkunft und sozialer Zugehörigkeit.* Freiburg i. Br. 1987

Foucault, M., *Überwachen und Strafen. Die Geburt des Gefängnisses.* Frankfurt a. Main 1976

Geremek, B., *Geschichte der Armut. Elend und Barmherzigkeit in Europa.* München, Zürich 1988

Giesecke, H., *Das Ende der Erziehung. Neue Chancen für Familie und Schule*. Stuttgart 1985

Gouldner, H. P., *Children of the Laboratory*. In: Transaction. April 1967. 13–19

Hecker, A., *Die Adoption im geltenden Recht als Produkt der historischen Entwicklung*. Rostock 1903

Hoffmann-Riem, Ch., *Das adoptierte Kind. Familienleben mit doppelter Elternschaft*. München 1989

Koehnlein, M., *Stellung und Wert des Kindes in Kirche und Gesellschaft*. In: *Theologia Practica* (1979), 8–23

Mandell, B. R., *Where are the Children?* Massachusetts, Toronto, London 1973

Sennet, R., *Die Tyrannei der Intimität. Verfall und Ende des öffentlichen Lebens*. Frankfurt a. Main 1983

Swientek, Ch., *Die «abgebende Mutter» im Adoptionsverfahren. Eine Untersuchung zu den sozioökonomischen Bedingungen der Adoptionsfreigabe, zum Vermittlungsprozeß und den psychosozialen Verarbeitungsstrategien*. Bielefeld 1986

Dies., *«Ich habe mein Kind fortgegeben». Die dunkle Seite der Adoption*. Reinbek 1982

Tenbruck, F. H., *Jugend und Gesellschaft*. Freiburg 1962

Terre des hommes, *Maßnahmen gegen Privatadoptionen/Kinderhandel*. Osnabrück (tdh-Manuskriptdruck) April 1989

Die Autorinnen und Autoren

Rolf P. Bach, Jahrgang 1946; Jurist und Sozialpädagoge, seit 1980 Leiter der Gemeinsamen Zentralen Adoptionsstelle der norddeutschen Länder in Hamburg. Autor des – mittlerweile vergriffenen – Rowohlt-Taschenbuches: «Gekaufte Kinder – Babyhandel mit der Dritten Welt» und einer Vielzahl von Artikeln und Aufsätzen in Publikums- und Fachzeitschriften zu Fragen des Adoptionsrechts und der Praxis der Adoptionsvermittlung.

Ingrid Baer, Jahrgang 1938; Assessorin jur., Direktorin des Internationalen Sozialdienstes seit 1972. Durch die Tätigkeit beim Internationalen Sozialdienst umfangreiche Erfahrungen im internationalen Familienrecht mit besonderem Schwerpunkt Adoption. Hinzu kommt wissenschaftliche Tätigkeit mit zahlreichen Veröffentlichungen in der Fachliteratur.

Agnes Bieling, Jahrgang 1930; Sozialarbeiterin. Von 1961 bis 1964 Entwicklungshelferin in Lesotho (Afrika). Seit 1967 Länderreferentin beim Bischöflichen Hilfswerk MISEREOR – Aktion gegen Hunger und Krankheit in der Welt – e. V. in Aachen. Dort bis zu ihrer Pensionierung fast zehn Jahren mit der Bearbeitung von Anträgen aus verschiedenen Ländern Lateinamerikas, u. a. Kolumbiens, befaßt.

Gisela Bockenheimer-Lucius, Jahrgang 1946; Dr. med.; freie Mitarbeiterin an der Forschungsstelle «Ethik und Recht in der Medizin» der Universität Freiburg i. Br., Redaktion der Zeitschrift «Ethik in der Medizin». Mitherausgeberin der Beilage «Medizinische Ethik» im Ärzteblatt Baden-Württemberg. Seit 1985 Mitarbeit in der lokalen Arbeitsgruppe von terre des hommes in Frankfurt/M.

Volker Büch, Jahrgang 1948; Diplom-Psychologe mit Zusatzausbildungen in Therapie, Supervision und Institutionsberatung. Arbeit beim psychologischen Dienst des Jugendamtes der Stadt Saarbrücken und Lehrauftrag in Psychologie an der Katholischen Fachhochschule für Sozialwesen in Saarbrücken. Vielfältige Erfahrungen in Theorie und Praxis des Adoptions- und Pflegekinderwesens.

Sabina Dörfling, Jahrgang 1961; Dipl.-Sozialarbeiterin, siebenjährige Berufspraxis in der Jugendhilfe in den Aufgabenfeldern Bezirkssozialarbeit und Jugendberufshilfe; seit 1992 Referentin für Auslandsadoption beim Sozialdienst katholischer Frauen – Zentrale e. V.

Lisette Eicher, Jahrgang 1939; Krankenschwester, Mutter von fünf Kindern. Von 1981–1994 Leiterin der Caritas-Pflegestation Büren; 1988/89 Aufbau einer Pflegestation für AIDS-Kranke in São Paulo, Brasilien.

Peter Eisenblätter, Jahrgang 1943; Studium der evangelischen Theologie und Pädagogik, Dr. theol. Zehn Jahre Berufspraxis an einem Gymnasium; nach mehrjähriger ehrenamtlicher Tätigkeit beim Kinderhilfswerk terre des hommes dort seit 1978 hauptamtlich tätig, bis zur Auflösung Ende 1994 Leiter des Adoptionsreferates dieser Organisation. Vielfache Publikationen zum Thema.

Rüdiger Hilpert, Jahrgang 1952; Diplomsozialarbeiter. 1977–1980 Arbeit in der Psychiatrie; seit 1980 Sachbearbeiter in der Zentralen Adoptionsstelle und beim Zentralen Beratungsdienst für Kinderschutz beim Landesjugendamt des Saarlandes in Saarbrücken.

Jacqueline Kauermann-Walter, Jahrgang 1956; Dipl.-Pädagogin, seit 1992 beim Sozialdienst katholischer Frauen – Zentrale e. V.; Leitung des Referats Kinder- und Jugendhilfe; Schwerpunkte: Adoption, Pflegekinderwesen, Auslandsadoption, Tagespflege.

Monika Klinkhammer; studierte Diplom-Pädagogik mit dem Schwerpunkt Ausländerpädagogik an der Rheinischen Friedrich-Wilhelms-Universität in Bonn. Sie hielt sich längere Zeit in Peru zu Studien- und Forschungszwecken auf. Während eines Aufenthaltes 1989 in Peru hat sie Feldforschungen zur Problematik der Adoption unter besonderer Berücksichtigung der abgebenden peruanischen Mütter durchgeführt.

Volker Krolzik; Diakon und Sozialarbeiter, Supervisor (DGSv), seit 1983 Geschäftsführer des Evangelischen Vereins für Adoptions- und Pflegekindervermittlung Rheinland e. V. (Fachverband im Diakonischen Werk), Düsseldorf-Wittlaer, und Vorsitzender des Arbeitskreises Ev. Adoptions- und Pflegekinderdienste im Rheinland. Dieses Arbeitsfeld der Diakonie vertritt er auf Bundes- und Landesebene. Langjährige Vermittlungs- und Beratungspraxis, Leitung von Fortbildungsveranstaltungen und Tagungen zum Thema sowie zahlreiche Veröffentlichungen in Fachzeitschriften und Büchern.

Bernt-Christoph Lämmel, Jahrgang 1945; Dr. jur. Von 1982 bis 1991 Referatsleiter und Leiter der Zentralen Adoptionsstelle beim Landesjugendamt des Saarlandes in Saarbrücken, seitdem im Rechtsdezernat des Landesamtes für Soziales und Versorgung.

Elisabeth Lutter, Jahrgang 1942; Dr. phil., Pädagogin. Präsidentin des Bundesverbandes österreichischer Pflege- und Adoptivelternvereinigungen. Leiterin der Beratungs- und Adoptionsvermittlungsstelle des Vereins Initiative Pflegefamilien, Wien. Autorin des «Wiener Modells», vielfältige Vortrags- und Publikationstätigkeit; Mutter von vier Kindern.

Gerhard Mester, Jahrgang 1956; Graphik-Design-Studium in Kassel. Seit 1985 freiberuflicher Karikaturist, lebt in Wiesbaden.

Andreas Nohr, Jahrgang 1952; Studium der evangelischen Theologie in Hamburg, Berlin und Bonn. Evangelischer Pfarrer in Hamburg, wo er eng mit der koreanischen Gemeinde zusammenarbeitet. Seit 1984 ehrenamtlicher Mitarbeiter der terre des hommes-Arbeitsgruppe «Verlassene Kinder». Mehrere Aufenthalte in Korea. Vater von vier Kindern, darunter einem koreanischen Adoptivsohn.

Helmut Schildkamp, Jahrgang 1931; Studiendirektor an einer berufsbildenden Schule in Velbert. Seit 1970 durch Gründung des ehrenamtlichen Adoptionsbereiches Mitarbeiter (auch im Vorstand) beim Kinderhilfswerk terre des hommes. 1987 Gründung des Vereins «Eltern für Kinder», dort heute Vorsitzender. Vater von sieben Kindern, darunter drei Adoptivkinder.

Christine Swientek, Jahrgang 1943; Dr. phil. habil., Professorin an der Universität Hannover. In ihrem ersten Beruf als Sozialarbeiterin und den 20 darauffolgenden Jahren haupt-, neben- und ehrenamtlich in der Frauensozialarbeit tätig, die nicht zu trennen ist von den Bereichen Schwangerschaft, Mutterwerden und -sein, Abtreibung, Adoption und lediger Mutterschaft. Publikationen u. a. zur Problematik der «abgebenden Mutter», zu «Alleinerziehenden», zum Frauenselbstmord infolge «erlernter Hilflosigkeit». Momentaner Forschungsschwerpunkt: Suche von Adoptierten nach ihren Eltern und umgekehrt. Mutter eines 14 Jahre alten Sohnes.

Angela Westermann; Diplom-Sozialpädagogin, seit zehn Jahren beim Caritasverband und Sozialdienst kath. Frauen tätig, seit 1990 speziell im Adoptions- und Pflegekinderdienst des Diözesan-Caritasverbandes Hildesheim. Mitglied im Bundesarbeitskreis der kath. Adoptions- und Pflegekinderdienste.

Jean-Pierre Wils, Jahrgang 1957; Dr. theol. habil., Privatdozent für christliche Ethik an der Katholisch-Theologischen Fakultät der Universität Tübingen. Veröffentlichungen u. a.: «Subjektivität und Sittlichkeit» (1987); «Ethik ohne Chance?», Hg. und Autor (1989); «Streitfall Euthanasie», Hg. und Autor (1991); «Adoption statt Abtreibung. Eine ethische Perspektive? Fundamentalethische Thesen.» In: Bechinger, W./Wacker, B. (Hg.), «Adoption und Schwangerschaftskonflikt. Wider die einfachen Lösungen». Idstein 1994, 27–31

Ute Winkler, Jahrgang 1958; Dr. phil., Dipl.-Soziologin. Arbeitet seit mehreren Jahren im Feministischen Frauengesundheitszentrum Frankfurt im Bereich «Kritik und Alternativen der Fortpflanzungstechnologien»; Aufbau einer Beratung für ungewollt kinderlose Frauen; seit 1989 zusätzlich Mitarbeiterin am Interuniversitären Forschungsinstitut für Fernstudien, Klagenfurt, Forschungsprojekt «Soziale und psychische Implikationen humanmedizinischer Reproduktionstechnologien» (Daimler-Benz-Stipendiatin), Mitarbeiterin bei FINRRAGE International Coordination (Feminist International Network of Resistance to Reproductive and Genetic Engineering).

Annegret Winter-Stettin, Jahrgang 1950; Diplom-Soziologin. Hauptamtliche Mitarbeiterin des Kinderhilfswerks terre des hommes, Länderschwerpunkt Indien. Mutter zweier indischer Adoptivtöchter.

Günther Wolf, Jahrgang 1943; Diplom-Religionspädagoge. Seit 1977 Referent für Religionspädagogik beim Internationalen Katholischen Missionswerk MISSIO in München und beim Kindermissionswerk; überwiegend tätig in der Fortbildung von Lehrern/Religionslehrern und in der Aus- und Fortbildung von Erzieher/innen.

Harold H. Bloomfield
Das Achilles-Syndrom *Wie man Schwächen in Stärken umwandelt*
(rororo sachbuch 8091)

Nathaniel Branden
Ich liebe mich auch *Selbstvertrauen lernen*
(rororo sachbuch 8486)

David Cooper
Der Tod der Familie *Ein Plädoyer für eine radikale Veränderung*
(rororo sachbuch 8560)

Wayne W. Dyer
Der wunde Punkt *Die Kunst, nicht unglücklich zu sein. Zwölf Schritte zur Überwindung seelischer Problemzonen*
(rororo sachbuch 7384)

Luise Eichenbaum /
Susie Orbach
Was wollen die Frauen? *Ein psychotherapeutischer Führer durch das Labyrinth von Wünschen, Ängsten und Sehnsüchten in Liebesdingen*
(rororo sachbuch 7967)

Erich Fromm
Anatomie der menschlichen Destruktivität
(rororo sachbuch 7052)
Märchen Mythen, Träume *Eine Einführung in das Verständnis einer vergessenen Sprache*
(rororo sachbuch 7448)

Klaus D. Heil
Programmierte Einführung in die Psychologie *Ein Lernprogramm*
(rororo sachbuch 6930)

Muriel James /
Dorothy Jongeward
Spontan leben *Übungen zur Selbstverwirklichung*
(rororo sachbuch 8301)

Hans-Peter Nolting
Lernfall Aggression *Wie sie entsteht - Wie sie zu vermindern ist. Ein Überblick mit Praxisschwerpunkt Alltag und Erziehung*
(rororo sachbuch 8352)

Friedemann Schulz von Thun
Miteinander reden 1 *Störungen und Klärungen. Allgemeine Psychologie der Kommunikation*
(rororo sachbuch 7489)
Miteinander reden 2 *Stile, Werte und Persönlichkeitsentwicklung. Differentielle Psychologie der Kommunikation*
(rororo sachbuch 8496)

Dieter E. Zimmer
Tiefenschwindel *Die endlose und die Beendbare Psychoanalyse*
(rororo sachbuch 8775)

Weitere Bücher und Taschenbücher zum Thema finden Sie
in der *Rowohlt Revue*. Jedes
Vierteljahr neu. Kostenlos in
Ihrer Buchhandlung.

rororo sachbuch

3505/2

Louis Armstrong
dargestellt von Ilse Storb
(rororo bildmonographien
443)

Joachim-Ernst Berendt (Hg.)
Die Story des Jazz *Vom New
Orleans zum Rock Jazz*
(rororo sachbuch 7121)

Robin Denselow
The Beat goes On *Popmusik
und Politik. Geschichte
einer Hoffnung*
(rororo sachbuch 8849)

Albert Goldman
John Lennon *Ein Leben*
(rororo 13158 und als
gebundene Ausgabe im
Wunderlich Verlag)
Als John Lennon erschosssen
wurde, endete eine Epoche.
Die Musik der Beatles stand
für das Lebensgefühl einer
ganzen Generation. Albert
Goldman aber deckt nun in
seiner schockierenden
Biographie die verborgenen
Seiten eines Musikgenies auf.
Eine Biographie, die man
«wie einen spannenden Krimi
verschingt». *FAZ*

Charlotte Greig
Will You Still Love Me Tomorrow?
*Mädchenbands von den 50er
Jahren bis heute*
(rororo sachbuch 8854)

Bernward Halbscheffel /
Tibor Kneif
Sachlexikon Rockmusik
*Instrumente, Stile, Techniken,
Industrie und Geschichte*
(rororo sachbuch 6334)
Ob Amplifier oder Achtel-
note, Heavy Metal oder
House, Kadenz oder Klirr-
faktor, Riff oder Reggae,
Synthesizer oder Scratching -
dieses Lexikon klärt auf.

Martin Kunzler
Jazz-Lexikon
Band 1: AABA-Form bis Kyle
(rororo sachbuch 6316)
**Band 2: La Barbera bis
Zwingenberger**
(rororo sachbuch 6317)

Carsten Laqua
Wie Micky unter die Nazis fiel
Walt Disney und Deutschland
(rororo sachbuch 9104)

Michael Naura
Jazz-Toccata *Ansichten und
Attacken*
(rororo sachbuch 9162)

Sämtliche Bücher und
Taschenbücher zum Thema
finden Sie in der *Rowohlt
Revue*. Jedes Vierteljahr neu.
Kostenlos in Ihrer Buchhand-
lung.